3・11被災地の今を訪ねる

「東北お遍路」巡礼地めぐり

東京法規出版

3.11

プロローグ

２０１１年３月11日。
この東北の大地を
巨大地震が襲いました。

あれから約６年。
今、被災地はどうなっているのか。
被災地を結ぶ遍路みちを歩いて、
自分の目で確かめてみましょう。

犠牲者に祈りをささげるために。
震災の記憶を
未来の世代に語り継ぐために。
そして、
被災地の復興を応援するために。

さあ、「東北お遍路」デビューを！

岩手県の景勝地「北山崎」

3・11被災地の今を訪ねる
「東北お遍路」巡礼地めぐり

Contents

東北お遍路
TOHOKU OHENRO

Part1 青森の遍路みち

Part2 岩手の遍路みち

Part3
55 宮城の遍路みち

3.11 被災地の今を訪ねる

「東北お遍路」巡礼地めぐり

Contents

被災地を訪ね、
祈り、復興を応援

はじめよう！「東北お遍路」巡礼の旅

「東北お遍路プロジェクト」とは

東日本大震災は「千年に一度」ともいわれる巨大災害でした。それだけに震災以後、「一度は東北の被災地を訪ねて自分の目で現地の様子を見ておきたい」「ボランティアは無理でも、観光や買い物など自分のできることで被災地の復興を応援したい」と考える人が増えています。最近、旅行会社が企画した被災地ツアーが人気を集め、個人で観光がてら被災地をめぐる人が増加傾向にあるのは、その証《あかし》です。

一方で、東北の被災地は青森から福島までの広大なエリアにまたがることから、具体的にどこを、どんな順序で訪ねたらよいかで迷っている人も少なくありません。そこで今、注目されているのが、先ごろスタートした「東北お遍路プロジェクト」が提唱する「巡礼地めぐり」です。東北お遍路プロジェクトは、「四国お遍路」の八十八か寺のように、被災した東北の沿岸地域に慰霊・鎮魂のための「巡礼地」を選定し、各巡礼地を結ぶ祈りのルートをつくり、その「遍路みち」をめぐろうと呼びかけています。このプロジェクトを推進しているのは、東北の被災者が自ら立ち上げた「一般社団法人東北お遍路プロジェクト」で、その主な目的は以下の3点です。

①東日本大震災で被災した青森、岩手、宮城、福島４県の沿岸部に、犠牲者を慰霊・鎮魂するための「巡礼地」を選定し、各巡礼地をつなぐ「遍路みち」をつくる。

②その「遍路みち」を巡礼することにより、犠牲者に祈りをささげるとともに、震災の記憶と被災地の物語を未来の世代に語り継ぐ。

③さらに多くの人々に巡礼地をめぐってもらうことで、大きな被害を受けた被災地の活性化と自立発展を促し、東北の復興を支援する。

東北お遍路
TOHOKU OHENRO

東北お遍路プロジェクトの公式ロゴマーク。やさしく包み込むような女性の顔は祈りを連想させ、線の延長は仙台湾に連なる東北の海岸線が表現されている

安全に楽しく巡礼するために

1

各巡礼地の詳細な地図や語り継ぎたい物語などは、「東北お遍路プロジェクト」の公式ウェブサイト内の「こころのみちしるべ」を参照してください。公式ウェブサイトは「東北お遍路」で検索できます。

「東北お遍路プロジェクト」HP
http://tohoku-ohenro.jp/

2

巡礼地は被災４県の広範囲にまたがります。無理をせず、ご都合に応じて何回かに分けて巡礼してください。また、「東北お遍路」は特定の宗教に属するものではありませんので、自由な服装でお出かけください。

3

被災地の多くはまだ復興の途上にあり、工事関係車両が行き交っているところも少なくありません。事故には注意しましょう。

4

現在、福島第一原発の周辺は立ち入りが禁止されています。また、私有地内にある巡礼地については迷惑をかけないように配慮してください。

63か所の巡礼地をめぐる「東北お遍路」の旅へ！

　東北お遍路プロジェクトが選定した巡礼地は、２０１５年２月に発表した第１次巡礼地53か所と同年９月に発表した第２次巡礼地９か所の計62か所です。巡礼地の選定に当たっては、公募により１０５か所の暫定候補地を決め、それを４人の巡礼地創生委員（左項参照）による慎重な選定作業を行って最終決定しています。

　本書は、この62か所の巡礼地に、その後追加が確定した１か所を加えた計63か所の巡礼地を、現地取材に基づく記事と撮り下ろした約４５０点の写真で紹介したものです。

　３・11の被災地を襲った津波の規模をはじめ、甚大な被害の様子、発災時の被災者の行動、くみ取るべき教訓などは、実際に現地を訪れてみて初めて気づくことも少なくありません。本書を参考に、ぜひ「東北お遍路」の旅をスタートし、被災地の現状を直接自分の目で確かめてください。

　わが国は世界有数の災害多発国です。そこで暮らす私たちにとって、「東北お遍路」の旅とは、３・11を遠方で起きた「ひとごと」ととらえるのではなく、ごく身近でも起こりうる「わがこと」としてとらえ直し、その教訓を未来世代に伝え続けるための旅でもあります。みなさんが被災地を訪れて祈りをささげることは、犠牲者を慰霊するとともに、東北の被災地復興の確かな手助けともなります。

　巡礼の旅に出かける動機は、「東北の美しい景色を見たい」「ご当地グルメを食べたい」など、観光がてらでもかまいません。まず、関心のある一つの巡礼地を訪ねることから「東北お遍路」の旅をスタートしましょう。そして、被災地で実際に見たこと、聞いたことを、家族や周囲の人に伝えてください。

　日本の未来を担う大切な子や孫たちが、二度と同じようなつらい想いをしないために。そして、復興に向けて努力されている東北の被災地のみなさんが、一日も早く本物の笑顔を取り戻すために――。

巡礼地創生委員　＊50音順、敬称略

赤坂憲雄（学習院大学教授、
　　　　福島県立博物館館長）
あんべ光俊（シンガーソングライター）
宮原育子（宮城学院女子大学教授）＊委員長
結城登美雄（民俗研究家）

本書の構成

　これまでに発表された巡礼地は第１次、第２次合わせて62か所ですが、本書では、その後新たに巡礼地に選定されることが確定した「普代水門」（岩手県普代村）を加えた63か所の巡礼地を紹介してあります（巡礼地の詳細は10、11ページ参照）。また、巡礼地に選定されたものの、原発事故の影響で現在立ち入りが禁止されている「福島第一原子力発電所」「熊川海水浴場」（福島県大熊町）の２か所については、簡単な紹介にとどめました。

　本書は、単なる巡礼地ガイドにとどまらず、後世まで語り継ぎたい被災各地の発災時の状況をはじめ、遍路みち周辺にある主な観光スポット、歴史的名所、文学碑、道の駅、ご当地グルメ、そして各地に残る津波伝承や伝説なども可能な限り盛り込んで構成しました。

　巡礼地は基本的に北から順に紹介してありますが、効率よくめぐることを考慮して一部、順序を変えたところもあります。巡礼地めぐりは、どこからスタートしてもかまいません。みなさんのご都合に合わせて、お好きなところから「東北お遍路」の旅の第一歩を踏み出してください。

※本書の内容は2017年3月現在のものです。

5

巡礼地の多くは海岸沿いにあります。大きな地震のときは、すみやかに高台に避難しましょう。

6

遍路みちの周辺には有名な景勝地、名所・旧跡、文学碑、道の駅などが点在しています。巡礼のついでに、「景勝地めぐり」「歴史さんぽ」「文学碑めぐり」「道の駅めぐり」など、お好みの「＋α」の要素を加えると旅がより充実します。

7

巡礼地には数多くの寺社が選定されています。事前に御朱印帳を用意し、御朱印を集めながら巡礼すると楽しみが増え、旅のよい思い出ともなります。

8

訪ね終えた巡礼地は、10、11ページに掲載した巡礼地一覧の□の中に✔を記入し、次回の旅の計画にお役立てください。

「東北お遍路」巡礼地一覧

＊巡礼地名の次の数字は掲載ページ。訪ね終えた巡礼地は末尾の□の中に✓を記入し、今後の旅の計画にお役立てください。

青森県エリア

八戸市	1	蕪嶋神社	▶P16	□
階上町	2	大蛇小学校の２つの津波の碑	▶P18	□

岩手県エリア

洋野町	3	津波慰霊碑	▶P22	□
久慈市	4	ケルン・鎮魂の鐘と光	▶P24	□
野田村	5	大鳥居と楓の木	▶P26	□
普代村	6	普代水門	▶P28	□
田野畑村	7	机浜番屋群	▶P30	□
	8	宝福寺	▶P32	□
	9	カルボナード島越駅（三陸鉄道）	▶P34	□
岩泉町	10	小本小学校奇跡の 130 段の階段	▶P36	□
宮古市	11	震災メモリアルパーク中の浜	▶P38	□
山田町	12	御蔵山	▶P40	□
釜石市	13	鵜住居メモリアルパーク	▶P42	□
	14	私設こすもす公園（希望の壁画）	▶P44	□
大船渡市	15	津波記念石	▶P46	□
	16	津波を見ていた３本の大木（大ケヤキ・ポプラ・大スギ）	▶P48	□
陸前高田市	17	奇跡の一本松（復興祈念公園内）	▶P50	□

宮城県エリア

気仙沼市	18	紫神社	▶P56	□
	19	早馬神社	▶P58	□
	20	尾崎大明神	▶P60	□
	21	みちびき地蔵	▶P62	□
	22	地福寺、岩井崎（龍の松、秀ノ山雷五郎像）	▶P64	□
南三陸町	23	上山八幡宮波来、旧南三陸町防災対策庁舎	▶P66	□
石巻市	24	石巻ハリストス正教会	▶P68	□
	25	普誓寺	▶P70	□
	26	日和山公園	▶P72	□

石巻市	27 門脇町を見守るお地蔵さま（西光寺）	▶P74	□
	28 宮城県慶長使節船ミュージアム（サン・ファン館）	▶P76	□
	29 十八成浜白山神社	▶P78	□
松島町	30 瑞巌寺、観瀾亭	▶P80	□
東松島市	31 貞観地震の千年石碑と観音寺	▶P82	□
七ヶ浜町	32 同性寺	▶P84	□
多賀城市	33 末の松山（宝国寺）	▶P86	□
仙台市	34 蒲生干潟	▶P88	□
	35 浪分神社	▶P90	□
名取市	36 閖上漁港と日和山	▶P92	□
名取市・岩沼市	37 仙台空港	▶P94	□
岩沼市～石巻市	38 貞山運河	▶P96	□
岩沼市	39 千年希望の丘	▶P98	□
亘理町	40 わたり温泉鳥の海	▶P100	□
山元町	41 戸花山	▶P102	□
	42 旧中浜小学校と千年塔	▶P104	□
	43 磯崎山公園（唐船番所跡）	▶P106	□

福島県エリア

＊現在、立ち入り禁止

新地町	44 龍昌寺	▶P114	□
	45 安波津野神社	▶P116	□
	46 大戸浜観音堂	▶P118	□
相馬市	47 津神社	▶P120	□
	48 松川浦	▶P122	□
	49 長命寺	▶P124	□
	50 稲荷神社（寄木神社）	▶P126	□
南相馬市	51 山田神社	▶P128	□
	52 御刀神社	▶P130	□
	53 北萱浜神社	▶P132	□
	54 相馬小高神社	▶P134	□
大熊町	55 福島第一原子力発電所	▶P135	＊
	56 熊川海水浴場	▶P135	＊
楢葉町	57 天神岬（津波防災対策ビューポイント）	▶P136	□
広野町	58 修行院	▶P138	□
いわき市	59 稲荷神社	▶P140	□
	60 道山林	▶P142	□
	61 塩屋埼灯台と薄磯・豊間海水浴場	▶P144	□
	62 アクアマリンパーク	▶P146	□
	63 勿来の記憶の広場	▶P148	□

一般社団法人東北お遍路プロジェクト理事長

新妻香織さんに聞く

東北の被災地に希望の種をまきたい

「東北お遍路プロジェクト」を創設した新妻香織さんを訪ねて、プロジェクトを立ち上げたいきさつやその後の経緯、さらに震災発生時の様子などを語ってもらいました。

発想のいきさつ

新妻さんはこれまでエチオピアの植樹活動や景勝地「松川浦」（福島県相馬市）の環境保護活動に取り組んできた。震災後は、そのスキルを生かして、同市の被災者を支援する活動を継続している。その過程で、「東北お遍路プロジェクト」の構想が浮かんだという。まず、そのいきさつから——。

震災直後は不足していた物資を被災したみなさんに配布する活動などをしていました。しばらくすると、被災者が仮設住宅に入居できるようになり、一時期の混乱もだいぶ落ち着いてきた。そこで次のステップとして、今度は被災したまちを、どのように復興するかという「まちづくり」の課題に取り組むことにしました。その一環として、私たちは2011年7月から「松川浦の未来を語るゼミナール」という市民講座をはじめました。毎月1回、講師の方々に来ていただいて、自分たちのまちをどうすれば再建できるかを学びながら、自由に話し合っていたんです。

景勝地として知られる松川浦は、震災前は美しい景観と新鮮でおいしい魚介類が売りでしたが、津波の被害と原発事故の影響で観光客が激減していました。どうすれば観光地として復権できるかを考えていたとき、「どうしてもここに来なければいけない理由を見つければいい」ということに気づいたんです。つまり、動機付けですね。たまたま私の夫の故郷が高知でしたから、しばしばお遍路さんの姿を目にしていたこともあって、ふとひらめいたのが「お遍路」でした。

四国の遍路みちにある八十八のお寺のように、今回の地震と原発事故で大きな被害を受けた東北の被災地に幾つかの「巡礼地」を設定し、それをつないで1本の遍路みちをつくれば、全国から多くの人が東北に来てくださるのではないか。そうすれば、相馬市や松

新妻香織（にいつま・かおり）

1960年福島県生まれ。日本女子大学卒業。JTB出版事業局で月刊『旅』などの編集に携わる。30歳のときアフリカ・ケニアに単身移住。ライターとして活動する傍ら、アフリカを縦断するなど28か国を旅し、5年後に帰国。アフリカの砂漠化に心を痛め、相馬市の自宅を拠点にエチオピアの村（ラリベラ）の緑化を目指してNPO法人「フー太郎の森基金」を創設（理事長）。2000年「松川浦」の環境保護団体「はぜっ子倶楽部」を創設（代表）。2010年「フー太郎の森基金」で外務大臣賞受賞。東日本大震災後、「一般社団法人東北お遍路プロジェクト」および「一般社団法人ふくしま市民発電」を創設、ともに理事長を務めるなど多方面で活躍中。著書：アフリカ縦断記『楽園に帰ろう』（河出書房新社、「蓮如賞」優秀賞受賞）、絵本『フー太郎物語 森におかえり』（自由国民社）、『よみがえれフー太郎の森 エチオピアで希望を植えよう』（東京新聞出版局）など多数。

巻頭インタビュー

東北お遍路巡礼マップ

川浦の交流人口も増えるのではないか、と思ったのです。そこで、仙台市の異業種交流会「はなもく七三会」の会員やNPO法人「フー太郎の森基金」の会員などに声をかけさせてもらったところ、「おもしろい」「ぜひ、やろう」ということになって、このプロジェクトがスタートしたわけです。

その後の経緯

2012年12月、新妻さんは市民有志ではじめた組織を一般社団法人化し、自ら理事長に就任。以後、「東北お遍路プロジェクト」は、さまざまなメディアにも取り上げられるようになり、東北だけでなく全国に知られる存在になっていく。その流れを時系列で追うと——。

まず、私たちは巡礼地を公募することからはじめました。ひと口に被災地といっても、青森、岩手、宮城、福島4県の広大な範囲にまたがります。そこで、みんなで手分けして各自治体や被災地のみなさんにプロジェクトの趣旨を説明して歩き、候補地の推薦をお願いしました。その結果、2012年末には暫定候補地として105か所を選定することができました。2014年、宮原育子宮城学院女子大学教授ら4人の巡礼地創生委員（9ページ参照）による選定作業を行い、2015年2月、ようやく第1次巡礼地53か所の発表にこぎつけたのです。プロジェクトの発足から3年後のこと。ようやくここまできたかと、感無量でしたね。

以後、河北新報などの地元紙だけでなく、読売、朝日、毎日といった全国紙も「東北お遍路」について大きく取り上げてくれるようになりました。さらに同年9月、第2次巡礼地として新たに9か所の巡礼地を発表。現在、「東北お遍路」の巡礼地数は、これらに「普代水門」を加えた計63か所になりました。今後も、引き続き第3次、第4次と巡礼地の選定作業を続けていく予定です。最終的な形が整うまでにはおそらく10年ぐらいかかるのではないかと思っています。

次に、プロジェクトのロゴマークを公募しました。応募していただいた147点の中から、平沼宏夫《ひろお》さん（東京都調布市在住）の作品を選び、公式ロゴマークに決めました（8ページ参照）。並行して、各巡礼地に「東北お遍路」の標柱を設置する活動もしています。まず、福島県の「龍昌寺」（新地町）と「津神社」（相馬市）に第1号と第2号の標柱を建てたのを皮切りに、2016年には岩手県野田村の「大鳥居と楓の木」と宮城県岩沼市の「千年希望の丘」にも標柱を設置しました。あわせて、このプロジェクトを盛り上げる意図で、「第1回東北お遍路杯 福島・相馬復興支援マラソン」「東北海遍路体験ツアー」「東北お遍路写真コンテスト」などのイベントも随時、開催してきました。

進行中の構想

新妻さんは、大学卒業後の一時期、旅行雑誌などの編集に携わり、さらに2008年には市民の手で松川浦のガイドブック『まるごと松川浦』（123ページ参照）をつくり、自ら編集長を務めた。こうした経験を生かして、現在、ひとつの構想が進んでいる。その中身は——。

今、私たちが進めているのは「マイお遍路ブック」（仮称）という構想です。最近、若い女性を中心に、御朱印を集めるのがちょっとしたブームになっている。そこで、バインダー方式による「東北お遍路ガイドブック」をつくろうと考えています。それに、御朱印や写真、パンフレット、切符、各巡礼地の感想などを自由に差し込めるようなスタイルにすれば、世界でただ1冊の「マイお遍路ブック」をつくることができます。

今後も巡礼地は追加される可能性があり、被災地の状況も日々刻々と変化しているので、各巡礼地の情報も順次、改訂が必要になります。バインダー方式にすれば、いつでも自由に差し替えられるというメリットがあるわけです。今後、この本が普及した暁には、「マイお遍路ブック・コンテスト」なども開催したいと考えています。すでに制作に着手し、2017年3月、まず20か所の巡礼地を紹介する本を出版しています。

これとは別に、各巡礼地を地図で紹介する『東北お遍路巡礼マップ』もつくりました。すでに被災地周辺の主な「道の駅」などに置いてありますから、見かけたらぜひ手に取ってみてください。

発災直後の様子

新妻さんの自宅は相馬市にある。巡礼地に選定されている「松川浦」や「津神社《つのみつ》」の近くだ。今回の地震で同市は9mを超す大津波に襲われ、480人以上の犠牲者が出た。発災時の自宅周辺の様子はどうだったのか——。

あの日は自宅にいました。不気味に長い地震で揺れも尋常ではなかったので、すぐに夫に両親のいる実家まで迎えに行ってくれるように頼みました。実家は自宅から5分ほど坂を下ったところにあり、父は逃げるつもりで車のキーだけを持ち、母は小銭の入った袋と明日受診するための診察券だけを持って玄関に立っていたそうです。両親は文字通り身一つで、夫の車でわが家に逃げてきたわけです。

自宅は12mぐらいの高台にあるので、家にいれば大丈夫だろうと思っていました。でも、テレビを見ると釜石のまちが大津波にのみ込まれるシーンが映っていた。松川浦を見ると、海面がずーっと引いて、ふだんは見えないところが陸地のようになっていた。そのうちに東側の窓が水煙でかすんできて、2階に駆け上がったとき突然がれきがダーッと流れ込んできた。1階に両親がいたので、「早く2階に上がって―」と叫んで、上がってもらったんです。津波はわが家のすぐ隣まで押し寄せて来た。このときは、もうダメか

辛うじて被災を免れた
自宅前に立つ新妻さん（同）

津波に耐えた新妻さんの愛犬
「ぼの」くん（2015年５月撮影）

巻頭インタビュー

新妻香織さんに聞く

一般社団法人東北お遍路プロジェクト理事長

と思いましたね。家の目の前にあるお寺は、建物はなんとか残ったものの、ほとんどのお墓が倒れました。近くの津神社の下にあった市長さんの家も流されてしまい、周辺はどこもかしこもがれきの山だらけになった。その後しばらくの間、この一帯は遺体捜索の場となってしまって……。このときは、ほんとにつらかったですね。

支援活動の内容

以後、新妻さんは津波で被災した人々を支援する活動を続けることに。その内容は——。

津波の後、家から歩いて5分ほどのところにある東部公民館が一次避難所になりました。そこで、動けないでいる高齢の方々を背負ったり、車椅子に乗せたりして、公民館に連れて行きました。そこに自衛隊が来てくれたのは夜の10時ごろ。ただちに、濡れて動けないでいる人から順次、体育館など安全な避難所に運んでもらいました。11時ごろ、今度は市が40人ぐらい乗れるバスを回してくれた。道路は寸断されていましたが、迂回路を通って来てくれたんです。私と市の職員2人で順次点呼をとりながら、バスに避難者を乗せて、安全な避難所に運んでもらいました。すべて終了したのは夜中の3時ごろだったと思います。

この津波で、私の同級生が4人も亡くなっています。一方、私のほうは、実家は津波で流されたものの、わが家はなんとか残った。両親も、私と夫も、そして愛犬2匹も無事だった。ですから、私は亡くなった同級生から見れば天国にいるようなもの、と思ったんです。津波がわが家の隣で止まったということは、「おまえにはこれだけたくさん残してあげたんだから、もっともっと働け」って言われているとしか思えなかったんですね。

そんなわけで、10日後に電気が復旧したのを機にすぐ自宅に戻り、その翌日からさっそく炊き出しや不足していた物資の配布などをはじめました。被災直後は箸やお皿もない人がたくさんいた。そこで、市内外の人々に支援物資の提供を訴えて、集まった品々を計6回、公園や集会所に並べて、被災したみなさんに自由に持っていってもらうようなことをやっていました。車も5台ほど提供しました。幸い、鎌倉から若い人たちが週2回わが家にボランティアに駆け付けてくれました。その〝鎌倉組〟と呼んでいた人たちと一緒に、さまざまなことをやりました。たとえば、この地区にはスーパーが2軒あったんですが、どちらも流されてしまって、当時は何キロも離れた店に行かないと買い物ができなかった。で、「タイヤがあるものなら何でもいいから欲しい」という声があったので、各方面に放置自転車の提供を呼びかけたところ、全国の自治体から600台もの自転車が送られてきた。それを、周辺の人や仮設住宅の人に配るというようなことをずーっとやっていたわけです。

今後の抱負と想い

新妻さんは、震災から5年半後の2016年秋、岩手県野田村で開催された東北お遍路巡礼地の標柱設置式典で挨拶した直後、再びエチオピアに渡った。植樹活動はその後も順調に進み、砂漠化していたエチオピアの村ラリベラは今、現地の子どもたちや村民が植えた300万本近い木々の緑で覆い尽くされているという。新妻さんは「魚を与えるのではなく、魚の獲り方を教える」ことをモットーに、10年、20年先を見据えながら活動してきた。これが、成功をもたらした秘訣なのだろう。「いろんなことをやっているから体が幾つあっても足りないくらい。でも、動けば動くほど実りもあるから楽しいの」と笑いつつ、現在も多忙な日々を送っている。

最後に、「東北お遍路プロジェクト」に寄せる想いと今後の抱負を聞いた——。

私は「東北お遍路プロジェクト」を通して、犠牲者を慰霊するとともに、震災の記憶と教訓を将来世代にきちんと伝え、さらに大きな被害を受けた被災地の復興のお手伝いができればいいと考えています。ようやく被災地では復興の槌音《つちおと》が聞こえはじめてはいますが、いまだに避難生活を続けている人や、家族ばらばらの生活を強いられている人、原発事故の影響でまだ故郷に戻れない人たちもたくさんいらっしゃる。ですから私はプロジェクトを支援していただいている多くのみなさんと力を合わせて、少しでも東北の被災地を元気づけたいと考えています。

これから何年かかるかわかりませんが、四国遍路のように、東北の沿岸部に祈りのルートとしての「遍路みち」が完成して、それぞれの被災地の物語が千年先まで語り継がれるようになればいいと思っています。「東北の被災地に希望の種をまきたい」。これを合言葉に、今みんなでがんばっているところです。

みなさんに東北に来ていただくことが、私たち被災者にとっては一番嬉《うれ》しいことであり、被災地復興の最も確かな力になります。「東北お遍路」の旅をはじめられる動機は、「東北の美しい景色が見たい」「おいしい魚やウニを食べたい」など、観光がてらでもかまいません。本書を手にされたみなさんが、一人でも多く、一か所でも多く巡礼地を訪ねてくださることを切に願っています。

青森の遍路みち

Part1

1
八戸市

蕪嶋《かぶしま》神社

address　青森県八戸市大字鮫町字鮫 56-2
access　JR 八戸線鮫駅下車、徒歩約 15 分

八戸市鮫《さめ》町の蕪嶋神社は、「東北お遍路」の巡礼地の中で最も北に位置しています。北から順に巡礼地をめぐる場合は、この神社がスタート地点となります。

弁財天を祀《まつ》る同神社は、商売繁盛、漁業安全、子授けなどにご利益があるとされ、古くから「蕪島の弁天さま」として地元住民の信仰を集めてきました。神社のある蕪島は、東日本大震災後に誕生した三陸復興国立公園の北端にあり、日本を代表するウミネコの繁殖地としても知られています（国の天然記念物）。

震災時、蕪島は5mを超える津波に襲われ、防波堤が決壊、神社の鳥居近くにあった公衆トイレや観光案内所が全壊するなどの大きな被害を受けました。一時、島周辺はがれきの山と化しましたが、現在は震災の爪痕《つめあと》はほぼ消え、観光客の受け入れ態勢も整いつつあります。３・11の翌年には蕪島駐車場に新しい公衆トイレが完成。さらに2015年には鳥居前に観光案内所を兼ねた蕪島休憩所もオープンしました。木のぬくもりが感じられる休憩所は無料で利用でき、神社に面した大きな窓からウミネコが営巣する様子をゆっくりと観察することができます。

もともと蕪島は、その名が示すように島でしたが、太平洋戦争中に旧海軍によって埋め立てられて陸続きとなり、今では歩いて行くことができます。島の頂上に鎮座する神社は、あの悲惨な戦争を見守るとともに、３・11の被害を乗り越えてきたところでもあります。それらの事実に想いをはせながら、ウミネコの舞い飛ぶこの神社から巡礼の旅の第一歩を踏み出してみてはいかがでしょうか（拝観時間は午前9時半から午後4時まで）。

蕪嶋神社。鳥居の上や階段にも無数のウミネコの姿が（2015 年 5 月撮影、以下同）

ウミネコの繁殖期は春から夏にかけて。営巣の様子を見たい人は、この時季に参拝を

1 蕪島の全景。浜辺や神社周辺に白く見えるのはすべてウミネコ

2 境内のウミネコ供養碑。歌人・柳原白蓮（びゃくれん）の歌が刻まれている。白蓮は竹久夢二の美人画のモデルとなったことで知られ、NHK朝の連続テレビ小説「花子とアン」にも登場した

3 4 蕪島のウミネコは人間を恐れない。踏みつぶさないように足元の卵や雛に注意しながら参拝を

3万羽を超えるウミネコが群舞

JR八戸線の鮫駅で下車し、魚市場に沿って10分ほど歩くと、突然視界が開けて広々とした海と蕪島の全景が見えてきます。このあたりまで来ると、島周辺を舞い飛ぶウミネコの姿が見えはじめ、鳴き交わす声も聞こえてきます。

ウミネコは春の訪れと漁場を知らせてくれる鳥です。そのため、この地域では「弁財天の使い」として大切に保護されてきました。毎年春になると島には3万羽を超えるウミネコが繁殖のために飛来します。飛来のピークは3月ごろ。4月から5月にかけて営巣・産卵・抱卵。6月ごろ孵《ふ》化《か》した雛は7月には巣立ち、8月になると子育てを終えたすべてのウミネコが島を離れていきます。

日本にはウミネコの繁殖地が幾つかありますが、ほとんどが断崖絶壁などの近寄れない場所で、抱卵の様子やかわいい雛の姿を間近で見られるのはこの島だけです。

ただ、狭いエリアに数万羽ものウミネコが群舞することから、ときには空から降ってくる糞《ふん》（別名、ウミネコ爆弾）を浴びてしまうことも。どうしても「糞だけはイヤ」という方は階段下にあらかじめ用意されている傘をさして参拝を。幸か不幸か〝爆弾〟を浴びてしまったときは、社務所にその旨を伝えると、〝開運〟の印として神社から「会運証明書」を発行してもらえます。この神社独特の粋なはからいです。

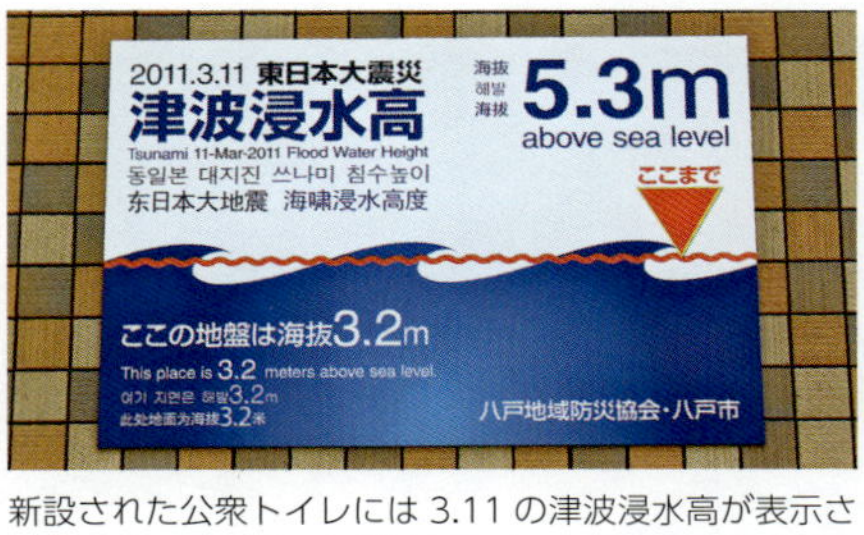

新設された公衆トイレには3.11の津波浸水高が表示されている。その場で赤の浸水ラインを見上げると今回の津波の大きさが実感できる

ご承知のように、蕪嶋神社は2015年11月に発生した火災で全焼し、現在は仮社殿を設けて再建準備を進めている最中です。幸い2016年春には例年通りウミネコが飛来し、産卵や孵化も確認されています。神社の再建工事はウミネコの繁殖活動に影響のない形で進められており、2019年には新しい社殿が完成する予定です。なお、本コーナーは火災発生数か月前の2015年5月に取材した内容で構成してあります。

立ち寄りスポット

「種差《たねさし》海岸」

蕪島は「三陸復興国立公園」の北の玄関口であると同時に、「みちのく潮風トレイル」（八戸市蕪島から福島県相馬市松川浦まで続く約700㎞の自然歩道）の起点でもある。蕪島から種差海岸に至るコースには散策に適した遊歩道が随所に整備されている。神社の参拝がすんだら、国の名勝「種差海岸」にも足を延ばしてみては。

種差海岸は、宮沢賢治、井伏鱒二、佐藤春夫ら数多くの文学者が訪れ、幾多の名作の舞台となったところ。画家・東山魁夷の代表作「道」のモチーフとなった場所としても有名。海風を浴びながら遊歩道を歩くと、松林越しに荒々しい岩礁、白い砂浜、広大な天然芝生地などが次々と現れ、変化に富んだ絶景を楽しむことができる。蕪島から種差海岸までは徒歩およそ3時間（電車利用の場合は八戸線種差海岸駅下車、徒歩約5分）。

種差天然芝生地。自然の芝生が海際まで広がる種差海岸の代表的景観

＊神社名の場合は「蕪嶋」、地名の場合は「蕪島」と表記する。

2
階上町

大蛇《おおじゃ》小学校の2つの津波の碑

address 青森県三戸郡階上町道仏大蛇 30- 1　access JR 八戸線大蛇駅下車、徒歩約 10 分

大蛇小学校の校庭にある「海嘯記念碑」（2015 年 10 月撮影、以下同）

大蛇小学校は、青森県南部の太平洋に面した階上《はしかみ》町にあります。同町は、海の幸を生かした郷土料理「いちご煮」（ウニとアワビの潮《うしお》汁）や特産品の「塩ウニ」などで知られ、数多くの縄文遺跡が点在する、豊かな歴史を誇るまちです。

町は、1896年（明治29年）の明治三陸大津波で21人の犠牲者を出し、1933年（昭和8年）の昭和三陸大津波でも2人が死亡するなど、これまで繰り返し甚大な津波被害を受けてきました。にもかかわらず、今回の震災では津波で数十棟の家屋が流失・損壊したものの、死者、行方不明者はゼロでした。なぜ、今回は軽微な被害ですんだのでしょうか。

大蛇漁港近くにある同小学校のグラウンドには、2つの津波碑が建立されています。一つは昭和の大津波後に建てられた「海嘯《かいしょう》記念碑」（※）で、もう一つは東日本大震災後に設置された「津波の碑」です。この2つの碑に刻まれた碑文を読むと、階上町が犠牲者ゼロですんだ理由の一端が見えてきます。

（※）「海嘯」の本来の意味は「潮津波」（河口に入る潮波が垂直の壁となって川を逆流する現象）のこと。しかし、昔は津波のことも海嘯と呼んでいたため、1933年建立のこの記念碑の場合も「津波」と同じ意味で使われている。

海嘯記念碑に刻まれた大津波の貴重な教訓

大蛇小学校はＪＲ八戸線大蛇駅の目の前にあります。しかし、同校へ行くためには少し迂回した道を通らなければなりません。初めて訪れる人は地図に示した赤色のルートを参考に歩くとわかりやすいでしょう。

まず、八戸線の踏切を越えて海岸方向に進み、いったん海沿いを走る県道1号に出ます。県道1号の海側には児童たちが描いた壁画があるので、それが目印。壁画に沿って大蛇漁港の方向に進むと、すぐに大蛇小学校と書かれた木の看板が見えてきます。その脇の細い坂道を上ったところが同小の校門です。

2つの津波碑はグラウンド奥の海に面した場所に少し離れて立っています。左側にあるのが「海嘯記念碑」。碑の高さは242㎝。幅98㎝。碑文には、明治と昭和の大津波の被害状況に加えて、「**住民タルモノ深ク銘記シテ将来**（将来）**ノ對**（対）**策ヲ構セサルヘカラス**（講じておくべし）」との文字が刻まれています。階上の先人たちが後世の人々のために残してくれた貴重な教訓です。

大蛇小学校の校舎

この看板脇の坂道を上ると校門がある

子どもたちが堤防に描いた「世界に一つぼくらの壁画」

「ほら逃げろ　津波の時は　線路まで」

海嘯記念碑の右側にある真新しい碑は3・11後に建立された「津波の碑」。碑の表面には「**忘れるな　あなたを守る　地域の絆**」との文字が大書され、災害時に隣人同士が助け合うことの大切さが強調されています。

裏面には、この地区に伝わる災害時の「合言葉」が以下のように記されています。

「ほら逃げろ　津波の時は　線路まで」
過去の津波経験から生まれた言葉。
これが平成二十三年三月十一日の大津波から尊い人命を救った。
死者、行方不明者なし。

碑文に記された「線路」とは、海岸に沿って走る八戸線の線路のことです。線路は高台にあるので、津波発生時にはここを目指して逃げれば身を守ることができます。この地では、そのことを誰にでもわかる言葉で長く語り継いできたのです。今回の津波発生時、住民の多くはこの合言葉を思い出しながら線路に向かって逃げ、一命をとりとめました。住民なら誰でも知っている「線路」という具体的な場所が盛り込まれていたことが、津波から必死に逃げる人々のとっさの判断に役立ち、犠牲者ゼロをもたらした大きな要因となったのでしょう。

2つの津波碑に記された言葉は、どちらもリズムがよく、読む人の心にストレートに届きます。全町民の命が救われた背景には、こうした住民同士の強い絆と古老たちが語り継いできた教訓を大切にする気持ちがあったことは間違いありません。津波対策では、もちろん防潮堤の構築やハザードマップの確認が大切ですが、階上町のケースは、隣人同士のつながりや地元の伝承をより重視すべきことを示唆した事例として注目されます。

校門前は海抜 15.6 ｍで津波浸水想定区域内だ

立ち寄りスポット

「三陸大津波記念碑」

大蛇小学校の2つの津波碑とは別に、階上海岸沿いの丘にも「三陸大津波記念碑（榊津波記念碑）」がある。高さ3ｍを超える灯台型の碑で、表面には「**地震海鳴りほら津浪**（波）」の文字が刻まれ、裏面には昭和三陸大津波の被害の様子などが記されている。

この碑は、環境省の「みちのく潮風トレイル（階上町区間）」のルートにも含まれているので、あわせて訪ねてみてはいかが（階上駅下車、徒歩約15分）。

東日本大震災後に建立された「津波の碑」

巡礼の旅のお供に、こんな文庫本を！

旅先の宿や車中でその土地にまつわる本を読む――。これは、読書好きの人にとっては至福のひとときであり、巡礼地そのものを深く知ることにもつながります。そこで、ここでは巡礼の旅をより楽しく豊かにしてくれる本を紹介します。

芭蕉
おくのほそ道

岩波文庫

「月日は百代《はくたい》の過客《かかく》にして、行《ゆき》かふ年も又旅人也《なり》」（流れゆく時間や人の一生はすべて旅のようなもの）。この有名な序文ではじまる松尾芭蕉の『おくのほそ道』は紀行文の最高峰とされる１冊です。生涯を旅にささげ、「漂泊の俳人」とも呼ばれた芭蕉は、1689 年（元禄２年）、江戸・深川を発《た》ち、５か月間にわたって東北、北陸を経て美濃・大垣に至るコースを歩き、旅の先々で多くの秀句を詠みました。コースの全長は約 2,400km。ときには起伏のある山野を１日数十km歩くこともあり、すでに晩年にさしかかっていた芭蕉にとっては命がけともいえる旅でした。

芭蕉の死から 300 年以上の歳月が流れましたが、私たちは今も本書でその旅の全容を知り、幾多の名句を堪能することができます。誰もが一度は手にしたことのある本ですが、芭蕉が実際に訪れたところ、たとえば巡礼地に指定されている日和山公園（宮城県石巻市）や瑞巌寺（同県松島町）などで読み返すと、また新たな発見と感慨がきっとあるはず。必携の１冊です。原文はちょっと読みにくいという人には、現代語訳付きの本もあります（角川ソフィア文庫など）。

三陸海岸大津波

吉村昭
文春文庫

明治以降、三陸沿岸部は３度の巨大津波に襲われました。明治三陸大津波、昭和三陸大津波、そしてチリ地震大津波です。本書は、それらの被災地を作家・吉村昭が訪ね、丹念な取材と体験者の証言をもとに記した迫真のルポルタージュ。今から約 40 年前に発表された作品（原題『海の壁　三陸沿岸大津波』）ですが、東日本大震災後、改めてその価値が再評価され、増刷に増刷を重ねて今も売れ続けています。

著者が三陸地方を取材した当時、明治の大津波を実際に体験した古老が２人だけ生存していました。本書には、その２人から直接聞いた貴重な証言をはじめ、それぞれの津波体験者の肉声がふんだんに盛り込まれていて、津波襲来時の緊迫した様子がありありと伝わってきます。記録的な価値も高い作品です。著者は東日本大震災の５年前に亡くなりましたが、妻で作家の津村節子は本書の増刷分の印税を 3.11 の被災地に寄付し続けており、本書の購入は東北の復興支援にもつながります。

日本の深層
縄文・蝦夷文化を探る

梅原猛
集英社文庫

著者は仙台出身の哲学者。京都市立芸術大学学長、国際日本文化研究センター所長などを歴任し、東日本大震災後は復興構想会議特別顧問（名誉議長）を務めた人です。

国の歴史書は、その時々の支配者側の視点で記されるのが通例で、わが国の『記紀』以降の史書も例外ではありません。その影響もあってか、これまで東北地方は都から遠く離れた「辺境の地」であり、中央政府にまつろわぬ民（蝦夷《えみし》）の住む「未開の地」といった負のイメージでしばしば語られてきました。

こうした論調に対し、著者は近年の考古学や人類学の成果などを根拠に異を唱えます。つまり、①日本文化の基層には狩猟・採集を主体とした縄文と蝦夷の豊かな文化が流れている②青森県から出土した亀ケ岡式土器に象徴されるように、縄文時代の後期から晩期にかけての東北地方はわが国で最も栄えた文化の先進地だった③今も東北地方には日本の原初的風景・習俗である縄文文化の精神が色濃く残存している――ことなどを指摘。そして自らの見解を検証するために東北各地を訪ねる旅に出ます。本書はその考察の旅の記録です。

一見、難しそうな書名ですが、わかりやすく書かれた紀行文なので一気に読了できます。本書の刊行は日本中がテレビドラマ「おしん」ブームでわきたっていたころ。時代的制約もあり、著者の見解の真偽は今後の検証に待つべき点も少なくありませんが、私たちが知らず知らずのうちに刷り込まれてきた従来の東北イメージを再考し、新たな東北観を構築するための道しるべとなる１冊です。一読すると、東北の遍路みちに数多くの縄文遺跡が点在している理由が「目からウロコ」のようにわかります。

街道をゆく
3巻・26巻

司馬遼太郎
朝日文芸文庫

司馬遼太郎の人気シリーズ『街道をゆく』は全部で 43 巻あります。その中で巡礼の旅にぜひ持参したいのは、３巻の「陸奥のみち、肥薩のみちほか」と、26 巻の「嵯峨散歩、仙台・石巻」の２冊です。

このうち、「陸奥のみち」には、東北地方に関する分析的な記述に加え、巡礼コースとも重なる青森県八戸市、種差海岸、岩手県久慈市などで見聞した様子が克明に描写されています。一方、「仙台・石巻」には、仙台空港、貞山運河、宮城県岩沼市、多賀城跡、瑞巌寺、日和山公園、旧石巻ハリストス正教会などを訪ねた際の感慨が興味深く記されています。２冊とも旅の記録なので楽しく読めて、巡礼の旅を実り豊かなものにしてくれるはずです。

その他、定番の柳田国男『新版　遠野物語』（角川ソフィア文庫）をはじめ、赤坂憲雄『東北学　忘れられた東北』（講談社学術文庫）や、東北出身の宮沢賢治、石川啄木、太宰治らの詩集、歌集、小説などもおすすめです。

Part2

岩手の遍路みち

八木郵便局前に設置されていた津波慰霊碑。現在は防潮堤の築造とかさ上げ工事のため、他所で保管されている（2013年8月撮影）

3
洋野町

津波慰霊碑

address
岩手県
九戸郡洋野町
八木地区

access
JR八戸線陸中八木駅下車、
徒歩約7分（旧設置場所）

東日本大震災に伴う津波で、とくに被害が大きかったのは岩手、宮城、福島3県の沿岸部です。その中で犠牲者がゼロだった自治体が一つだけあります。岩手県の最北部に位置する洋野《ひろの》町です。

ウニの産地として知られる同町は、明治三陸大津波で250人以上、昭和三陸大津波では100人以上が犠牲になるなど、これまで何度も深刻な津波被害を受けてきました。今回の震災でも10mを超える大津波が襲来。町の港湾施設がほぼ壊滅し、船舶のおよそ7割を失うなどの甚大な被害を受けました。にもかかわらず、犠牲者は一人も出ていません。なぜ洋野町だけが、こうした奇跡を起こせたのか。

町を訪ねると、過去の津波被害と教訓を刻んだ津波碑を何基も目にします。八木地区の八木郵便局近くにあった「津波慰霊碑」もその一つです。高さ253cm、幅122cm、厚さ29cm。重厚感のある碑で、その表面には**「想へ惨禍の三月三日」「昭和八年三月三日午前二時五十二分」**と刻まれています。「三月三日」とは昭和大津波の発生日のこと。裏面には**「八木　死亡者九十一人　流失三十七戸　昭和九年十二月建立」**と、被害内容が記されています。碑文を読むと、たび重なる津波被害に苦しんできた先人たちの「こうした悲劇は繰り返したくない」という強い想いが伝わってきます。

毎年、慰霊碑の前で防災訓練を実施

　八木郵便局の石橋勝彦局長に津波襲来時の様子を伺いました。石橋さんは、郵便局の壁面にある〒マークを指差しながら、「津波は、あのマークのすぐ下あたりまで押し寄せ、当時の建物は全壊しました。この建物は新しく建て替えたもの」だと言います。しかし、「職員はただちに避難したため全員無事だった」そうです。

　この事例が示すように、洋野町では津波に追われた住民が素早く避難して助かったケースが数多くみられます。その背景には、震災前から町がハード、ソフトの両面で取り組んできた津波対策があります。ハード面では、八木地区を除く沿岸部全域に高さ12mの防潮堤を構築し、津波の襲来に備えていました。幸い3・11の津波高は最大10mだったため、その勢いが防潮堤で減衰され、結果的に人的被害を免れました。

　一方、八木地区は震災当時、地形的な制約もあって町で唯一防潮堤が設置されていませんでした。そこで町は消防団、自治会などとも連携しつつ、津波慰霊碑前での防災訓練の実施、自主防災組織の結成、津波浸水マップの配布などのソフト対策にも力を注いできました。「津波のときは一刻も早く高台へ逃げる」。こうした意識を全町民に持ってもらうことを主眼に取り組んできたのです。

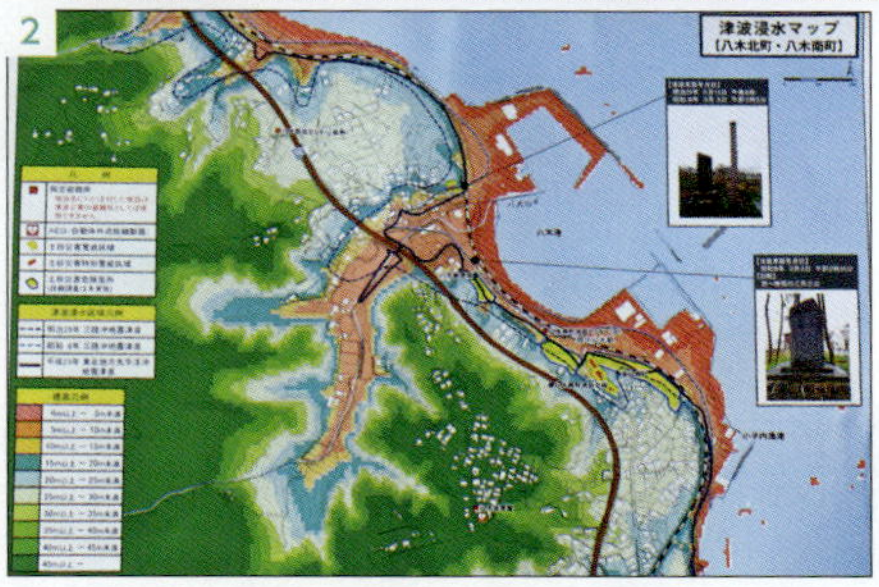

1 八木郵便局。3.11 の津波は壁面の〒マーク付近まで達した。円内は八木郵便局長・石橋勝彦さん（2015 年5月撮影、以下同）
2 町が沿岸部住民に配布した津波浸水マップ。明治と昭和の津波浸水域が色別で記され、町内にある津波碑の場所も写真付きで明記されている

発災後わずか20分ですべての避難を完了

　八木地区では自主防災組織に地域のほぼ全戸が加入しています。同地区の自主防災組織は、震災前から昭和の大津波の発生日時に合わせる形で毎年3月3日の早朝、津波慰霊碑の前で防災訓練と慰霊祭を実施してきました。その後、訓練実施日は住民の要望を受けて日曜日の日中に変更されましたが、防災訓練では避難路の整備、清掃、草刈りに加え、冬季には除雪まで行っています。これらの作業は住民相互の絆を深めるとともに、避難ルートの確認、ルート中の危険箇所の発見などにつながり、訓練に参加した住民たちは「3・11のときの避難に役立った」と言います。その後、訓練には消防団員の退避訓練、避難場所での消火訓練や炊き出し訓練などの新メニューも追加され、津波体験者に当時の様子を話してもらう機会も設けています。

　こうしたきめ細かな取り組みは津波襲来時の行動にどうつながったのか。一例として八木南町自主防災会（2009年7月結成）のケースで見ると、発災後わずか20分ほどで一次避難場所（金山神社など4か所）への避難を完了。夕方からは早くも二次避難場所（八木保育園）で炊き出し支援や医療支援などを実施しています。当日、たまたま理髪店で散髪中だった車椅子の男性を店員が車に乗せて一緒に避難し、無事救助したという事例も報告されています。

　震災後の検証によれば、洋野町が人的被害ゼロだった要因として、防潮堤が津波エネルギーを軽減したことに加え、町民の防災意識がきわめて高かった点が指摘されています。日ごろから挨拶を重視し、お互いの顔が見える関係を築き上げ、過去の津波教訓を生かした防災訓練を地道に積み重ねてきたことが、発災時の迅速かつ的確な対応につながった最大の要因といえます。

3 一次避難場所に指定されている金山神社（海抜 23.8m）。津波発生時、八木地区の住民はこの参道を駆け上って助かった
4 陸中八木駅前に設置されている避難用階段。この階段を上ったところに二次避難場所の八木保育園がある

ケルン・鎮魂の鐘と光。公園の入り口には「東北お遍路巡礼地」の標柱（木製）がある（2015年10月撮影、以下同）

4
久慈市

ケルン・鎮魂の鐘と光

address　岩手県久慈市長内町諏訪下（JC公園内）

access　JR八戸線・三陸鉄道北リアス線久慈駅下車、徒歩約35分

今回の震災後、東北の被災各地で3・11の教訓を後世の人々に伝える震災モニュメントや津波碑などの建立が相次いでいます。2015年5月、久慈市に誕生した東日本大震災モニュメント「ケルン・鎮魂の鐘と光」もその一つです。

同市のモニュメントは、久慈港に面したJC公園内に設置されています。登山道や山頂などで見かけるケルン（石積みの道しるべ）をモチーフにつくられ、高さは同市を襲った津波と同じ14・5mに設計されています。円錐《えんすい》形をした巨大ケルンは、石積み構造がもたらす風格があり、存在感も十分。見る者の目を引きつける迫力があります。

このケルンは、市内で発生した震災がれき（コンクリート殻など）を土台とし、その上に多くの市民が持ち寄った石を積み上げてつくられ、その表面には地元の児童たちが思い思いのメッセージを書き込んだ多数の石が組み込まれています。制作にかかわった数多くの人の想いと願いがぎっしりと詰まったモニュメントです。

ケルンの前には、津波による犠牲者を慰霊し、久慈市と被災各地の一日も早い復興を祈る「鎮魂の鐘」が設けられています。取り付けられたひもを引くと、久慈港一帯に澄んだ鐘の音が鳴り響きます。聞く人の心に染み入るような音です。

あの日を永久に忘れないために

久慈市は、一時期人気を博したNHK朝の連続テレビ小説「あまちゃん」のロケ地として知られ、また北の海で海女たちが素潜りでウニやアワビなどを採る「北限の海女」のまちとしても有名です。総務省消防庁の調べによると、同市は今回の震災で6人が犠牲となり、住家の全半壊も278棟にのぼりました（2017年3月1日現在）。加えて、市が所有する漁船の9割以上を失うという深刻な打撃も受けています。

震災後、ただちに行動を開始した人々がいます。久慈市のNPO法人「岩手・久慈ケルンの会」です。ケルンの会は、あの日の出来事を忘れず、子や孫の代まで伝え続けるためには心に残る「形」が必要と考え、犠牲者の追悼と3・11の教訓を伝える震災モニュメントの建立を提案。建設費を捻出するため、市民に一口500円の寄付を呼びかける「ワンコイン・ケルン運動」を展開、あわせて企業や団体などにも広く寄付を募りました。趣旨に賛同した個人は6,000人を超え、寄付を寄せた企業も約300社に達して、モニュメント「ケルン・鎮魂の鐘と光」の完成にこぎつけたのです。

このモニュメントには見逃したくない仕掛けがあります。ケルンの中ほどに一つの穴があいていて、毎年、震災発生日時（3月11日午後2時46分）に太陽の光がこの穴を通過する仕組みになっています。実際、ケルン完成後の同日同時刻には太陽光が正確にこの穴を通過し、周囲に大きな歓声がわきあがりました。光は明日への希望。つくり手の熱意が伝わってくる見事な設計です。

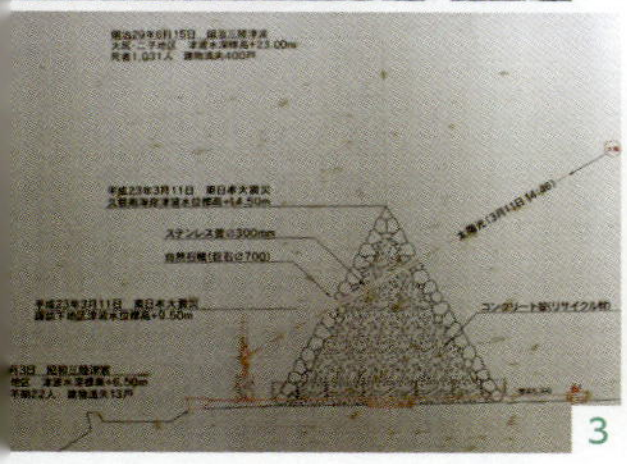

1 毎年、3月11日の震災発生時刻に太陽光がこの穴を通過する

2 ケルンに埋め込まれた石。児童たちが書いた「絆」「心ひとつに」「俺の三陸」などの文字が読み取れる

3 ケルンの構造と太陽光が通過する仕組みを記したパネル

「がんばれ東北!!がんばれ久慈!!」

久慈港周辺で今も語り継がれている震災直後のエピソードがあります。津波で漁船の大半を失った久慈市に、函館市と同市漁協から200隻を超える中古漁船が無償提供されたときの話です。1934年（昭和9年）の函館大火で2,000人以上の死者が出た際、久慈市などから函館市に義援金が贈られたことがあり、その恩返しとして函館から大量の漁船が贈られたのです。

「漁師にとって船は命の次に大事なもの。漁に出られないほどつらいことはない」。こう考えた函館の漁師たちは、手分けして市内を走り回って228隻もの船を集め、それを一隻、一隻ていねいに掃除までして届けてくれました。漁師の心意気が感じられる行動でした。

2011年6月、久慈港に函館からの義援船が漁船を山積みにして入港してくる様子は感動的だったと伝えられています。久慈の漁師の一人（60代、男性）は、「函館の火事は70年も80年も昔の話です。私らでさえもう忘れかけているのに、今でもちゃんと覚えていてくれた。それが嬉《うれ》しい」と言います。さらに、入港時を思い出しながら次のように語ってくれました。

「港に入ってくる函館の船に、私らが待ちこがれていた船が山と積んであるのを見ただけで、じーんときました。だけど、これだけじゃない。先頭の船には横断幕がどーんと掲げられててね。そこに『がんばれ東北!!　がんばれ久慈!!』って、でっかい字で書いてあるんです。それを見たときは、ありがたくって涙が出そうになった。まわりの漁師も、みんな涙ぐんでいましたよ。あの日のことは一生、忘れられませんね」

義援船の到着後、久慈の漁師たちはただちに贈られた船を使ってウニやアワビの漁を再開しました。現在、久慈の港には以前の活気が戻りつつあります。

義援船の後日談1。漁を再開した翌月、久慈市長と漁協組合長は函館市を訪問し、感謝状とともに久慈特産の琥《こ》珀《はく》でつくった盾を寄贈した。さらに市内の小学生も函館漁協を訪ね、感謝のメッセージカードと手づくりの炭の飾り物を届けている。

義援船の後日談2。函館からの義援船に掲げられていた激励の横断幕は、その後、久慈市役所と同市漁協の魚市場に掲示された。ケルンが見つめる久慈港に誕生した漁師の絆の物語は、これからも永く語り継がれていくことだろう。

ケルン近くにある諏訪神社。源義経の北行伝説が伝わる（53ページ参照）。立ち寄ってみては

公園から見た久慈港。漁船の数も震災前にほぼ戻りつつある

公園内に設置された津波襲来の碑。園内には避難階段も新設された

愛宕神社の大鳥居。2016年、この鳥居下に「東北お遍路巡礼地」の標柱が設置された（2015年5月撮影、以下同）

5
野田村

大鳥居と楓《かえで》の木

address 岩手県九戸郡野田村大字野田　access 三陸鉄道北リアス線陸中野田駅下車、徒歩約10分

岩手県野田村の玄関口、三陸鉄道陸中野田駅で下車し、村役場の方向に10分ほど歩くと巨大な赤い鳥居が見えてきます。野田村のシンボルである愛宕神社の大鳥居です。高さは13・4m。東北有数の大きさを誇る鳥居です。

3・11の津波襲来時、この鳥居の柱に流れてきた大量のがれきがひっかかり、参道をふさぐ形で津波の勢いを弱めました。倒壊して流れてきた家屋の屋根が、2本の柱の間にすっぽり挟まっていたとの目撃証言もあります。津波の衝撃で鳥居は損傷しましたが、倒れることは免れました。震災から3年後の2014年、鳥居の亀裂修復と塗装作業が行われ、現在は元通りの風格ある姿で参道を見下ろしています。

津波常襲地の一つである野田村は防潮堤と防風林で津波の襲来に備えていました。が、あの日の大津波はこれらを難なく乗り越えて押し寄せ、役場などがある村の中心部は壊滅的な被害を受けました。村全体の犠牲者は39人、住家の全半壊は479棟にのぼります（総務省消防庁調べ、2017年3月1日現在）。津波終息後の大鳥居周辺はがれきが山積みになり、鳥居に続く参道広場は遺体収容の場ともなりました。しかし、その後の復旧・復興に向けた取り組みで、現在の参道広場はかつての静かな佇《たたず》まいを取り戻しています。

100を超える提灯が奉納されている参道広場は、さまざまなイベントの会場としても利用されています。毎月16日に「16日市」が開かれるほか、毎年8月下旬に開催される愛宕神社の例大祭「野田まつり」のメーン会場ともなります。2016年に開催された「野田まつり」では、津波で損壊した3台の山車と神輿《みこし》が完全復活して大鳥居下に勢揃いし、「ヤーレ、ヤーレ」という威勢のいい掛け声とともに村の中心部を練り歩きました。

楓の木の言い伝えが住民の命を救った

大鳥居をくぐって参道を進むと、右手奥に1本の楓の古木が見えてきます。明治三陸大津波のとき、「津波に追われた人が枝にぶら下がって助かった」との言い伝えが残る木です。

この伝承は今でもこの地の人々に伝えられているのか。以前、楓の木の近くに自宅があったという住民（40代、女性）に尋ねると、「私も母から、この木に登って助かった人がいると聞いたことがある」と話してくれました。地元では、かなり知られた話だそうです。

参道の先には愛宕山と呼ばれる小高い山があります。その麓から延びる82段の階段を上りきったところにあるのが愛宕神社です。津波が襲来した際、住民の多くは祖先から聞いた話を思い出してまず楓の木を目指して逃げ、さらにその先の神社に続く階段を駆け上って命拾いをしたのです。

楓の木。野田村の人々は、この老木にまつわる津波教訓を長く語り継いできた

語り継がれてきた源平坂の伝承

野田村にはもう一つ、語り継がれてきた教えが命を救った事例があります。海岸から約５００ｍの距離にあった野田村保育所のケースです。浸水地域に位置していた保育所は、襲来した大津波で園舎は流されたものの、園児約90人と職員14人は全員無事でした。

3月11日は、ちょうど保育所が月1回実施している避難訓練の日で、その準備中に激しい揺れに襲われます。訓練で想定していたとおり、ただちに園児と職員は高台に向かって避難を開始し、13分ほどかけて避難場所に到着しました。が、今回の揺れの激しさと津波の規模は尋常ではなかったとか。そこで、一人の保育士が「大地震のときは源平坂に逃げろ」という言い伝えがあったことを思い出し、「ここにいては危ない」と、さらに源平坂のほうに園児たちを避難させ、最終的にはより高台にある野田中学校にたどり着いて全員の命が助かったのです。日ごろの訓練の成果なのか、避難中、園児たちはぐずりも泣きもせず、黙々と歩いていたそうです。

後日、野田村保育所の見事な避難行動は「奇跡の脱出」として多くのメディアの注目を集め、２０１５年には園児たちの避難の様子をまとめた絵本（※）も刊行されています。

※絵本の書名は『はなちゃんのはやあるき　はやあるき』（岩崎書店）。著者は野田村出身の詩人、宇部京子さん。書店のほか、陸中野田駅に併設されている「道の駅のだ」（109ページ参照）でも購入できる。

1 愛宕神社の階段。津波に追われた住民はこの階段を駆け上って九死に一生を得た。鳥居脇にある黄色の標識（矢印）は、その際の津波の到達高を示す

2 愛宕神社。境内からは村内が一望できる

愛宕神社から見た楓の木と大鳥居。そのすぐ先には海も見える

普代水門（2016年6月撮影、以下同）

6
普代村

普代《ふだい》水門

address　岩手県下閉伊郡《しもへいぐん》普代村（普代川河口）　access　三陸鉄道北リアス線普代駅下車、徒歩約30分

高さ15mを超える巨大水門と防潮堤が津波から村民を守った――。東日本大震災以後、こうした理由で三陸海岸に面した人口約2,800人の小さな村が注目を集めています。岩手県北部にある普代村です。沿岸部に標高150m前後の河岸段丘が連なる同村は、明治三陸大津波で302人、昭和三陸大津波では137人にのぼる犠牲者が出ました。この悲劇を教訓に、昭和の大津波後、村は2つの津波対策を講じてきました。すなわち、普代水門と、その南側に位置する太田名部《おおたなべ》防潮堤の設置です。

普代水門は、普代浜に流れ込む普代川の河口から約300m上流部に設置されています。高さ15・5m、長さ205m。県の事業として総工費35億6,000万円をかけて1984年に完成しました。水門付近に押し寄せた3・11の津波は23・6mと推定されています。津波は水門で遮られましたが、一部は水門を越えて川を遡上し、村の中心部がある上流部に向かいました。しかし、勢いの弱まった津波は水門から数百mで止まり、川沿いの普代小学校、普代中学校をはじめ、中心部の家屋の被害は免れました。

一方、太田名部防潮堤は、太田名部漁港と集落の間に設置されました。高さは水門と同じ15・5m。長さは155m。1967年に完成し、総工費は約6,000万円でした。今回の津波で漁港施設はほぼ壊滅しましたが、防潮堤より内陸側は船の様子を見に行った1人が行方不明になったものの、死者はゼロ。家屋の被害も皆無でした。結果的に、「東北一」の高さを誇る水門と防潮堤が村の津波被害を最小限に食い止めたわけです。

「二度あったことは、三度あってはならない」

震災後、普代村はさまざまなメディアに取り上げられ、事前の津波対策で村民を守った「奇跡の村」として讃《たた》えられました。

同時に普代水門と太田名部防潮堤の建設に心血を注いだ当時の村長・和村幸得さん（故人）にも関心が集まっています。

和村さんは1947年から10期40年間にわたり村長を務めた人です。昭和の大津波の体験者でもあり、回想録『貧乏との戦い四十年』の中で、その際の村の惨状を述懐し、**「阿鼻叫喚《あびきょうかん》とはこのことか。堆積した土砂の中から死体を掘り起こしている所を見た時にはなんと申し上げてよいか、言葉もでなかった」**と記しています。このつらい体験が、その後の村長としての行動の原点になったと伝えられています。

「二度あったことは、三度あってはならない」。和村さんは、この信念で村民の命を守るために水門と防潮堤の建設に精力的に取り組みます。当時、防潮堤の高さは10mが一般的でしたが、村では「明治の大津波の高さは15mだった」と言い伝えられていたことから、和村さんは「高さ15m以上」にこだわりました。そして、強力なリーダーシップを発揮して、「そんなに高いものは必要ない」とする国、県、住民などの反対意見を粘り強く説き伏せ、ついに水門と防潮堤の設置にこぎつけたのです。

1 水門に表示された 3.11 の津波到達高
2 水門前の解説パネル。和村元村長の功績と写真、津波襲来直後の様子などが掲示されている

津波被害を免れた普代小学校

津波防災之碑。碑面の文字は鈴木善幸・元内閣総理大臣が揮毫（きごう）した

「これが私の置き土産」

震災前に水門と防潮堤が設置されていたおかげで、村の津波被害は「死者ゼロ、行方不明者1人」ですみました。とはいえ、水門や防潮堤を過信しすぎるのも危険です。あと何メートルか高い津波が襲っていたら、結果は違っていたはずです。さらに、普代水門は遠隔操作で開閉を行う仕組みでしたが、停電で装置が使えなくなり、急ぎ消防士が駆け付けて手動操作して水門を閉鎖しました。作業終了は津波到達の直前だったといわれます。

したがって、今回の結果は水門が海岸より300m内陸部に設置されていたことや、消防士の命がけの行動などの幸運が重なってもたらされた面があることも忘れてはなりません。

村内を歩くと、「私たちが助かったのも、家が残ったのも村長さんのおかげ」という声を数多く耳にします。「村長さん」とはもちろん和村さんのこと。東日本大震災の発生は和村さんの死から14年後のことですが、村の人々はますます元村長に対する感謝の念を深めているようです。普代水門の下には「津波防災之碑」が建立されていますが、その横に新たに元村長の顕彰碑も建てられました。普代村では、和村さんが村長を退任する際、次のように挨拶したエピソードが今も語り継がれています。

「村民のためと確信を持って始めた仕事は反対があっても説得をしてやり遂げてください。最後には理解してもらえる。これが私の置き土産です」

和村元村長の顕彰碑

7
田野畑村

机浜《つくえはま》番屋群

address　岩手県下閉伊郡田野畑村机浜　　access　三陸鉄道北リアス線田野畑駅から車で約7分

岩手県の沿岸北部に位置する田野畑村は、水産業と酪農を主産業とする典型的な農山漁村です。三陸復興国立公園内に立地し、「北山崎」（35ページ参照）、「鵜《う》の巣断崖」など日本有数の海岸美を誇る村としても有名です。

震災前の田野畑村には、昭和の漁村の面影をとどめる25棟の番屋（漁師の作業小屋）が残っていました。同村机浜にある「机浜番屋群」です。この番屋群は、昭和三陸大津波後に建て直されたものとされ、主に漁具の収納やワカメ、コンブなどの乾燥作業場などに利用されて、漁の繁忙期には漁師たちが寝泊まりする小屋としても使われてきました。

トタン屋根の古びた小屋群は、地元の人々にとっては見慣れた風景であり、長い間さほど注目されないまま推移してきました。しかし、地区の青年組織「机郷友クラブ」や岩手県立大学の専門家などの努力で、漁村の原風景ともいえる番屋群の価値が見直され、2006年には水産庁の「未来に残したい漁業漁村の歴史文化財産百選」にも選定されています。

「歴史文化財産百選」に選定されたことを契機に、机浜番屋群は多くの人々に知られる存在になっていきます。近年、旅行者が本物志向を強めている風潮も手伝って、各旅行会社は机浜を北山崎観光コースに組み入れるようになり、地味な存在だった番屋群はにわかに注目を集め、机浜を訪れる観光客も徐々に増える傾向にありました。

復活した机浜番屋群（2015年10月撮影、以下同）

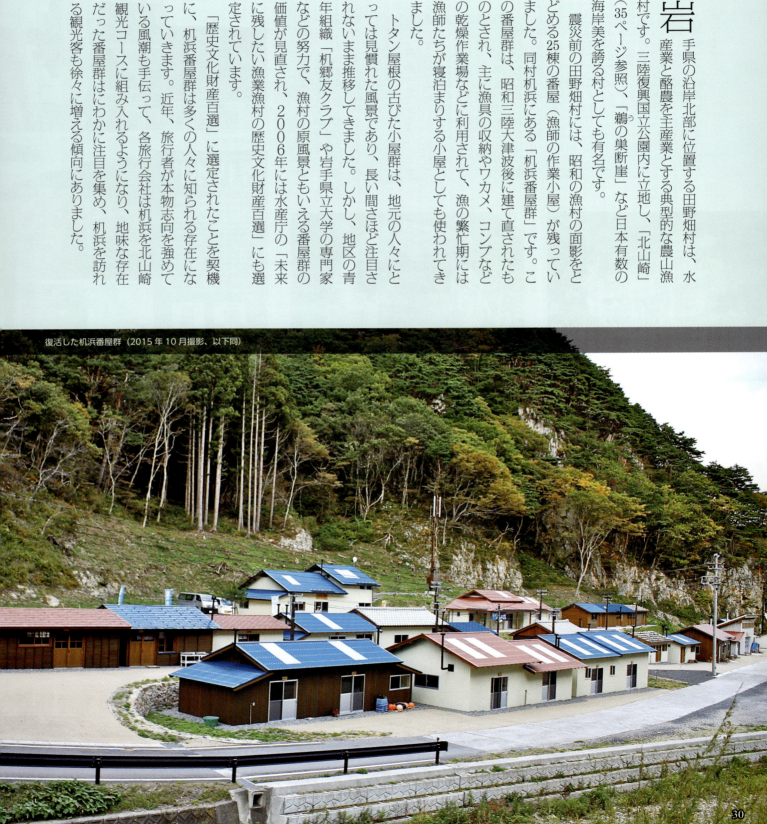

あたたかさを感じる手書きの看板

入り口付近に設置されている番屋群の全体図

津波で全壊した番屋群が復活

そんな矢先、東日本大震災に伴う大津波が番屋群を直撃し、すべての建物が流失してしまいます。しかし、田野畑村はいち早く「机浜番屋群再生プロジェクト」を立ち上げ、住民をはじめ、これまで同村を訪れてくれていた村外の人々にも再生に向けた協力を呼びかけました。田野畑村には住民と行政が協力して取り組む「結《ゆい》」の精神が定着しており、さらに村を愛する人々との強い「絆」があったことから、行政、住民、そして田野畑ファンが一丸となって番屋群の再生に取り組みました。そして、2015年、番屋群はほぼ元通りの姿で復活したのです。

現在、机浜番屋群は古き良き漁村文化を伝承する体験型観光「番屋エコツーリズム」の拠点施設として新たなスタートを切り、人気を集めています。

机浜番屋群に残る昭和の漁村風景

元の場所に再建された机浜番屋群は全部で22棟。漁師が作業に使う13棟のほか、海水から塩をつくる作業が体験できる「塩づくり番屋」、漁師の食を体験できる「食体験番屋」、スキューバダイビングなどに利用する「海体験番屋」、伝統漁具の紹介や被災前の番屋群の様子をジオラマや映像で展示する「ふれあい番屋」などが設置されています。また、観光客も利用可能な公衆トイレや駐車場も完備しています。

小屋の内部には昔ながらの薪ストーブがあり、道路には木の電柱まで立っていて、小屋の周囲を歩くと昭和の時代にタイムスリップしたかのような気がします。机浜番屋群は、わが国の漁村の原風景が残る数少ない貴重な場所。一見の価値があります。

なお、番屋近くの机漁港は小型漁船で沿岸の断崖絶壁などを巡る「サッパ船アドベンチャーズ」の発着場になっています。乗船を希望する場合は、番屋を運営するNPO法人「体験村・たのはたネットワーク」（☎0194・37・1211）へ問い合わせを。

塩づくり番屋

食体験番屋

ふれあい番屋。番屋に関する情報が入手できるほか、休憩スペースもある

立ち寄りスポット

「羅賀《らが》の津波石」

机浜番屋群近くの羅賀地区には、明治三陸大津波で打ち上げられたとされる津波石がある。「羅賀の津波石」と呼ばれるもので、推定重量は約20t。この巨石中には1億年以上前の浅海に生息していた有孔虫（オルビトリナ）の化石が含まれていて、ここから約400m離れた海岸にも同じ化石を大量に含む地層が露出していることが判明している。これらのことから、津波石は元の海岸から標高25mの現在の場所まで津波で運ばれてきたものと推定されている。

東日本大震災の大津波は、この津波石まで到達した。つまり、今回の津波の高さは25mを上回っていたわけで、この巨石が動くことはなかったものの、羅賀地区の家屋のほぼ半数が全壊、9人の犠牲者が出た。集落内の畑地に静かに横たわる巨石は、この地に語り継がれてきた津波石伝承が本当だったことに加え、津波の威力のすさまじさを無言のうちに語りかけてくれる。

羅賀の津波石は田野畑駅から5分ほど歩いた県道44号沿いにあり、道路脇に設置された看板が目印。

羅賀の津波石

8
田野畑村

宝福寺

address　岩手県下閉伊郡田野畑村田野畑 149　access　三陸鉄道北リアス線田野畑駅から車で約 13 分

宝福寺（2015年5月撮影、以下同）

岩手県田野畑村の沿岸部は海沿いに隆起した断崖が連なり、平地はごく狭い範囲に限られています。その象徴が、高さ200ｍの断崖が約8㎞にわたって続く「北山崎」（35ページ参照）の絶景です。

こうした地形は観光面では有利である半面、自然災害に対してはもろい面があります。事実、田野畑村はこれまで貞観《じょうがん》地震、慶長三陸地震、明治三陸地震、昭和三陸地震などの巨大地震が発生するたびに、それに伴う大津波によって繰り返し甚大な被害を受けてきました。今回の震災でも20ｍを超える巨大津波が村に襲来し、犠牲者数が30人以上にのぼるなどの大きな被害が出ました。

3・11以後、村唯一の寺である宝福寺は、津波犠牲者の供養と被災者の心の救済拠点となってきました。同寺は初代住職の岩見対山さんが建立した寺です。まだ村に寺がなかったころ、たまたまこの村を訪れた対山さんは、村民が昭和三陸大津波の犠牲者を弔う寺もなく僧侶もおらず、供養できずに困っていることを知り、「津波で亡くなった方々を供養したい」との想いで同寺を創建したのです。初代住職となった対山さんは、生涯をかけて津波で亡くなった村民の供養と遺族の心の救済に尽力したと伝えられ、今もなお地元の人々の尊敬を集めています。現住職の岩見具行《ぐぎょう》さんは、その孫に当たります。

宝福寺を訪ね、その具行住職に震災発生前後の村と寺の様子を伺いました。

連日、読経を続け、遺族と被災者を励ます

東京で会社員をしていた具行さんは、初代住職の後を継いだ父で二代目住職の岩見百《ひゃく》丈《じょう》さんの急死をきっかけに、祖父の遺志を継ぐことを決意し、仏門に入ります。震災前の２００９年、故郷の田野畑村に戻り、後日、宝福寺の住職となります。

震災発生当時、宝福寺の住職は岩手県洋野《ひろの》町の僧侶が兼務していました。まだ20代だった具行さんは、同寺で働きつつ、住職に就任する準備をしていました。その最中に、あの大震災が発生したのです。被災した村内の惨状は想像を絶するものでした。あまりの被害の大きさに衝撃を受けた具行さんは、その後しばらくの間、ただただ被災地を歩き回り、住職としてこれから何をすべきかを考え続けたと言います。

そして、たどり着いた答えは「今、自分のできることは祈ること。できることからやっていこう」ということでした。その後、具行さんは、来る日も来る日も遺体安置所や火葬場を回って読経を続け、遺族や被災者に対して「一緒にがんばりましょう」と励まし続けたそうです。震災後、行方不明の遺族を探して各地の遺体安置所を訪ね歩いたという地元住民（70代、女性）は、具行さんについて次のように話します。「震災のあと、どこへ行っても和尚さんの姿をお見かけしました。初代の和尚さんは村人のために尽くしてくれた立派な方でしたが、今の和尚さんも、まだお若いのに、それに負けないくらい誠実で優しくって。みんな、いい和尚さんでよかったって話してるんですよ」

現在も具行さんは、年頭の行事にはじまり、3月11日前後の檀家さん回り、お盆の灯籠流しと、村内をめぐり歩く多忙な日々を続けています。今や多くの村民の精神的支柱になっているという具行さんは、今後の抱負を次のように語ります。

「寺というとどうしても仏事のイメージが強いのですが、今後は村の人々が気軽に集まって何でも話し合える公民館のような役割も果たしていきたいですね」

宝福寺住職の岩見具行さん

阿弥陀三尊と津波地蔵

震災後の報道で連日、読経を続ける具行さんの行動を知り、その献身的な姿に感銘を受けた人がいます。岐阜県郡上市の円空彫り愛好家、高橋芳男さん（ほほえみ円空同志会会長）です。３・11の翌月、高橋さんは具行さんに手紙を出し、津波犠牲者や遺族の鎮魂供養のために、「円空の精神で彫った阿弥陀如来像をお寺に納めさせてほしい」と申し出ました。

すぐさま、具行さんから承諾の返事が届きます。「今回の津波と昭和三陸大津波の被災者供養の仏様として代々大切に守らせていただく」との内容でした。高橋さんが心を込めて彫り上げた「阿弥陀三尊」は、２０１１年６月、宝福寺が主催した東日本大震災犠牲者の合同葬儀の際、同寺に奉納されました。

もう一つ、宝福寺に納められているものがあります。岩手県久慈市の小久慈焼窯元（当時）、下《しも》嶽《だて》岳《がく》芳《ほう》さんが制作した「津波地蔵」です。そのレンゲ形の台座の中には、鎮魂の意味を込めて村内の津波犠牲者や家を流された方々の敷地の土が混入されています。このお地蔵さまは、宝福寺で行われた一周忌法要に合わせて奉納されました。そのつややかなお姿で、永く今回の津波の猛威と教訓を伝え続けてくれるはずです。

宝福寺を訪ねたときは、この東日本大震災の津波と深い縁のあるお地蔵さま（津波地蔵）と観音さま（阿弥陀三尊）に、ぜひ手を合わせてみてください。

1 台座に被災者の家の土が混入された津波地蔵
2 震災後、田野畑駅前に設置された津波到達地碑
3 円空彫りの阿弥陀三尊

2

1

3

9
田野畑村

カルボナード島越《しまのこし》駅

（三陸鉄道）

address　岩手県下閉伊郡田野畑村松前沢 4-1　access　三陸鉄道北リアス線島越駅下車

岩手県田野畑村は、今回の震災で20mを超える巨大津波に襲われ、犠牲者30人以上、住家全壊200棟以上という甚大な被害を受けました。村内で最も犠牲者が多かったのは島越地区です。山が海岸近くまで迫る同地区は、湾内の漁港を取り巻く形で民家が密集していました。そこを大津波が急襲。漁港は漁船もろとも流失、集落内の家屋も高台にあった1棟を除いてすべて流され、沿岸部はほぼ壊滅しました。

当時の三陸鉄道（以下、三鉄）は高架構造でつくられており、島越駅は地上7mの海を見下ろす位置にありました。が、同駅も津波の直撃を受けて駅舎、ホーム、線路が土台を残してことごとく消失。三鉄の数ある駅の中で、駅舎が丸ごと流失したのはこの駅だけです。震災前の島越駅は「カルボナード」の愛称（※）で親しまれ、八角形の青いドームを持つ洋風駅舎は地元住民をはじめ全国から訪れる観光客や鉄道ファンの人気を集め、「東北の駅百選」にも選ばれていました。

被災した三鉄は、しばらく全線不通となっていましたが、沿線住民や全国の三鉄ファンの再開を願う声を受けて順次復旧工事を進め、2014年4月から全線で運行を再開。同時に進められていた駅舎の再建工事も終わり、同年7月から新駅舎での業務がはじまっています。三鉄の運行再開と新駅舎完成の日、この瞬間を待ちわびていた沿線の人々が涙を流して喜んでいた姿に、まだ私たちの記憶に新しいところです。

（※）「カルボナード」という愛称は、宮沢賢治の童話『グスコーブドリの伝記』に登場する「カルボナード火山島」に由来し、島越の「島」にちなんで名付けられている。

島越駅の新駅舎（2015年5月撮影、以下同）

新駅舎もドーム型屋根

新設された島越駅は、旧駅から100mほど北側のかさ上げ地（海抜約12m）に建っています。赤レンガの外壁に囲まれた新駅舎は落ち着いた色調ながら、ドーム型の屋根を設けた洋風造りで、どことなく旧駅のたたずまいを残しています。駅舎内には切符売り場や駅務室のほか、待合室、展示室、売店などが設置され、駅中央のらせん階段を上ると展望台があり、海や漁港が一望できます。

駅周辺は震災メモリアル公園として生まれ変わる予定で、現在その工事が急ピッチで進んでいます。公園内には、駅前にありながら奇跡的に流失を免れた宮沢賢治の詩碑と階段の一部が保存されるほか、震災慰霊碑の建立なども検討されています。

三鉄の開業以来、村から島越駅の管理を委託され、約30年にわたって同駅で働いてきた人がいます。地元住民や利用客から親しみを込めて「駅長さん」と呼ばれている早野くみ子さんです。「私は切符売りからトイレ掃除まで何から何までやってますから〝駅長〟というよりは〝駅の何でも係〟なんですよ」。早野さんは謙遜ぎみにこう言いますが、今や駅の顔として欠かせない存在です。

1 展示室の内部。三鉄のジオラマや震災前後の島越の写真などが展示されている

2 賢治の詩碑と階段の一部。三鉄の線路は以前の高架構造から防波堤を兼ねた築堤型に変わり、より堅固になった

3 島越駅駅長・早野くみ子さん

突然、巨大な熊が立ち上がるような黒い大波が襲来

早野さんは、津波発生時の様子を次のように語ります。

「ここに押し寄せた津波は23・7mといわれてますから、ビルでいえば7階か8階ぐらいの高さでしょうか。最初にドン、ドンと大砲を打つような音が2回聞こえ、その直後に突然、巨大な熊がガーッと立ち上がるような黒い大波が見えたんです。『ここじゃ危ないから早く山さ逃げよう』と、みんなで必死に山道を駆け上りました。ようやく安全な場所にたどり着いて、ふと後ろを振り返ると、自宅も駅舎もすべて流されてしまって、集落はもう壊滅状態でした。あっと言う間の出来事で、夢を見てるんじゃないかと思ったくらい。わが家を失ったのは残念でしたが、何十年も働いてきた駅舎が無くなったショックのほうがむしろ大きかったですね」

駅周辺を見渡すと、残っていたのは賢治の詩碑と階段だけだったそうです。「賢治の碑だけが津波に耐えて残ったのは奇跡としかいいようがありません。もしかしたら〝残った〟というよりも〝残された〟んじゃないかとも思うんです」と早野さん。

「三鉄、がんばれ！」「島越の一日も早い復興を！」「来年もきっと来ます！」。展示室内に並ぶメッセージボードと机上に置かれたノートには、こうした駅利用者の応援の言葉がびっしりと書き込まれています。「ほんとにありがたいですね。これを読むたびにもう涙が出ちゃって。もっと、もっとがんばろうと思います」。早野さんは、これらの一つひとつの言葉に励まされながら、今日も忙しく〝何でも係〟の仕事を続けています。

激励の言葉が連なるメッセージボードとノート

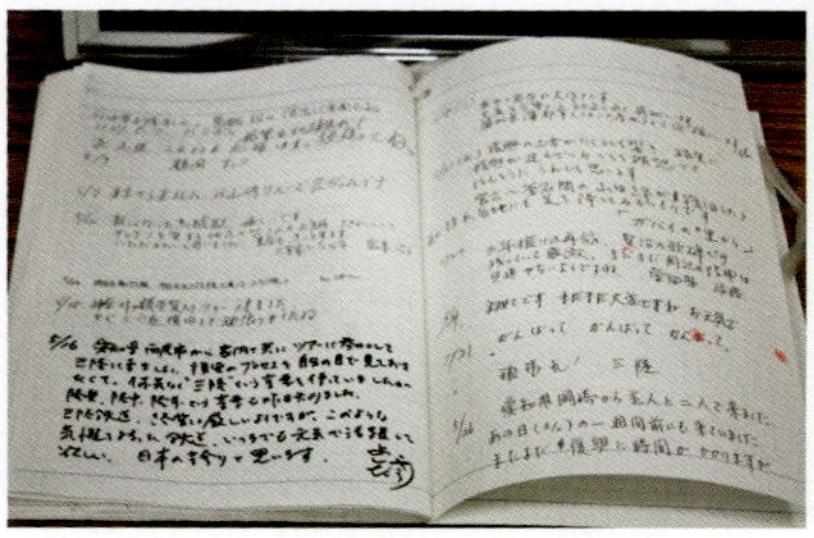

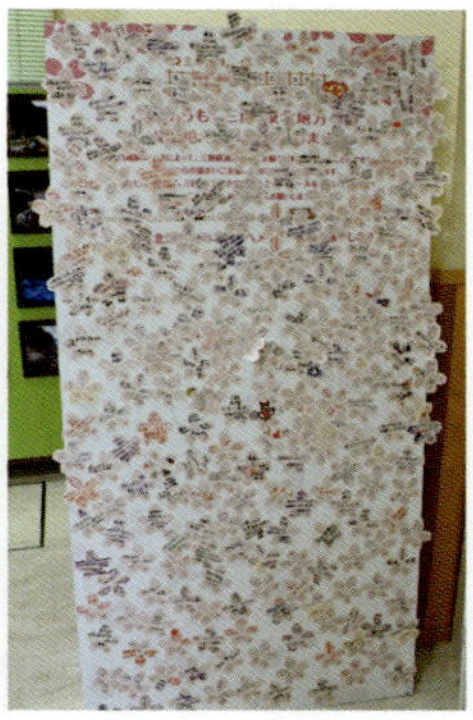

立ち寄りスポット

「北山崎」

高さ200mの断崖が連なる北山崎は、三陸海岸屈指の景勝地で、日本交通公社の全国観光資源評価の「自然資源・海岸の部」で国内唯一の「特A級」評価を受けている。田野畑村には、その絶景を海から眺める船の観光ツアーが二つある。一つは、島越駅から出発する「北山崎断崖クルーズ」。島越漁港の乗船場から遊覧船に乗り、震災時の津波などの説明を聞きながら約50分の船旅が楽しめる（乗船場まで島越駅から徒歩約8分）。

もう一つは、隣の田野畑駅から出発する「サッパ船アドベンチャーズ」。羅賀漁港から「サッパ船」（小型漁船）に乗り、地元漁師のガイドを聞きながら海蝕洞窟や奇岩怪石を間近に見ることができる。所要時間は約60分（乗船場まで田野畑駅から徒歩約15分）。

北山崎の絶景

小本小学校（旧校舎）の避難階段（2015 年 10 月撮影、以下同）

10
岩泉町

小本《おもと》小学校奇跡の130段の階段

address 【旧校舎】岩手県下閉伊郡岩泉町小本内の沢 2-2
【大牛内分校】岩手県下閉伊郡岩泉町小本大牛内 318-1

access 【旧校舎】三陸鉄道北リアス線
岩泉小本駅下車、徒歩約 11 分

震災後、いわゆる〝釜石の奇跡〟が大きな話題となりました。周知のとおり、釜石市の児童・生徒が津波に追われながらも見事な避難行動を取って校内にいた全員が助かり、防災教育の成果として称賛を浴びた事例です。3・11の津波襲来時、これとよく似た〝もう一つの奇跡〟がありました。岩手県岩泉町にある小本小学校の児童が迫り来る大津波の中、新設された避難階段を必死に駆け上って逃げ切り、全員助かったケースです。

岩泉町小本地区の小本小は太平洋を間近に望む位置にあります。海からの距離は約600m。さらに小本川からの距離はわずか140mほど。つまり、津波に対する十分な警戒が求められる場所にあります。同校の背後には国道45号が走る高台があり、その近くにある広場が町指定の津波避難場所になっていました。ところが、高さ十数mの切り立った崖に行く手を阻まれ、この高台へ直接上ることはできません。そこで、従来の避難経路は、いったん逆方向の海側に向かう迂回したコースに設定されていました。

「津波から逃げるのに海に向かう道を通るのはおかしい。避難コースを変えるべきではないか」。児童や保護者などからこうした声が上がったことをきっかけに、震災前の避難訓練の際、町長が国土交通省現地事務所にかけあって避難経路が見直されることに。そして、新たな避難ルートと高台へ直接上るための避難階段の設置が決まったのです。

小本小の旧校舎。現在はもう使われていない

新設の避難階段が児童たちの命を救った

避難階段が完成したのは2009年3月のこと。今回の震災のわずか2年前でした。階段の数は130段。長さは約30m。この階段は、子どもやお年寄りでも楽に上れるように段差が低めにつくられています。さらに翌年には夜間でも昇降しやすいように誘導灯も設置されました。以後、小本小ではこの階段を使った避難訓練を繰り返し実施してきました。

そんなとき、東日本大震災が発生します。小本地区に襲来した大津波は、高さ12mの防潮堤を乗り越えて川を遡《さかのぼ》り、集落内の家屋をのみ込みました。流失した児童宅は20棟を上回ります。さらに津波は小本小にも到達し、校舎、体育館、運動場が浸水。同校は使用不能となり、その後閉校となりました。

しかし、小本小の児童88人は押し寄せる津波に追われながらも、必死に避難階段を目指して走り、130段の階段を駆け上って全員が助かったのです。避難階段を使ったことで、避難時間は以前より5〜7分ほど短縮されたといわれます。地元の人々に当時の様子を聞くと、「あと10分避難が遅れていたら子どもたちは危なかった」「あの日までに階段ができていてホントによかった」「子どもたちもよくがんばりましたよ」と口をそろえて語ってくれました。まさに間一髪だったようです。

小中一体型の新校舎で再出発へ

旧校舎が使えなくなった小本小の児童は、同様に校舎が被災した小本中の生徒とともに、一時期、岩泉小と岩泉中の教室を間借りし、その後は小本小大牛内《おおうしない》分校の敷地内に建てられた仮設校舎で学んできました。こうした事態を放置できないとして、町は小本小と小本中を小中一体型の新校舎（鉄筋4階建て）で再建することを決定。2014年6月、その起工式が行われました。2016年3月、小中併設の新校舎が完成し、同年4月、両校は本格移転しました。新校舎は旧小本小校舎から約600m離れた内陸側に建てられ、校内には3・11の津波被害を後世に伝える大震災記録室が設けられ、あわせて防災備蓄倉庫も設置されています。

震災以後、小本小の児童は幾つもの学校を転々としながら学び続けてきました。3・11当時、1年生だった児童は2016年には6年生になり、卒業の時期を迎えていました。「せめて卒業式だけも新校舎で過ごさせてあげたい」。被災後の数年間、不自由な環境下で学ぶ子どもたちを見守ってきた地域の人々から、こうした声がわき上がります。その要望を受ける形で、同年3月、小本小の児童17人は、同じく閉校となる大牛内分校の児童2人とともに、完成したばかりの新校舎で卒業式を迎えることができたのです。津波の大きな被害にもめげず、児童たちが元気に巣立った3月18日は、この時期としてはごくまれなあたたかい日だったと伝えられています。この子どもたちの未来にたくさんの幸あれ！

小本小大牛内分校。この敷地内に小本小の児童たちが学んだ仮設校舎がある

立ち寄りスポット

「龍泉洞」

岩泉町といえば日本三大鍾乳洞の一つに数えられる「龍泉洞」が有名。総延長5,000m以上ともいわれる洞窟内には透明度の高い水をたたえる地底湖が多数あり、洞内に生息する5種類の貴重なコウモリとともに国の天然記念物に指定されている。

地底湖の清澄な水は「名水百選」に選定されている。洞窟入り口前の水飲み場からは地底湖の水が湧き出ているので、見学後、このおいしい名水を味わってみてはいかが。おみやげにはペットボトル入りの「龍泉洞の水」や名水でつくられた缶コーヒーなどをどうぞ（岩泉小本駅からバスで龍泉洞前バス停下車、徒歩約1分）。

龍泉洞内の地底湖

11
宮古市

震災メモリアルパーク中の浜

address 岩手県宮古市崎山中の浜　access 三陸鉄道宮古駅からバスで女遊戸バス停下車、徒歩約25分

東日本大震災から3年余が経過した2014年5月、3・11の津波被害と教訓を後世に伝えるための震災遺構公園が誕生しました。宮古市崎山地区の中の浜にオープンした「震災メモリアルパーク中の浜」です。この公園は環境省が整備したもので、三陸復興国立公園内にあります。

　震災前の中の浜は、間近に海が望める緑豊かなキャンプ場としてにぎわっていました。その市民の憩いの場を、あの日、最大21mに達したとされる大津波が襲ったのです。キャンプ場にあった施設はほぼ壊滅。周囲を取り囲んでいた森の木々も数多く流失しました。メモリアルパークは、その際の津波で被害を受けた施設や樹木などを震災遺構として当時のままの姿で保存・展示しています。

　園内に展示されている震災遺構は、キャンプ場にあったトイレと炊事棟、高木の枝に引っかかった漁具（うき）、折れ曲がった直径60cmの巨木、破壊された女遊戸（※）防潮堤の5つ。どれを見ても、津波の衝撃のすさまじさがありありと伝わってくるものばかりです。津波被災地の現場で、津波の猛威の一端に直接ふれてみてください。

（※）「女遊戸」はアイヌ語由来の地名とされ、「おなつぺ」または「おなっぺ」と読む。

メモリアルパークの「展望の丘」。右上は震災遺構の女遊戸防潮堤の一部（2015年10月撮影、以下同）

ひと目でわかる巨大津波の衝撃

公園に到着したら、まず駐車場脇の斜面にある木々を見上げてください。注意深く探すと、高木の枝にぶら下がった橙色のボールのような物が見えるはずです。これが一つ目の震災遺構。丸く見えるのは漁具の「うき」で、津波でここまで運ばれ、枝に引っかかったままの状態で保存されています。高さは17・3m。いかに巨大な津波だったかがわかります。

　公園のエントランス（入り口）には、津波で破壊された女遊戸防潮堤の一部が移設・展示されています。ひと目見ただけで津波の衝撃の強さが伝わってくる遺構です。園内に入ると、左手に壊れたトイレがあります。かつてキャンプ場にあった震災遺構です。公園中央部の小高い丘は「展望の丘」。高さ13mの丘は、市内で発生した震災がれき（大型トラック2、800台分のコンクリート片や津波堆積土など）を活用した再生資材を使って造成されました。津波堆積土には塩分が含まれているため、樹木などへの影響を考慮し、一定期間、野外に積み置いて自然除塩したものが使用されています。

　展望の丘に登ると、美しい海と園内が一望できます。丘の頂上には方形のワクが設置されていて、その中に書かれた青い線に目を合わせると、当時の津波の高さが実感できる仕組みになっています。実際に試してみると、平時でありながら自分が津波の渦中にいるような不思議な感覚になります。簡単にできるので、ぜひ津波を疑似体験してみましょう。

1

2

4

3

1 展望の丘から望む海
2 3 4 漁具のうき（震災遺構）

ワクの中に書かれた線に目を合わせると、当時の津波の高さが実感できる

トイレ（震災遺構）

5 展示広場に設置されたパネル。この丘が震災がれきを活用してつくられたことが記されている
6 炊事棟（震災遺構）
7 津波到達高を示す標識（中央奥）。左に見えるのは展望デッキ

6

5

7

見落としたくない斜面にある標識

丘の下部にある「展示広場」には数枚の解説パネルが設置されていて、今回の津波の概要と教訓、がれきを活用した展望の丘の内部構造、世界中から寄せられた支援の内容、復興に向けた取り組みなどが紹介されています。さらに津波のメカニズムなども図を交えてわかりやすく解説してあり、大人も子どもも楽しく学ぶことができます。

　展示広場の前には、キャンプ場にあった炊事棟が展示されています。ぐにゃりと折れ曲がった鉄筋が津波の衝撃の激しさを物語る遺構です。公園を取り巻く斜面には3・11の津波到達高を示す標識が立っています。標識に記された「17m」「21m」などの数字と周囲の景色を照らし合わせると、今回の津波の大きさがよくわかるはず。標識は木々の間に点在しているので、見落とさないでください。また公園奥にある「復興ふれあいの森」では、震災前の豊かな森を取り戻すための植樹活動が行われています。

　展望の丘を下った斜面には展望デッキが設置されています。ここからは公園全体を見渡すことができ、津波発生時の避難指定場所にもなっています。デッキからの眺めは素晴らしいので、歩き疲れたときはここでちょっとひと休みを。

御蔵山の「鎮魂と希望の鐘」。背後に見えるのは山田湾（2015年5月撮影）

12
山田町

御《お》蔵《ぐ》山《ら》

address 岩手県下閉伊郡山田町八幡町

access 三陸鉄道宮古駅前から岩手県北バスで三日町バス停下車、徒歩約3分（※）

岩手県山田町は三陸海岸の中央部に位置し、山田湾と船越《ふなこし》湾という二つの天然の良港を擁しています。両湾のうち、船越半島と重茂《おもえ》半島に挟まれた山田湾は、〝海の十和田湖〟とも称される波穏やかな内海で、カキやホタテなどの養殖に適した豊かな漁場として知られています。

しかし、こうした湾口が狭く湾奥ほど広くなる内海は、ひとたび大地震が発生すると襲来する津波が湾内で増幅し、大きな被害をもたらす危険があります。事実、このたびの震災でも山田町には8mを超える大津波が襲来。とくに山田湾に面した町の中心部、山田地区は大きな被害を受けました。加えて、同地区では津波のあとに大規模な火災が発生。堆積したがれきによる道路の寸断や断水のために消火活動が妨げられ、火は3日間燃え続けて、旧JR山田線の陸中山田駅周辺や商店街が広範囲にわたって焼失するという壊滅的な被害が出ました。

その結果、山田地区だけで全家屋の半数以上に当たる1、300棟が全壊。山田町全体の死者・行方不明者数は800人以上に達し、住家の全半壊は3、100棟以上にのぼりました。人口に対する犠牲者の割合は同県陸前高田市、同大槌町に次いで高く、倒壊家屋数も大槌町に次ぐ高率でした。

震災から1年後の2012年3月11日、山田地区にある小高い丘から鐘の音が鳴り響きました。震災犠牲者を追悼し、町の復興を願って建立された「鎮魂と希望の鐘」の音です。市街地一帯に鳴り響いた鐘の音は、被災した住民の心に染み入るようだったと伝えられています。

（※）釜石駅を起点とする場合は、釜石駅前から岩手県交通バスで道の駅やまだバス停下車。同バス停で岩手県北バスに乗り換えて三日町バス停下車、徒歩約3分。

御蔵山に逃げて多くの住民が助かった

山田地区の町役場近くに江戸時代につくられた御蔵山と呼ばれる人工の山があります。丘と呼ぶほうがふさわしい小山です。1611年（慶長16年）の慶長三陸大津波の後、津波から年貢米を守るために高台をつくって蔵を設置したところとされ、明治から昭和にかけての一時期は町役場が置かれていた場所でもあります。3・11の際は、津波に追われた多くの住民がこの山に駆け上って一命をとりとめています。

御蔵山からは被災した市街地と山田湾が一望できます。この山に、山田ロータリークラブの発案で犠牲者の追悼と復興を願う「鎮魂と希望の鐘」の建立が決まり、2012年1月から工事が開始されていました。そして、発災から1年後の3月11日、「鎮魂と希望の鐘」が無事完成。町長をはじめロータリークラブ関係者など約150人が参加して除幕式が行われました。式典後、参列者は犠牲者の追悼と復興への想いを込めて次々と鐘を打ち鳴らし、その音は市街地一帯に長く響き渡りました。

鐘の近くには、かつて陸中山田駅の屋上にあった大時計が津波襲来時の「午後3時27分」を示したまま移設、展示されています。大時計の黒く焼け焦げた跡を見ると、駅周辺の火災がいかにすさまじかったかがわかります。

ROTARY
INTERNATIONAL

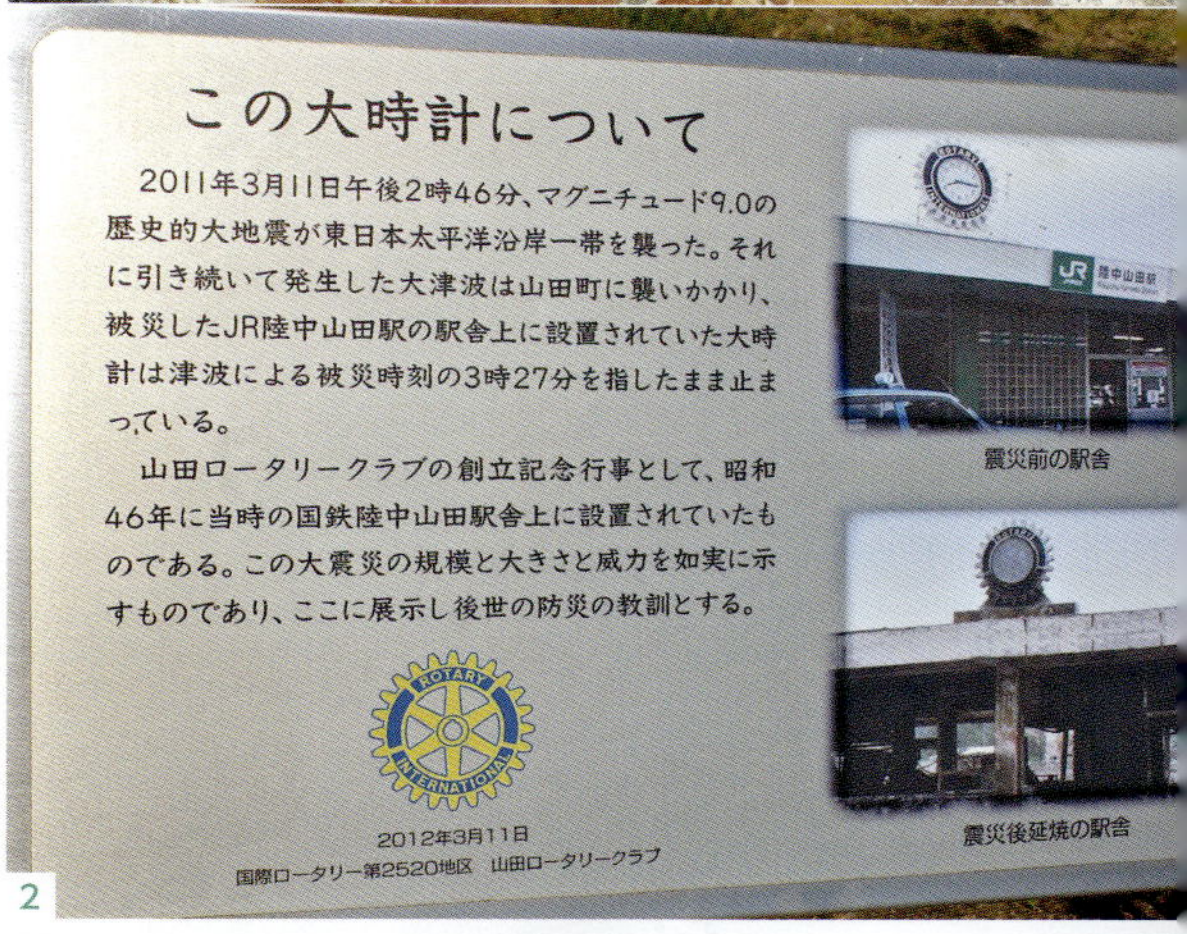
この大時計について
2011年3月11日午後2時46分、マグニチュード9.0の歴史的大地震が東日本太平洋沿岸一帯を襲った。それに引き続いて発生した大津波は山田町に襲いかかり、被災したJR陸中山田駅の駅舎上に設置されていた大時計は津波による被災時刻の3時27分を指したまま止まっている。
山田ロータリークラブの創立記念行事として、昭和46年に当時の国鉄陸中山田駅舎上に設置されていたものである。この大震災の規模と大きさと威力を如実に示すものであり、ここに展示し後世の防災の教訓とする。
2012年3月11日
国際ロータリー第2520地区　山田ロータリークラブ
震災前の駅舎
震災後延焼の駅舎

1 40年以上にわたり陸中山田駅屋上で時を刻み続けてきた大時計。焦げ跡が火災のすさまじさを物語る（2015年5月撮影）
2 大時計脇のパネルには震災前後の駅舎と大時計の写真が掲示されている（同）

3 震災1か月後の湾岸の様子。防潮堤は津波の衝撃で木っ端みじんになった（2011年4月撮影）
4 震災2年半後の市街地。家屋は土台だけを残してほとんどが流失・焼失しているのがわかる（2013年8月撮影）

運休中の山田線は三陸鉄道へ移管

町民にとって欠かせない交通機関だったJR山田線は、津波のために180か所以上が被災し、宮古駅―釜石駅間が長期にわたって運休となり、復旧のメドもつかないまま過ぎてきました。しかし、ようやく2015年になって山田線の三陸鉄道への移管が正式に決定。同年5月から復旧のための工事がはじまっています。全線開通は2018年の予定です。

現在、御蔵山周辺では防潮堤の建設とかさ上げ工事が着々と進んでいます。そのため町の風景は一変しつつありますが、今も毎朝6時になると「鎮魂と希望の鐘」の音が市街地一帯に鳴り響いています。地元に住む一人の元高校教師が、その後も自主的に毎朝欠かさず鳴らし続けているのだそうです。

御蔵山を訪れたときは、みなさんも犠牲者の追悼と復興への願いを込めて、ぜひこの鐘を打ち鳴らしてみてください。

震災2年半後の山田湾。津波で打撃を受けたカキやホタテの養殖いかだが復活し、穏やかな海がよみがえりつつある（2013年8月撮影）

13
釜石市

鵜住居《うのすまい》メモリアルパーク

address 岩手県釜石市鵜住居町 15 地割 17-7

access 【常楽寺】JR 釜石線・三陸鉄道釜石駅前から岩手県交通バスで寺前バス停下車、徒歩約８分

解体前の鵜住居地区防災センター。右上は２階に設置されていた献花台（2013 年８月撮影）

釜石市の鵜住居地区は、震災後の数少ない朗報だった〝釜石の奇跡〟の舞台として知られています。ご承知のように、同地区の小中学生が巨大津波に追われながらも、大人顔負けの見事な避難行動で逃げ切り、校内にいた全員が助かったとのニュースは、私たちが再度前を向いて歩き出すうえで大きな勇気を与えてくれるものとなりました。

その一方で同地区は、250人前後の住民が避難していたとみられる鵜住居地区防災センターが大津波に直撃され、2階天井付近まで浸水、住民多数が犠牲になる〝悲劇の舞台〟ともなりました。津波終息後、センター内から30人以上の住民が救出されたものの、70人近い犠牲者が発見されました。津波にのみ込まれて建物外に流された行方不明者も多数いることから、犠牲者の総数は200人前後に達したものとみられています。

今回の震災による釜石市全体の被害は、犠牲者1、100人以上、住家全壊は約3、000棟にのぼります。そこで市は、市内で最も被害の大きかった鵜住居地区の防災センター跡地に、犠牲者の慰霊と防災教育の場となる「震災メモリアルパーク」を設置し、震災の記憶を後世の人々に伝えていくこととしました。現在、その設立準備を着々と進めているところです。

1 移設前の追悼施設。手を合わせる人が絶えなかった（2013年8月撮影）
2 常楽寺の境内に移設された追悼施設（2015年5月撮影）
3 常楽寺。津波で全伽藍《がらん》が流失した。写真は再建されたばかりの本堂（同）

防災センターはすでに解体・撤去

震災後、津波の爪痕が残る防災センターの2階に被災した住民たちの手で献花台が設けられ、その後、センター前の敷地に市の仮設追悼施設も設置されました。

一時期、センター周辺は市内外から数多くの人が訪れ、犠牲者のための慰霊・鎮魂の場となり、「防災センターを震災遺構として保存しよう」という声もわきあがりました。しかし、遺族の感情などが考慮され、結局、防災センターの解体が決定。すでに建物の解体・撤去が完了し、更地となったセンター跡地では復興に向けた工事が進行中です。これに伴い、追悼施設も移設されることになりました。

2015年から開始された移転作業が終了し、現在、同施設はセンター跡地から数百m離れた常楽寺の境内に移設されています。常楽寺に移設後も追悼施設には多くの遺族や住民などが訪れ、震災から6年余が経過した現在も手を合わせる人の姿と献花が絶えることはありません。

4 発災から2年半後の旧鵜住居駅。駅舎は流失し、ホーム上には草が生い茂っていた（2013年8月撮影）
5 復興工事が進む鵜住居地区（2015年5月撮影）

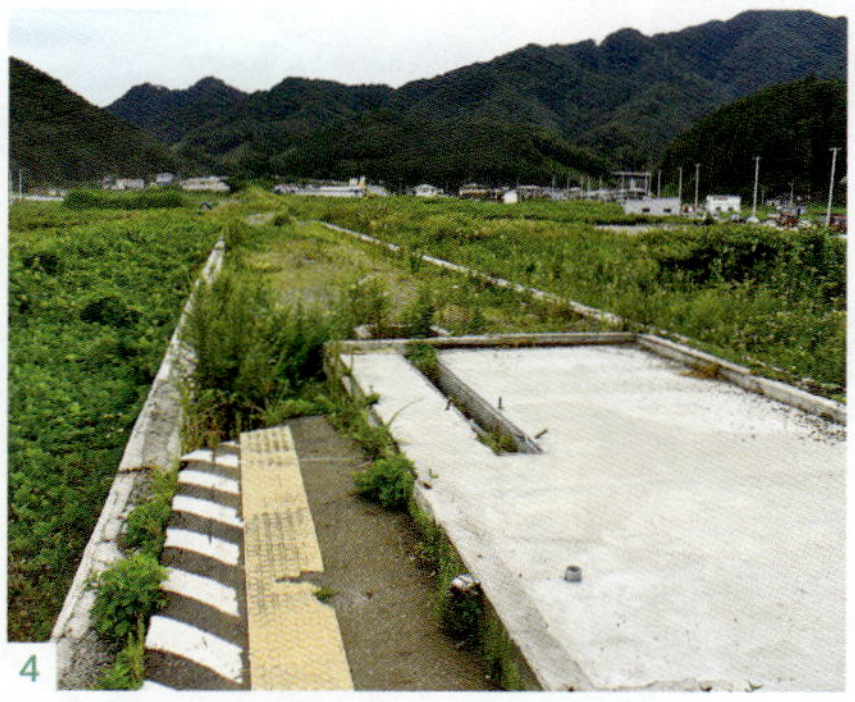

「祈りのパーク」と「津波伝承施設」が柱

2015年7月、釜石市は「震災メモリアルパーク」整備の基本計画を発表しました。これは、「震災メモリアルパーク基本計画策定委員会」（委員長・広田純一岩手大学教授）が策定したもので、同計画によると、メモリアルパークは「震災を後世に伝え、悲劇が繰り返されないまちづくり」を基本理念として整備し、「悼む」「伝える」「学ぶ」「集う」「防ぐ」の5つの機能をもたせるとしています。

具体的には、旧JR山田線鵜住居駅西側のセンター跡地に犠牲者を慰霊する「祈りのパーク」と防災学習の場となる「津波伝承施設」を整備し、あわせて市の東部地区にも同様の2施設を併設するという内容です。祈りのパークには、高さ5mの築山をつくり、その上に慰霊の場を設け、犠牲者の氏名を刻んだ慰霊碑や献花台を配置します。また津波伝承施設は、映像室、展示室、エントランス、事務室で構成。映像室では今回の津波映像を公開し、展示室では実物資料や写真などの展示を通して、釜石市と鵜住居地区の被害と復興への取り組みなどを紹介します。震災メモリアルパークの完成は、震災から8年後の2019年3月ごろの予定です。

なお、メモリアルパーク内に造成される築山の基礎部分や周囲の盛り土には、防災センターを解体する際に出たコンクリート片（約10㎥）が活用されることになっています。

14
釜石市

私設こすもす公園

（希望の壁画）

address　岩手県釜石市甲子町5-72

access　JR 釜石線洞泉駅下車、徒歩約 10 分

私設「こすもす公園」の最寄り駅はJR釜石線の洞泉《どうせん》駅です。釜石駅から乗車すると17分ほどで到着する無人駅です。緑に囲まれた同駅で下車したら、線路と並行して走る国道283号を釜石方向に歩いてください。10分ほど歩くと左手に鉄工所が見えてきます。その工場の裏手にあるのが「こすもす公園」です。釜石市甲子《かっし》町で創作農家レストラン「こすもす」を営む藤井サエ子さんと夫の了《さとる》さんが復興支援ボランティアと一緒につくったかわいい公園です。

釜石市の沿岸部は東日本大震災の津波で壊滅的な被害を受け、膨大な数の家屋が流失しました。そのため、震災後の同市では被災を免れた公園や運動場などに仮設住宅が次々と建設され、子どもたちの遊び場が減少していました。そうした状況に心を痛めた藤井夫妻は、「子どもたちにのびのびと遊んで元気になってほしい」と考え、レストラン前の休耕田約3,000㎡を開放、公園として整備することを決意します。

そんなとき、釜石の復興を支援していた外国人ボランティア十数人がたまたま食事のためにレストランを訪れます。その際、支援活動に感謝する意味で2度ほど食事を無償提供したことがきっかけで、夫妻と彼らはすっかり意気投合。後日、再び店を訪れた彼らは、「あのときの恩返しに公園づくりをぜひ手伝わせてほしい」と申し出ます。そのメンバーや知人の中には建築知識のある人やアーティストなどもいたことから、以後公園づくりはとんとん拍子に進むことに。そして、翌年の2012年6月、待望の開園にこぎつけたのです。

こすもす公園の「希望の壁画」（2015 年 5 月撮影、以下同）

公園を活気づけた「希望の壁画」

こすもす公園の開園は口コミを通して徐々に周囲に知れ渡り、やがて市内はもちろん市外からも多くの園児や児童が訪れるようになります。しかし、藤井夫妻は、そこで満足することなく、さらに公園に手を加えていきます。

公園に隣接する工場の外壁がグレーで殺風景なのが気になっていたことから、そこに明るい絵を描くことを発案。周囲の人々に協力を呼びかけると、趣旨に賛同したタイ在住の画家・阿部恭子さんが無償で絵を描いてくれることに。鉄工所の社長も壁に絵を描くことを快く承諾。さらに市内の企業も絵を描くための塗料や足場を提供してくれることになり、壁画づくりが本格始動します。

そして作業開始から9か月後の2014年4月、「再生」をテーマとした「希望の壁画」が完成しました。縦8m、横43mの巨大壁画には、太陽と幸せを運ぶ鳥の絵が色鮮やかに描かれています。パワー満点。ひと目見ただけで元気が出てくる絵です。多くの人々の協力で完成した壁画の下部には地元の子どもたちが描いた「みんなで手をつなぐ絵」が配されていて、あたたかな雰囲気を醸《かも》し出しています。

1

3

2

4

1 創作農家レストラン「こすもす」。地場野菜を使った定食やカレーなどが好評
2 洞泉駅。釜石線は運行本数が少ないので事前に確認してから出発を
3 この工場の壁に希望の壁画が描かれている
4 国道沿いにあるこの看板が公園に入る目印

人の輪が結集した手づくりの公園

すべり台、ぶらんこ、シーソー、クライミングウォール（突起をつけて登れるようにした壁）、土管のトンネル、竹でつくった秘密基地――。チップを敷き詰めた園内には、こうしたさまざまな遊具が設置されています。どの遊具も木製で手づくり。ボランティアが川で集めた流木や山で採取した地元の木を材料に、安全面にも配慮してつくられています。トイレは排せつ物が自然に返る仕組みのコンポストタイプで、自然の地形も築山などにそのまま活用されています。

公園のある甲子地区は、沿岸から10km以上離れているため津波の被害を免れています。「被災を免れた者として何かできることはないか」。こすもす公園づくりは、こうした藤井夫妻の想いからはじまり、次々と支援する人の輪が広がって開園にこぎつけ、さらに「希望の壁画」の完成に至ったのです。その後も引き続き国内外の支援者が公園を訪れ、園内の草むしり、遊具の点検・修理などを行っています。

現在は、園内で鎮魂と復興を願って数千個のろうそくを灯《とも》す「キャンドルナイト」や「ピザづくり体験」などのさまざまなイベントが実施されています。佐渡裕&スーパーキッズ・オーケストラの野外音楽祭や、釜石出身のシンガーソングライター・あんべ光俊さんのチャリティコンサートなども開催されています。

「親泣かせの公園」。こすもす公園は今、こう呼ばれているそうです。楽しくていつまでも子どもが帰ろうとしないからだとか。毎年、秋になるとコスモスが園内を彩ります。小さいながらも、ほんわかと心があたたかくなる巡礼地です。

5 中央に見えるのは公園のシンボル「ピノキオすべり台」
6 ひと休みできる東屋（あずまや）。屋根には木でつくった展望台がある
7 クライミングウォール。取材時は左側の２基だけだったが、その後、右側のワクにも１基つくられて現在は３基になった

5

6

7

15
大船渡市

津波記念石

address 岩手県大船渡市三陸町吉浜字上野 1-3　access 三陸鉄道南リアス線吉浜駅下車、徒歩約 15 分

津波記憶石（2015 年 7 月撮影）

岩手県沿岸の南部に位置する大船渡市は、東日本大震災の津波で犠牲者約500人、住家倒壊3，900棟以上という大きな被害を受けました。とくに同市三陸町の特別養護老人ホーム「さんりくの園」は、最大15mに達したとされる巨大津波に襲われ、施設が全壊、50人以上の入居者や職員が犠牲になるという悲劇の舞台となりました。

その一方、同じ三陸町にある吉浜地区は、同規模の大津波に襲われながらも死者ゼロ、行方不明者1人と、ごく軽微な被害ですんでいます。震災後、内外のメディアが吉浜地区の被害が極端に少なかったことを伝え、「奇跡の集落」と呼んで称賛したことは、まだ記憶に新しいところです。

吉浜湾に面した吉浜地区は、明治三陸大津波で住民の約2割にのぼる200人以上が犠牲になり、昭和三陸大津波でも17人が命を失うなど、繰り返し甚大な津波被害にあってきた津波常襲地の一つです。にもかかわらず、同地区が今回の震災で「奇跡」と称されるほど少ない被害ですんだのは、なぜなのか。現地を訪ねて、そのわけを探ってみました。

三陸鉄道の吉浜駅で下車し、県道250号を10分ほど歩くと右手に新山《にいやま》神社が見えてきます。その神社近くの吉浜湾を見下ろす一角に、2014年、「津波記憶石」と呼ばれる石碑が建立されました。3・11の津波犠牲者を慰霊するとともに、吉浜が「奇跡の集落」と呼ばれるに至った経緯を後世に伝える目的で設置されたものです。碑は花こう岩製で、高さは約2・2m。今回の津波が到達した海抜17mの場所に建てられています。

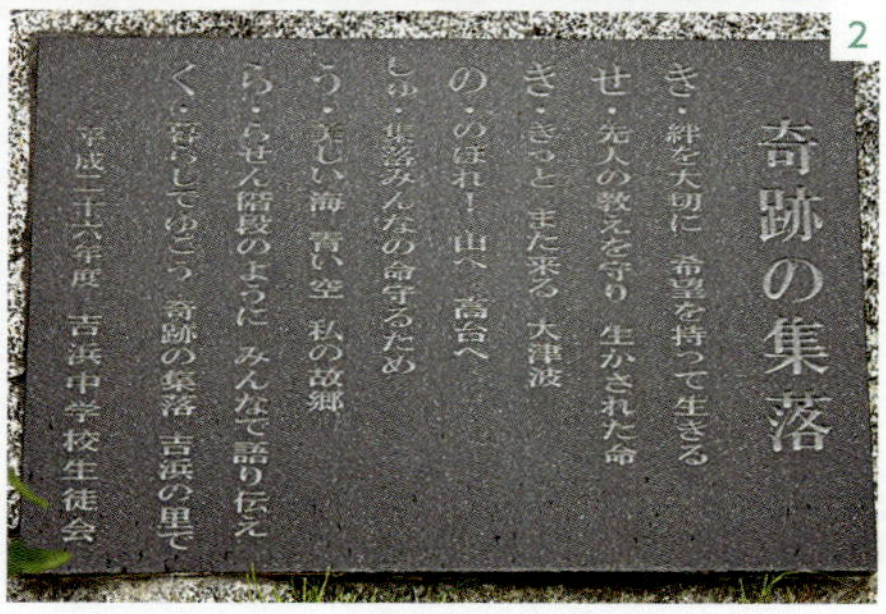

1 新山神社。この近くに津波記憶石がある（2015年5月撮影）
2 吉浜中の生徒がつくった「奇跡の集落」の碑文。故郷への熱い想いが伝わってくる名文だ（同）

先人の教えが住民の命を救った

吉浜地区は、明治と昭和の大津波で甚大な被害を受けたことから、その後、当時の吉浜村の二人の村長（初代村長と8代村長）の指揮のもとで、家屋の高台移転を積極的に進めてきました。三陸地方では他地区でも高台移転は実施されたものの、いったん高台に移転した人が便利さを求めて再び元の場所に戻ってしまうケースが少なくありませんでした。しかし、吉浜地区では元の居住地を農地にして戻れないようにし、基準点を設けてそれより低地に家を建ててはならないことを徹底してきました。その結果、震災発生当時、海沿いに居住する人はほとんどいなかったのです。つまり、二人の村長が強力な指導力を発揮して高台移転を進め、その後も住民たちが先人たちの教えを忠実に守ったことが、今回の奇跡につながったわけです。

「津波記憶石」は、住民の多くの命を救った二人の村長を顕彰する意味を込めて、その教えを表す台形の石の上に、「吉浜の人々」と「歴史」をイメージした二つの逆L字型の石がのる形にデザインされています。碑文には、地元の吉浜中学校生徒がつくった「奇跡の集落」の教訓が刻まれています。なお、石碑に取り付けられたコードを携帯電話で読み込むと、3・11の被害状況をはじめ、未来へのメッセージ、同校生徒の詩や作文などを見ることができます。ぜひ、お試しを。

行方不明だった巨石が大津波で再び出現

もう一つ、ぜひ見ておきたいものがあります。「津波記憶石」から吉浜海岸方向に数分歩いたところにある「津波記念石」です。縦3・7m、横3・1m、重量約30tの花こう岩の巨石です。この津波石には、吉浜地区の祖先たちが残した以下の文字が刻まれています。

津波記念石
前方約二百米突吉浜川河口
ニアリタル石ナルカ昭和八年
三月三日ノ津波ニ際シ打上ゲ
ラレタルモノナリ
重量八千貫

つまり、この巨石は1933年の昭和三陸大津波で200mほど離れた吉浜川の河口から陸に打ち上げられ、この場所まで運ばれてきたことがわかります。

その後、この津波石は同地区で実施された道路工事の際に地中に埋められて行方がわからなくなり、地元住民の多くもその存在を忘れかけていました。その巨石が、東日本大震災の大津波で道路が流失して、再びその姿を現したわけです。「津波記念石」と刻まれたその巨大な石を間近で見ると、改めて今回の津波の衝撃の激しさがよくわかります。

大船渡市は、この津波記念石を永久保存し、後世の人々に津波の脅威を伝え続けていく方針です。

3.11の津波で再び姿を現した津波記念石。祖先たちが後世の人々のために刻んだ文字がはっきりと読み取れる（2015年7月撮影）

吉浜駅の構内に掲げられた津波発生時の写真（2015年5月撮影）

八幡神社から望む越喜来地区。更地の中央に津波に耐えた「ど根性ポプラ」が見える（2015年10月撮影、以下同）

16
大船渡市

津波を見ていた3本の大木
（大ケヤキ・ポプラ・大スギ）

address【八幡神社】岩手県大船渡市三陸町越喜来字杉下

access【八幡神社】三陸鉄道南リアス線三陸駅下車、徒歩約10分

三陸鉄道南リアス線の三陸駅で下車し、海に向かって10分ほど歩くと、県道209号沿いにこんもりとした鎮守の森が見えてきます。大船渡市三陸町の越喜来《おきらい》地区にある八幡神社の社叢《しゃそう》（神社を囲む林）です。3・11の大津波は、この神社の階段上り口付近まで達したとされています。

八幡神社は、その急な階段を上り切ったところに鎮座しています。風格のある社殿の左右には、建物を抱きかかえるような形で2本の巨大な杉が立っています。向かって左にあるのが推定樹齢1、500年とも7、000年ともいわれる有名な「三陸大王杉」です。樹高約20ｍ、幹周約11・6ｍ。市内最大の杉で、その堂々たる姿は「大王」の名にふさわしく、市の天然記念物にも指定されています。

この巨木は、少なくとも1、500年以上にわたって越喜来の歴史を見続けてきた、いわば地域の生き証人です。神社周辺の地名「杉下」も、この古木に由来するとされています。三陸大王杉は、その長い歴史の中で落雷や嵐などの打撃を受けて傷みがひどくなったことから、樹木医の手で治療が施されています。幹や枝にはその治療痕が痛々しく残ってはいますが、今も元気に緑の葉を茂らせています。

一方、社殿の右側には、樹木医の山野忠彦さんによって「千年杉」と名付けられた杉の大木があります。天に向かってまっすぐ起立する、立ち姿の美しい木です。

この2本の巨木は、神社のある高台から幾度も津波の直撃を受けた越喜来地区を見下ろし続けてきました。この地を襲った明治、昭和、そして平成の大津波を、どんな思いで見ていたのでしょうか。

津波に耐えた「ど根性ポプラ」

八幡神社の境内からは、越喜来湾に面した越喜来地区が一望できます。同地区は、今回の震災で防波堤を乗り越えた大津波に襲われ、海沿いにあった建物はほぼ壊滅、集落内はがれきが山積みになる更地と化しました。現在は、そのがれきも撤去されて、かさ上げ工事の車両が忙しく行き交っています。

境内から、その光景を眺めると、更地の中にポツンと取り残されたように1本の木が立っているのがわかります。今回の津波に耐えて奇跡的に生き残ったポプラの木で、全壊した民家の庭跡に今も青々とした葉を茂らせて立ち続けています。

地元住民の話では、このポプラは昭和三陸地震とチリ地震の大津波にも耐え抜いた木だそうです。つまり、3・11の津波を加えると、3度もの巨大津波をくぐり抜けてきたことになります。震災後、この木は誰言うとなく「ど根性ポプラ」と呼ばれるようになりました。震災から6年余が経過した現在も、このポプラは驚嘆すべき生命力で被災した人々を励まし続けています。

大波をかぶりながらも生き抜いた「ど根性ポプラ」。その奥に八幡神社の鎮守の森が見える

3度の大津波に耐えた大ケヤキ

ポプラの木の下から周囲を見渡すと、海辺に立つケヤキの巨木がすぐに見つかります。この大ケヤキも、これまで幾度もの大津波をくぐり抜けてきた、いわゆる「津波木」とされています。震災以前から港近くの民家に植えられていた木で、樹齢は200年以上と推定されています。

家の前にあった高さ6mの防波堤は津波で無残に壊れ、家屋も流失しましたが、この大ケヤキは石垣だけが残る場所に今も元気に立ち続けています。震災当時、この家に住んでいた住民は八幡神社に避難して辛くも一命をとりとめたそうです。

ポプラとケヤキの木のある場所に立つと、八幡神社のうっそうとした鎮守の森を見ることができます。その緑豊かな境内から、越喜来の主ともいえる「三陸大王杉」は、この2本の木が大津波にほんろうされる様子をはらはらしながら見つめていたのかもしれません。

「三陸大王杉」「ど根性ポプラ」「大ケヤキ」――。この3本の大木は、たび重なる巨大津波の襲来を目撃し、それに耐え抜き、無言のまま立ち続けています。語らずして語る。その姿を通して見る人に多くのことを伝え、勇気を与え続けています。3本とも必見です。

今も元気に葉を茂らせる「大ケヤキ」

八幡神社境内の「三陸大王杉」。その存在感は圧倒的だ

八幡神社。社殿の左側に「三陸大王杉」、右側に「千年杉」がある

社殿右にそびえ立つ「千年杉」

17
陸前高田市

奇跡の一本松
（復興祈念公園内）

address 岩手県陸前高田市気仙町字砂盛 176-6　access JR 大船渡線奇跡の一本松駅下車

奇跡の一本松。下に見える建物は津波で全壊したユースホステル（2015 年 7 月撮影）

三陸海岸の南部に位置する陸前高田市は、唐桑《からくわ》半島と広田半島に挟まれた広田湾の奥に市の中心部があります。東日本大震災では、同湾から押し寄せた大津波が気仙川を遡上して市街地を急襲。市の中心部や海沿いの集落は壊滅し、犠牲者も1、800人以上にのぼるなど、岩手県内で最も大きな被害が出ました。

震災前の広田湾に面した海岸には白い砂浜と青々とした松林が約2㎞にわたって広がっていました。国の名勝として知られる「高田松原」です。白砂青松という言葉そのままの美しい海岸は、陸中海岸国立公園（現三陸復興国立公園）内にあり、日本百景にも選定され、全国から年間100万人もの観光客が訪れる人気の景勝地でした。

高田松原には、およそ350年前から植林されてきた約7万本の松（クロマツとアカマツ）があり、たび重なる津波の襲来から市街地を守る防潮林の役割を果たしていました。しかし、あの3月11日、最大17ｍに達したとされる巨大津波に襲われ、ほぼすべての松が流失。その中で、1本だけ津波の衝撃に耐えて生き残った松がありました。震災後、大きな話題を集めた「奇跡の一本松」（以下、「一本松」）です。

津波終息後も一本松はしばらく生き続けていましたが、海水をかぶった影響で根が腐り、震災の翌年、枯死が確認されました。市は復興のシンボルとして親しまれてきた一本松を震災モニュメントとして復元・保存することを決定。国内外から集めた1億5、000万円以上の寄付金を活用して、松の幹を分割して防腐処理を施し、中心部に心棒を入れ、枝や葉もレプリカで再現。モニュメント化して元の松原跡に震災遺構として保存しました。現在、一本松は夜間のライトアップが行われ、国内はもちろん、海外からも多くの人が訪れる新しい観光名所となっています。

1 山の土砂を運搬していたベルトコンベヤー(2015年7月撮影)
2 一本松周辺では防潮堤の改修とかさ上げ工事が同時進行していた(同)

ベルトコンベヤーで大量の土砂を運搬

高田松原の数万にのぼる松の中で一本松だけが生き残った理由は、周辺の松と比べてとりわけ大きな個体であったことや、すぐそばにある陸前高田ユースホステルの建物が防波堤となって津波の直撃を防いだことなどが要因として考えられています。一本松の高さは約27・5m、幹の直径は約90㎝。樹齢は約170年と推定されています。

震災直後の一本松周辺は、家屋が消滅して広大な更地になりましたが、その後、一帯の土地をかさ上げする工事が進められてきました。工期を短縮する目的で、山から切り出した土砂を運ぶために総延長約3㎞に及ぶ巨大ベルトコンベヤーが設置され、さらに気仙川には川を横断するコンベヤー専用の吊《つ》り橋が設けられました。その吊り橋は復興事業のシンボルとして「希望のかけ橋」と命名され、多くのメディアの注目を集めたことは周知のとおりです。

2015年、土砂の運搬作業が完了し、役割を終えたコンベヤーの運転も終了しました。同年から、市の見慣れた光景だったコンベヤーの解体作業がはじまり、「希望のかけ橋」も2016年に姿を消しました。コンベヤーで運ばれた土砂は、かさ上げに必要な土砂の4割に当たる約500万㎥(東京ドーム約4杯分)に達し、ダンプカーなら9年ほどかかる作業を2年程度に短縮したといわれます。

3 震災1か月後の一本松。このころは自力で立ち、緑の葉を茂らせていた(2011年4月撮影)
4 モニュメントとして保存されている現在の一本松(2015年7月撮影)

「いのちをつなぐ希望の木」

今後、一本松周辺は犠牲者の追悼・鎮魂、震災教訓の伝承、復興への意思発信などを目的とした「復興祈念公園」として生まれ変わる予定です。国、県、市が連携して取り組む大事業で、130haに及ぶ広大なエリアに震災遺構の一本松、旧道の駅、ユースホステルなどが保存されるほか、国営追悼・祈念施設(仮称)や震災津波伝承施設、物販施設、運動施設などを整備する計画です。国営追悼・祈念施設や周辺施設の供用開始は、東京オリンピックが開催される2020年の予定で、目下その準備作業が進められているところです。

一本松の下には、献花台とともに、漫画家・やなせたかしさんの「ヒョロ松君」のモザイク画が設置されています。「アンパンマン」の生みの親、やなせさんは2013年に亡くなりましたが、生前、「一本松は私たちに生きる希望と勇気を与えてくれる」として、「ヒョロ松君」の原画を無償提供しました。さらに、自費でCDやハンカチを制作し、売上金を全額寄付するなど、生涯を通して一本松の保存のために尽力しました。一本松が後世まで残ることを願い、自ら作詞作曲して歌ったCDの一節には、次のような歌詞があります。

「ぼくらは生きる　負けずに生きる　生きていくんだ　オー　オー　オー」
「陸前高田の松の木はいのちをつなぐ希望の木」

やなせたかしさんが描いた「ヒョロ松君」のモザイク画(2015年7月撮影)

特集
ちょっと寄り道
新聞
vol.1
巡礼のついでに
「歴史さんぽ」

遍路みちで語り継がれる「義経北行伝説」

「源義経は死なず、北へ向かって走った!」

「義経は密かに平泉を脱出し、三陸海岸を北上して蝦夷地（北海道）に渡り、さらに大陸に渡って成吉思汗（ジンギスカン）を名乗った!」。東北北部の遍路みちを歩くと、随所でこうした義経にまつわる伝説を耳にします。世に言う「義経北行伝説」です。

義経は平氏討伐後、兄頼朝と対立し、奥州平泉に逃れて藤原秀衡《ひでひら》に匿《かくま》われますが、秀衡の死後、頼朝の圧力に屈した泰衡《やすひら》の軍に襲われ、衣川の館で自害したというのが定説です。

しかし、義経の類まれな軍才と31歳の若さで散った悲劇的生涯は後世の人々の感動、共感を呼び、いわゆる「判官びいき」の心情から、のちに数多くの「義経伝説」が生まれました。

義経の死から800年以上が経過した今も、これらの伝説は東北や北海道の各地で根強く語り継がれ、伝承地をめぐるツアーも熱心な歴史ファンの人気を集めています。

とくに伝承地の数が多い三陸海岸の北上ルートは、「東北お遍路」の遍路みちとほぼ重なります。伝説の真偽はさておき、巡礼のついでに、この東北に縁の深い悲運の名将をしのんで伝承地に立ち寄り、壮大な歴史ロマンの一端にひたってみてはいかが——。

「義経北行伝説」とは

1189年（文治5年）、泰衡軍に襲われて自害したのは義経の影武者・杉目太郎行信であり、義経主従はその一年前に平泉を脱出し、北に向かったとされる。この脱出劇は義経と泰衡の密議のもとで決行され、鎌倉の頼朝のもとに送られた〝義経の首〟は実は偽物だったという。

義経一行の北行ルートは、現在の岩手県遠野市を経て釜石市から青森県八戸市まで三陸海岸に沿って北上し、津軽海峡を渡って蝦夷地（北海道）に渡ったといわれる。その発展伝承として、さらに義経は海を越えて大陸に渡り、成吉思汗（ジンギスカン）になったとする有名な話もある。

現在では、「義経＝ジンギスカン説」は史実ではないとみられている。しかし、義経伝説の伝承地は、①岩手県内だけで36か所もあり、青森県や北海道などを含めると膨大な数にのぼる ②伝承地を地図上に落とすと1本の道としてつながる ③義経主従にまつわる社寺や施設が数多く現存する ④伝説を記した古文書や義経関連の物品が多数存在している——などから、かつては徳川光圀、シーボルトら多くの著名人もこの説を支持していたとされ、現在もこの説の信奉者は少なくない。

1 高館《たかだち》義経《ぎけい》堂　岩手県平泉町

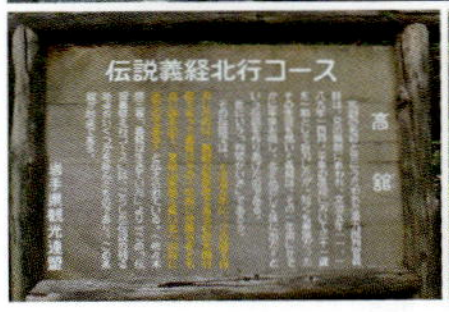

鎌倉時代の史書『吾妻鏡』には、この地が義経最期の地と記されている。が、伝説では義経は衣川の戦いの一年前に、ここから弁慶ら少数の家臣を伴って北に向かったという。堂内には甲冑姿の義経の木像（右）が安置され、近くに「夏草や兵（つわもの）どもが夢の跡」の名句を刻んだ芭蕉句碑（下右）がある。

◆所在地／岩手県西磐井郡平泉町平泉柳御所14

2 束稲山《たばしねやま》　岩手県平泉町、奥州市、一関市

高館義経堂から見た北上川（手前）と束稲山（右奥）。平泉を出立した義経主従は、この北上川と束稲山を越えて遠野に向かったと伝わる。

3 駒形神社　遠野市

義経の愛馬「小黒号」が峠越えの際に死んだことから、この地に祠を建てて祀ったとされる。社殿付近には馬魂碑や馬の石像が建立されている。

◆所在地／岩手県遠野市上郷町板沢17地割

4 風呂家《ふろけ》　遠野市

義経主従が風呂を借りた旧家で、以後、この家は「風呂」を名乗ったといわれる。

5 中村判官《はんがん》堂　釜石市

義経らはこの地の八幡家に宿泊し、その礼として鉄扇を置いていったという。同家は祠を建て、義経の石像を建立し、一行の安泰を祈念したとされる。

「義経北行伝説」

伝承地めぐりマップ

義経一行が三陸海岸を北上したルートは、以下の2説がある。

陸路説	海路説
三陸海岸沿いの道を釜石市▶大槌町▶山田町▶宮古市▶田野畑村▶普代村▶久慈市▶八戸市と歩いたとする説。	釜石市（気仙沼市説や宮古市説もある）から乗船し、海路北上して八戸市の種差海岸に上陸したとする説。

「三陸海岸を北上した義経は、さらに津軽海峡を越えて蝦夷地へと向かった!」

12 熊野神社 八戸市

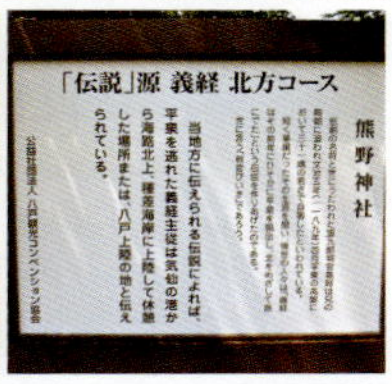

義経一行は気仙沼から船で海路北上し、八戸の種差海岸に上陸したとされる。神社は海岸から数百m離れた場所にあり、義経らが船旅の疲れをいやすために休憩したところと伝わる。
◆所在地／青森県八戸市鮫町熊野林 11-2

13 おがみ神社 八戸市

八戸の義経伝説を記した『類家稲荷大明神縁起』と義経の正室（北の方）が愛用したとされる手鏡（菊花紋双雀紋鏡）が所蔵されている。

14 十《と》三《さ》湊《みなと》 五所川原市

義経一行は、この地に住む藤原秀衡の弟・安東秀栄のもとを訪ねたとされる。ここから直接、龍飛岬に向かったとする説もある。

15 義経寺《ぎけいじ》 青森県外ヶ浜町

荒れる津軽海峡に行く手を阻まれた義経は、寺の前にある大岩（厩石<まやいし>）に座り三日三晩祈り続けた。すると荒波が消え、岩の洞窟に3頭の竜馬がつながれていたという。義経はその竜馬に乗って龍飛岬から海峡を越え、蝦夷地に渡ったとされる。岬名の「龍飛」は、この伝説に由来するといわれる。

9 畠山神社 岩手県田野畑村

義経討伐に差し向けられた猛将・畠山重忠の愛馬を祀り、その鐙（あぶみ）が奉納されている。

10 鵜鳥《うのとり》神社 岩手県普代村

この地で金色の鵜を見た義経は七日七夜にわたり武運長久、道中守護を祈願したとされる。その後、義経は神のお告げを聞き、山頂に鵜鳥大明神を祀ったという。
◆所在地／岩手県下閉伊郡普代村第 25 地割字卯子酉 13

11 諏訪神社 久慈市

義経主従を追ってきた畠山重忠が、落ちゆく義経に同情してわざと矢をはずして助けた場所とされる。その際、松の木に当たった矢をご神体として祠を建てたのがこの神社のはじまりだという。
◆所在地／岩手県久慈市長内町第 35 地割 98-3

6 山田八幡宮 岩手県山田町

この地には屋島で戦死した義経の忠臣・佐藤継信の長男が住んでいた。義経は継信の守り本尊だった観音像をその子に渡したという。その観音像が神社のご神体として安置されている。
◆所在地／岩手県下閉伊郡山田町八幡町 7

7 判官《はんがん》稲荷神社 宮古市

義経の徳をしのび、その甲冑を埋めて、その上に祠を建てたと伝えられる。祭神は義経。神社の縁起には、藤原秀衡の遺書に蝦夷地への道筋が書かれていて、これを知った「君臣感泣し、意を決して中夜、館を去り、逃れて宮古に来たり」との内容が記されている。
◆所在地／岩手県宮古市沢田 6-22

8 黒森神社 宮古市

義経主従は3年3か月にわたり宮古の黒森山にこもって行を修め、般若経 600 巻を写経して奉納したとされる。「黒森」は「九郎森」が転じたものだという。

※本コーナーの写真は 2016 年6月撮影。　（参考サイト）各市町村の HP ／義経北行伝説ドライブガイド「義経は北へ」　http://www.kuji-tourism.jp/yoshitsune/

遍路みちで見つけた「ことば」❶

岩手編

「負けない」「あきらめない」「がんばるぞ」「がんばれ」「ありがとう」……。東北の遍路みちを歩くと、こうした被災者の復興への想いと、それを応援する人々のメッセージをしばしば目にします。ここでは、そうした「ことば」の数々を紹介します。

宮古駅近くの商店街に1軒の生花店がある。その窓に2枚の紙が貼られ、「ふるさとは負けない」と記されていた。この商店街を往来する人々の共通した想いだろう（2013年8月撮影）

宮古市で

3.11の大津波は田老地区の巨大防潮堤（高さ10m）を乗り越えて集落を急襲し、「たろう観光ホテル」は4階まで浸水した。震災後、ホテル前に設置されたメッセージボードには「頑張ろう」の文字が力強く記され、被災した人々の復興にかける決意が伝わってくる（2012年11月撮影）

「道の駅やまだ」（110ページ参照）内に掲示されているパネル。朱書きされた「私たちはあきらめない」の「ことば」から、地元住民の復興にかける強い想いが読み取れる（2013年8月撮影）

山田町で

「道の駅やまだ」内には応援メッセージも掲示されている。歌手のさだまさしさんの色紙には笑顔の絵が、タレントのダニエル・カールさんの色紙には「頑張っぺ！」の文字が見える（2013年8月撮影）

すでに解体された鵜住居《うのすまい》地区防災センター（42、43ページ参照）の2階には、一時期、献花台が設けられていた。無数の花や千羽鶴などに交じって、おもちゃと子どもが書いた手紙が置かれていて、来訪者の涙をさそっていた（2013年8月撮影）

釜石市で

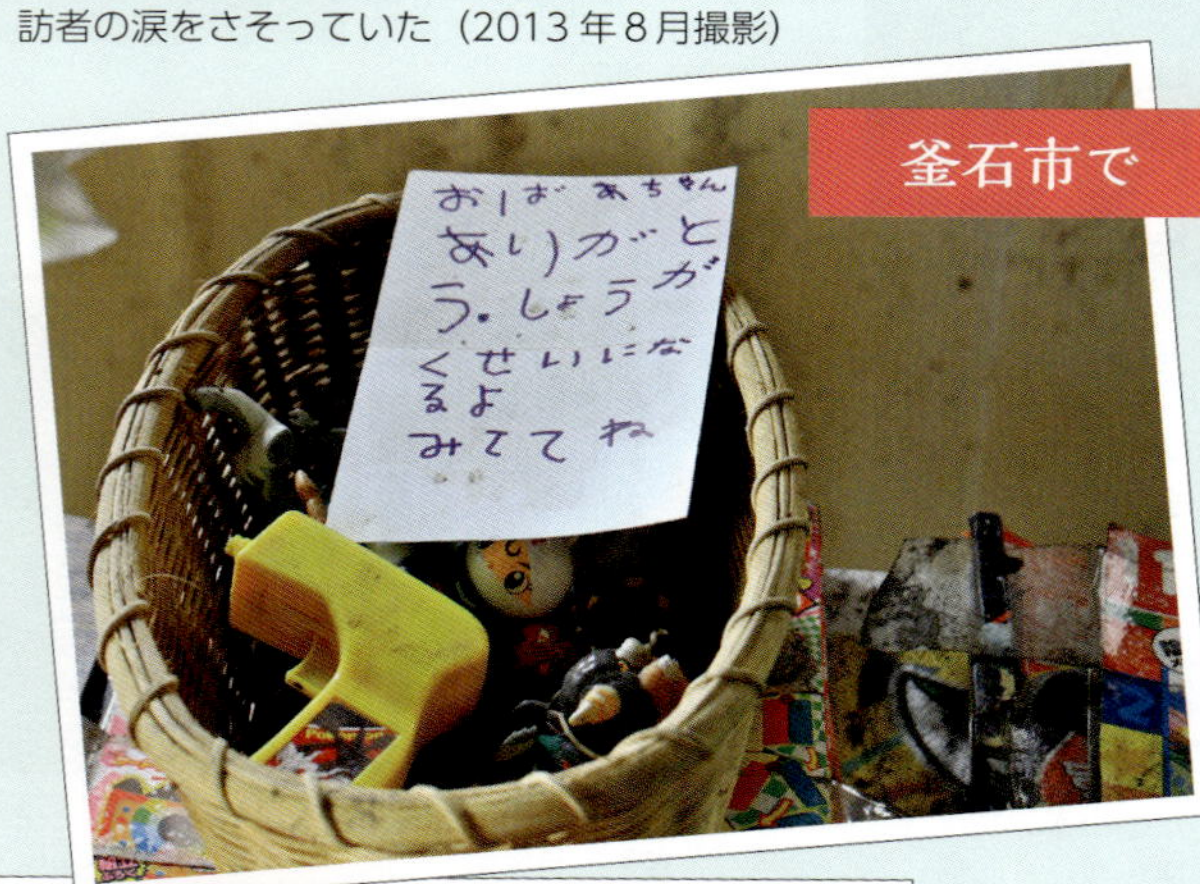

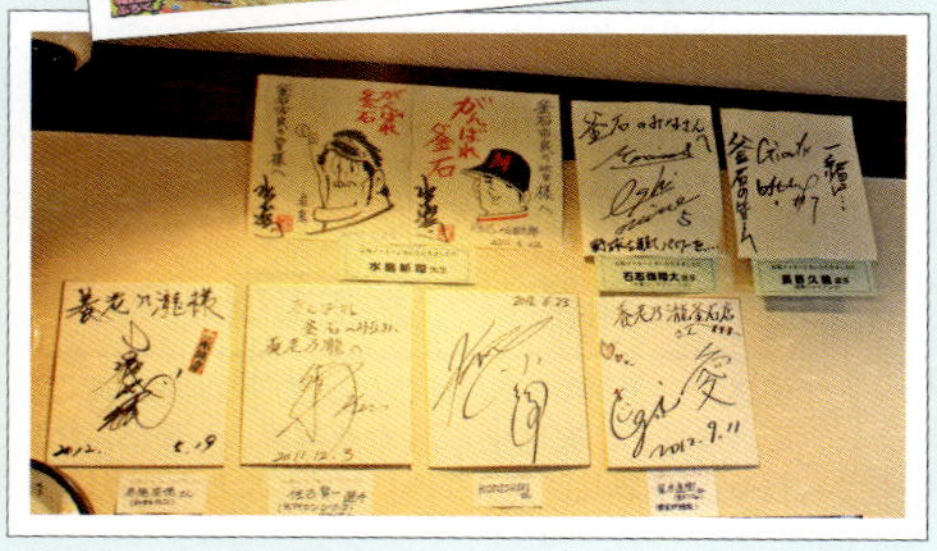

居酒屋内に掲示された応援メッセージ。漫画家の水島新司さんの色紙には『ドカベン』の「山田太郎」と「岩鬼」の絵が描かれ、元力士のKONISHIKIさん、教育評論家の尾木直樹さん、巨人軍の長野久義選手らの色紙もあった（2013年8月撮影）

陸前高田市で

被災した陸前高田市役所は高台にプレハブの仮設庁舎を設置して業務を再開した。その玄関に支援に感謝する横断幕が掲示された（2012年11月撮影）

宮城の遍路みち

Part3

紫神社（2015年7月撮影）

18
気仙沼市

紫神社

address　宮城県気仙沼市南町 1-2-12
access　JR 大船渡線・気仙沼線気仙沼駅下車、徒歩約 20 分

気仙沼市の観光キャラクターは「ホヤぼーや」という名の元気な海の子です。頭はホヤの形でサンマの剣を持ち、ホタテのベルトやサメ皮のマントを身にまとっています。このキャラクターが象徴するように、同市は天然の良港として知られる気仙沼湾を抱えていることから、水産業を中心に発展してきました。

宮城県沿岸部に位置する同市は、今回の地震で大津波に直撃され、さらにその後発生した大規模火災により、1,400人以上が犠牲になるなどの甚大な被害が出ました。同市南町にある紫神社は、その際の住民の避難所となったところです。

紫神社は、江戸時代初期の1605年（慶長10年）、越後・柏崎の斎藤四郎兵衛和泉盛方という人が現在の気仙沼市笹ケ陣に移り住むとき、屋敷内に紫明神と観音を勧請《かんじょう》（分霊を他の神社に移すこと）したのがはじまりといわれ、「紫」の社名は斎藤家の家紋である藤の花の色にちなんで名付けられたと伝えられています。

神社のある南町は、日本有数の水揚げ高を誇る気仙沼漁港発祥の地とされ、商店街には老舗の店が立ち並ぶなど、市内で最も古い歴史を誇っています。紫神社は、町の後背地にあたる高台に鎮座しているため、境内の紫会館が災害時の避難所に指定され、毎年境内で避難訓練が実施されてきました。そうした経緯もあって、津波が襲来した際、周辺住民の多くは訓練どおり神社にいち早く避難し、危うく難を逃れたのです。神社に上る階段が町の中心部近くにあったことや、この神社が祭りや避難訓練などを通して住民にとってなじみの場所であったことも迅速な避難に役立ち、全員が助かった要因と考えられます。

住民主導の運営で難局を乗り切る

震災時、紫神社に避難した住民はピーク時には約150人に達しました。他の多くの避難所の場合、食事も水もガソリンも行政やボランティアが用意し、避難者は与えられた飲食物をとり、暖をとるのが当たり前の光景になっていました。が、紫会館避難所の場合は、そうした待ちの姿勢ではなく、食料などの調達から心のケアまで当初から住民主導で自立的に運営されていたことが特徴です。

たとえば避難初日。自治会名簿をもとに住民の安否を確認した上で、祭りや会合のために会館に常備されていた発電機で暖をとり、プロパンガスで残っていた乾麺をゆでて、みんなで分け合って食べたそうです。その翌日は、神社の宮司が入手した米をガスコンロで炊き、避難者たちは温かいご飯を食べることができました。被災直後から、ぬくもりの中で温かい食べ物が食べられた避難所は少ないでしょう。避難した住民がお互いの顔をよく知っていたことに加え、3人の自治会長や地元青年団が強いリーダーシップを発揮したことが、こうした自発的な行動に結びついたといえます。

紫神社に上る階段。津波は鳥居の中ほどまで達した（2015年7月撮影）

さらに、避難した住民は連日、不足している物資などについて話し合い、「ガソリン班」「水くみ班」「灯油班」「食料班」「薬班」などの役割分担を決め、それぞれが調達に走り回るなど、「チーム南町」が一丸となって長い避難生活を無事乗り切ったのです。災害時には、住民同士のつながりが大きな力を発揮することを示した事例として注目されます。

気仙沼市役所にも津波が押し寄せた。庁舎1階にはその際の津波到達高が表示されている（2013年9月撮影）

津波で鹿折（ししおり）地区の陸地に打ち上げられた大型漁船「第十八共徳丸」。2013年に解体・撤去された。写真は解体される数日前のもの（2013年9月撮影）

気仙沼漁港にある「気仙沼海の市・シャークミュージアム」。津波は円のところまで到達した（2015年7月撮影）

全国最大の仮設商店街「南町紫市場」を開設

もう一つ、避難所での話し合いが実を結んだものがあります。それは、津波で店舗の9割以上が流された商店街の復興でした。震災1か月後には、早くも移動販売車を使ったコロッケ店と東京から仕入れた下着を売る店の2軒で青空市をスタートさせています。まず食べるものと着るものからの出発でした。さらに国内外の多くの人々の支援もあって、2011年12月、仮設の「気仙沼復興商店街 南町紫市場」のオープンにこぎつけました。店舗数は50以上。仮設の商業施設としては全国最大の規模でした。市場名に「紫」と冠したのは、もちろん住民の命を救ってくれた紫神社にちなんだものです。

南町紫市場の初年度は、被災地視察ツアーのバスが連日のように訪れるなど、予想以上の売り上げだったとされます。2年目以降は視察ツアーのバスが減り、代わりに中高校生の修学旅行のバスが増え、大学生やボランティアの人たちも数多く訪れるようになりました。

しかし、2017年4月、5年4か月間にわたって仮設店舗で営業を続けてきた紫市場は閉鎖されました。今後は南町紫神社前商店街として再出発する予定で、現在、その準備作業が進められているところです。

南町紫市場。2階建てのプレハブ7棟に飲食店、衣料品店、美容室など50以上の店が軒を並べていた（2015年7月撮影）

19
気仙沼市

早馬《はやま》神社

address 宮城県気仙沼市唐桑町宿浦 75　access JR 大船渡線・気仙沼線気仙沼駅から車で約 20 分

早馬神社（2015年7月撮影、以下同）

早馬神社は気仙沼市唐桑《からくわ》町の宿浦地区にあります。太平洋に突き出た唐桑半島のつけ根あたりの位置です。1217年（建保5年）の創建とされる由緒ある神社で、古くから「早馬さん」「権現さま」と呼ばれ、「海の安全」「厄よけ」「安産」などを祈願する神社として地元住民の信仰を集めてきました。

宿浦地区は複雑に入り組んだリアス海岸の入江に面しています。そのため、これまで幾度も甚大な津波被害を受けてきました。津波常襲地にある寺社の多くは比較的高台にあるものですが、早馬神社もまた眼下に宿浦の港や集落を一望できる海抜12mの高台に鎮座しています。仮に大きな津波が押し寄せても、「神社に避難すれば安全」と言い伝えられてきたところです。

ところが、今回の震災で宿浦地区は約15mに達する巨大津波に襲われ、宿浦港や集落はほぼ壊滅。さらに津波は高台の早馬神社にも押し寄せ、境内は2m以上浸水。拝殿、社務所などは流失こそ辛うじて免れたものの、建物内部が損傷し、道具類が流失するなどの大きな被害を受けました。現在は、その修復作業も終了し、宿浦で唯一建物が残った神社として神職が震災当時のことを語り継ぐ活動を行っています。

震災当日、神社境内には10人ほどの住民が避難していました。しかし、今回の津波がこれまでとはまったく違う規模であることにいち早く気づき、さらに10m上にある別の神社まで逃げて、九死に一生を得たと伝えられています。

早馬神社の境内からは被災した宿浦の集落が一望できる

「子々孫々語り継げ」

早馬神社の境内でひときわ目を引くのは、今回の大津波に耐えて残った「撫《な》で馬」の像です。これを撫でると「万事うまくいく神馬」といわれています。多くの人に撫で続けられているせいか、とても3・11の津波をかぶったとは思えないほどつややか。同神社のシンボルともいえる存在です。

震災後、この「撫で馬」像の隣に「東日本大震災唐桑復興祈願碑」が建立されました。祈願碑の高さは2・6m。碑面には今回の津波到達高を示す1本のラインが引かれ、その上部は津波をイメージする波の形につくられています。祈願碑には、3・11の被害状況とともに、「**子々孫々語り継げ**」との文字が刻まれています。周囲を見渡しながら碑に刻まれた到達ラインを見ると、いかにあの日の津波が巨大だったかが実感できます。

神社の階段下には古い津波碑が立っています。昭和の大津波後に建立されたもので、碑文には「**地震があったら津浪（波）の用心**」との教訓が刻まれていて、昔からこの地区は繰り返し津波に襲われていたことがわかります。事実、明治の大津波では、宿浦港に約6mの津波が押し寄せ、集落内の家屋はほぼすべて流失し、神社も建物被害こそなかったものの、石垣部分まで津波が到達したと伝えられています。

1 大津波に耐えた「撫で馬」の像
2 神社下にある昭和三陸大津波の記念碑
3 震災後、建立された「復興祈願碑」
4 境内に掲示されている津波襲来直後の写真

3

2

4

1

宿浦を襲った明治の大津波

『遠野物語』で知られる民俗学者・柳田國男は、東北取材の旅の途上、当時の唐桑村（現唐桑町）に一泊しました。その際、地元の14歳の女性から唐桑・宿浦に襲来した明治の大津波のことを聞き、その様子を著書『雪国の春』の中で以下のように記しています。

「唐桑浜の宿という部落では、家の数が四十戸足らずの中、ただの一戸だけ残って他はことごとくあの海嘯《かいしょう》（津波）で潰《つぶ》れた。その残ったという家でも床の上に四尺あがり、時の間にさっと引いて、浮くほどの物は総て持って行ってしまった。その上に男の児を一人亡くした。八つになるまことにおとなしい子だったそうである」

上記の一節を刻んだ「柳田國男文学碑」が唐桑町小長根に建立されています。唐桑半島の中ほどにある名勝「折《おれ》石《いし》」の近くです。明治の大津波で先端が折れたとされる高さ16mの石柱を眺めながら、この文学碑の碑文を読んでみてください（気仙沼駅から車で約30分）。

20
気仙沼市

尾崎大明神

address 宮城県気仙沼市松崎尾崎　access JR気仙沼線松岩駅下車、徒歩約12分

気仙沼市の尾崎地区にある尾崎大明神（尾崎神社）は、「地域の氏神様」「海の神様」として古くから地元住民に尊崇されてきた神社です。地元では「大明神様」とも呼ばれる尾崎神社は、気仙沼湾に面した高さ約10mの小高い丘の上に鎮座しています。写真でもわかるように、遠方から見ると、こんもりとした鎮守の森の中に社殿の茶色い屋根だけが控えめに顔をのぞかせています。

神社は長須賀浜と松岩漁港に囲まれた位置にあります。境内から見下ろすと目の前に海が広がり、しかも北側には面瀬川という川が流れています。つまり、津波に対する警戒が求められる場所です。もちろん神社周辺の住民はそのことをよく知っていました。しかし、3・11の津波は想定をはるかに上回る規模で尾崎地区の集落に押し寄せたのです。

発災当時の尾崎地区は、およそ100世帯、300人ほどが暮らすのどかな集落でした。激しい揺れから約40分後、長須賀浜を乗り越え、面瀬川を逆流した巨大津波は同地区を急襲。集落内の家屋を1軒残らず押し流し、26人が犠牲となりました。尾崎地区の集落は壊滅状態になり、浸水して完全に孤立。高台にある尾崎神社は陸の孤島と化してしまいました。

尾崎神社。鎮守の森の中に見える屋根が神社（2015年10月撮影、以下同）

神社に避難した全員が助かった

津波が襲来した際、集落内の住民34人は高台の尾崎神社に向かって逃げ、参道の階段を必死に駆け上りました。神社に着いてホッとしたのもつかの間、なおも津波は押し寄せ、大波は膝下まで達しました。あと1mほどで全員水没という危機に瀕《ひん》します。避難した住民は流されないように境内の木々にロープを張りめぐらし、なかには社殿の屋根や周辺の木によじ登った人もいたそうです。

ようやく津波が終息し、最後まで神社に残った33人は辛くも一命をとりとめました。地元では、「大明神様が守ってくれたのだろう」という話が伝わっています。

ただ、神社に避難した人の中で自宅に戻ってしまった住民が1人だけいました。その人は後に津波に流されて一晩中海の中を漂ったそうです。この事例は、「いったん避難したら二度と自宅に戻ってはならない」という貴重な教訓として、その後も語り継がれています。

さらに今回の震災では、津波犠牲者の数が警戒を要する沿岸部よりも、むしろ海から離れた場所の住民のほうが多かったことも注目されます。大規模災害時には、「ここなら大丈夫」という根拠のない油断が生死の分かれ目となることもあるわけです。この事実もまた、今後の教訓として忘れてはならないでしょう。

1 神社の目の前は海。奥に大島（62、63ページ参照）が見える
2 漁港と大島の最高峰・亀山は指呼の間にある

3 尾崎神社。避難住民の中には、この屋根や周辺の木に登って助かった人もいた
4 境内には鯨供養の碑がある
5 境内にある記念碑には、この地に伝わる尾崎大名行列の由来が記されている

尾崎地区は防災公園に

現在、尾崎地区は災害危険区域に指定されています。そのため人が住むことはもうできず、自治会もすでに解散しています。それでも10月の祭礼日になると、今も離れ離れになって暮らしている多くの住民が尾崎神社に集まり、盛大にお祭りを行っています。尾崎神社が住民にとって大切な心のよりどころである証《あかし》で、これからもかつての故郷での暮らしを、なつかしく思い出す大切な場所であり続けるはずです。

気仙沼市の計画では、今後この地区は防災公園として生まれ変わる予定になっています。地区全体の土地をかさ上げした上で、緊急時の避難場所となる高さ6mの築山を配置し、周辺に野球やサッカーなどができる多目的広場、休憩や遊び場となる緑地などをつくり、海沿いには防潮堤と防災林も整備する計画です。震災時に住民の避難場所となった尾崎神社は、防災公園と連絡通路で結ばれることになっています。復興のシンボルとしての防災公園が完成するのはもうすぐです。

みちびき地蔵（2015年7月撮影、以下同）

21
気仙沼市

みちびき地蔵

address　宮城県気仙沼市外畑（大島）

access　気仙沼港フェリーターミナルからフェリーに乗り大島・浦の浜で下船、徒歩約10分（本文63ページ参照）

（本文63ページ参照）

気仙沼市の大島は、気仙沼湾の湾口に浮かぶ東北最大の有人島です。面積は約9㎢。本土側の気仙沼港フェリーターミナル「エースポート」からフェリーに乗ると、20分ほどで大島の浦の浜に到着します。

大島には古くから語り継がれてきた津波にまつわる伝説・民話があります。その一つが「みちびき地蔵」の伝説。津波で亡くなった人の霊を極楽浄土に導くという地蔵菩薩の話です。ご承知のように、かつてテレビアニメ「まんが日本昔ばなし」で放映されたことがあり、震災後もネットの動画投稿サイトなどで紹介され、海外でも話題となった島の伝承です。この民話に登場する「みちびき地蔵」は、大島東岸の田中浜近くに実在し、地蔵菩薩が祀《まつ》られたのは1770年代とする記録も残っています。

震災前、3体あった木製の「みちびき地蔵」は、最大20ｍに達したと推定される大津波に襲われ、地蔵堂もろともすべて流失してしまいました。震災後、ただちに島の観光協会などが、その再建に向けて立ち上がります。島内外の人々からの寄付金や「みちびき地蔵」の絵本刊行などで再建費用を捻出。2012年2月、新しい3体の地蔵菩薩が完成し、同年10月には地蔵堂も再建されて、菩薩像の開眼法要と地蔵堂の落成式が行われました（※）。さらに2013年、津波襲来後、長く行方不明になっていた3体の古い石仏もがれきの中から見つかり、現在は地蔵堂前のケヤキの根元に安置されています。

（※）3体の「みちびき地蔵」を制作したのは大島出身の大学生（当時）で彫刻を学んでいる小野寺佑紀さん。「みちびき地蔵」の絵本は作家・福井光さんら多くの人々の協力で完成した。

1 再建された地蔵堂。左は震災後に建立された六地蔵
2 地蔵堂前の説明板には「みちびき地蔵伝説」の内容が記されている
3 がれきの中から見つかった３体の石仏
4 地蔵堂近くにある案内板。小さいのでお見逃しなく
5 体験学習施設「体験四阿（あずまや）」。ここで地蔵菩薩の入魂式と地蔵堂の落成式が行われた

湾口にある大島は「気仙沼の防波堤」

大島と本土の間は狭い所ではわずか230mしか離れていません。しかも大島は気仙沼湾の湾口付近に位置しているため、津波襲来時は「気仙沼の防波堤」として津波の衝撃を弱める役割を果たしてきました。いいかえれば、大島はそれだけまともに津波の衝撃を受けるわけで、過去に何度も大きな津波被害に遭遇してきました。島に数々の津波伝承が残っているのはそのためです。「津波のときは島が3つに分割される」。島の古老たちは、こうした津波発生時の教訓も語り継いできました。

今回の震災でも大島は巨大津波に襲われ、島全体で死者・行方不明者が31人にのぼるなどの甚大な被害が出ました。大島を襲った津波は島の東岸の田中浜と西岸の浦の浜からそれぞれ押し寄せ、両者が内陸部で合流。島は2つに分断されました。島の南部でも左右から押し寄せた津波は合流寸前にまで達したといわれます。辛うじて島の3分割は免れたものの、島が2分割されたという事実は、長く語り継がれてきた伝承の正しさを裏付ける結果となったのです。

それぞれの土地に伝わる伝説や民話は、とかく半信半疑で受け止められがちですが、大島の事例は先人の言い伝えの中には貴重な教訓が含まれていることを示唆しており、今後の防災対策を考える上で注目に値します。

6 7 田中浜。震災の爪痕が残る海岸では復旧工事が進んでいた
8 エースポートに停泊中のカーフェリー。これに乗ると約20分で大島に到着する

島民総出で大火災を消火

津波襲来の直後、本土側の気仙沼港では船舶用燃料タンクが倒壊、大量の重油が流失して広範囲にわたる火災が発生しました。その火は海に流れ出た重油とがれきに乗る形で、またたく間に島に到着。大島でも島最高峰の亀山（標高235m）を中心に大規模な山火事が発生しました。当時、離島の大島は完全に孤立していて島外からの救援活動は望めず、火は5日間にわたって燃え続けました。島民の一人（50代、女性）は当時を思い出しながら、「この火事で島全体が燃え尽きてしまうのではないかと思った。ほんとに怖かったですね」と話します。

火災発生時、亀山には津波に追われて避難してきた多数の島民がいました。火の勢いがただならないことを察知した島民は、すぐさま総出で燃えやすいがれきを撤去し、周辺の木を切り倒して、延焼を防ぐための防火帯をつくり、5日後にようやく猛火を消し止めたのです。住民のチームワークが島を守ったともいえます。

現在、大島と本土とを結ぶ大島架橋の工事が進められています。2018年には、島民にとっても本土側の住民にとっても念願だった356mの架橋が完成し、島は本土と陸路でつながる予定になっています。

完成の暁には、「鶴亀大橋」の愛称を持つ大島架橋は、観光振興と防災の両面から気仙沼復興のシンボルとして注目を集めそうです。

22
気仙沼市

地福寺《ぢふくじ》、岩井崎《いわいさき》

（龍の松、秀ノ山雷五郎像）

address 【地福寺】宮城県気仙沼市波路上牧 44
【岩井崎】宮城県気仙沼市波路上岩井崎 1-1

access 【地福寺】JR 気仙沼線陸前階上駅下車、徒歩約 15 分
【岩井崎】JR 気仙沼線陸前階上駅下車、徒歩約 35 分

岩井崎の岬の先端に立つ「龍の松」（2015 年 7 月撮影、以下同）

気仙沼市の波路上《はじかみ》地区にある景勝地「岩井崎」は、気仙沼湾の入り口に突き出た岬で、三陸復興国立公園の南端に位置しています。松林の中に石灰岩の岩場が連なる岩井崎は、波が打ち寄せるたびに岩の割れ目から潮を吹き上げる「潮吹岩」、第9代横綱・秀ノ山雷五郎像、岩井崎灯台など見所も多く、震災前は全国から多くの観光客が訪れる人気スポットでした。

しかし今回の震災で岩井崎は大津波に襲われ、岬にあった多くの松や施設が流失。周辺の集落も壊滅的な被害を受けました。津波襲来前の岬周辺には11軒の民宿がありましたが、高台の1軒を除いて他はすべて全壊しています。

震災後、多くの松が流失した岬の先端に1本だけ残った木がありました。巨大津波の急襲に耐え、奇跡的に幹と枝の一部が残った松の木です。その立ち姿が天に昇る龍の形に見えることから、いつしか地元では「龍の松」と呼ばれるようになり、復興のシンボル的存在となりました。海辺にじっと立ち続ける龍の松は今も多くの被災者を励まし続けています。気仙沼市は、3・11の証人ともいえる龍の松を震災遺構として保存することを決め、すでに長期保存のための作業が終了しています。

岩井崎の岩場は市民の格好の磯遊びの場だ

岩井崎の人気スポット「潮吹岩」

土俵際で「残った」秀ノ山雷五郎像

もう一つ、岩井崎には津波に耐えて残ったものがあります。龍の松のすぐ近くにある横綱・秀ノ山雷五郎の銅像です。気仙沼出身の秀ノ山は、歴代横綱の中で最も低身長（164㎝）ながら6回の優勝を誇り、38歳でついに横綱まで登りつめて、浮世絵にも描かれた江戸期の名力士です。周辺の松や建物が次々と流失する中、この秀ノ山像は横綱らしく大津波の急襲を正面から受けて立ち、その衝撃に耐えて「残った」「残った」と土俵際でふんばり、元の場所に堂々と立ち続けたのです。さすがは名横綱。地元では今も海を見つめて立つ秀ノ山像を見上げて勇気づけられる人が多いそうです。

秀ノ山雷五郎像

「めげない　にげない　くじけない」

岩井崎から800mほど内陸の高台に、約300年の歴史を誇る地福寺があります。明治の大津波の際は被災を免れ、境内が被災者の臨時救護所となった寺です。

しかし今回の震災では18mに達した大津波に直撃されます。本堂の天井近くまで到達した津波は、一気にその壁を突き破り、庫裏《くり》は全壊。過去の津波教訓を刻んだ石碑や墓も数多く倒壊しました。寺周辺には明治の大津波後、海岸近くから移住してきた数十棟の家屋がありましたが、ことごとく流失し、震災前には家屋にさえぎられて見えなかった海が直接見えるまでになりました。

地福寺住職の片山秀光さんは、黒い津波が足元まで迫るのを見て近所の家に逃げ込み、さらに「ここも危ない」とがれきをかき分けながら避難所となった階上《はしかみ》中学校（海抜31m）に駆け込んで、辛くも一命をとりとめています。当時、同校体育館には2,000人近くの住民が避難していました。住職は疲弊して寒さに震える被災者と自らを励ますため、「めげないで　逃げないで　くじけないで頑張ろう」と書いた紙を体育館の壁に張り出しました。

津波終息後、住職は次々と発見される遺体と対面し、涙ながらに祈りをささげるとともに、流されて周辺に散乱した墓石を一つひとつ集めて回ったそうです。その後、被災した地福寺は全国から駆け付けたボランティアたちの支援もあって、本堂などが再建され、境内には新たに「いのりの広場」も設置されました。新装なった本堂の玄関と「いのりの広場」には、「めげない　にげない　くじけない」という復興の合言葉が掲示されています。

片山住職は、今回の震災では過去の津波教訓を生かしきれず、多くの犠牲者が出たことを悔やんでいます。後世の人々が二度と同じ悲劇を繰り返さないために、岩井崎や地福寺を含む波路上地区一帯を震災遺構とすることを提唱するとともに、今も被災地の「語り部」として3・11の被害状況と教訓を伝える活動を続けています。

1

3

2

4

1 境内の「いのりの広場」。津波の高さに合わせて地蔵菩薩が建立されている
2 境内にある「海の生きもの供養の碑」
3 再建された地福寺の壁には津波到達水位が記されている
4 本堂内には被災直後の写真や応援メッセージが展示されている

23
南三陸町

上山《かみのやま》八幡宮波来《はらい》、旧南三陸町防災対策庁舎

address 【上山八幡宮】宮城県本吉郡南三陸町志津川字上の山 27-2

access 【上山八幡宮】JR 気仙沼線志津川駅下車、徒歩約８分

宮城県南三陸町は東日本大震災に伴う津波で犠牲者800人以上、住家の全壊3,000棟以上という甚大な被害を受けました。その悲劇の象徴ともいえるのが、同町志津川地区にある旧南三陸町防災対策庁舎です。

高さ12mの3階建て庁舎は、15mを超える大津波に丸ごとのみ込まれて全壊。建物は流失し、残ったのは赤錆《さ》びた鉄骨だけでした。当時、庁舎内には職員約30人と避難して来た多数の住民がいましたが、津波は屋上2m以上まで到達、職員33人を含む43人が命を落としました。その中には、庁舎2階の放送室から防災無線のマイクで最期まで住民に避難を呼びかけ続けた危機管理課職員・遠藤未希さん（当時24歳）も含まれています。殉職した遠藤さんは、後日さまざまなメディアに取り上げられて話題を集めたことは、まだ記憶に新しいところです（※）。

その後、被災した旧庁舎を震災遺構として保存するか、それとも解体・撤去するかの検討が重ねられてきました。その結果、2015年、県が提案した「庁舎は震災20年後の2031年3月10日まで県が保存・管理し、その後、町に返還する」とする協定内容に町も同意。広島の原爆ドームの保存が決定するまで約20年かかった事例を参考に、町はこの間じっくり考えて「保存」か「解体」かの結論を出すことにしたのです。この協定に基づき、県は2016年から旧庁舎の劣化具合などの調査を開始。その結果をもとに補修のための工事にとりかかることにしています。

（※）当時、庁舎内にいた佐藤仁町長は屋上に避難し、ずぶ濡れになりながらも奇跡的に一命をとりとめた。その際の緊迫した様子を次のように証言している。「日が沈むと雪が降って地獄のような寒さになり、ネクタイや流木を燃やし、ライターの火で暖をとった。流れ着いたネット入りのミカン5個を10人で分け合って食べた」

旧南三陸町防災対策庁舎（2015年7月撮影）

1 上山八幡宮（2015年7月撮影）
2 津波到達地点を示す「波来の地」碑（同）
3 神社から見た市街地。鳥居の奥に赤く見えるのが旧防災対策庁舎（同）

鳥居の寸前で 津波は止まった

現在、旧防災対策庁舎の周辺では土地のかさ上げ工事が進められています。上山八幡宮は、その旧庁舎を眼下に見下ろす高台にあります。鎌倉時代から続く神社で、その長い歴史の中で繰り返し津波に襲われ、そのたびに鎮座の場所を変えてきました。1960年のチリ地震前の神社は旧庁舎の隣にありましたが、津波で社殿が浸水したことから現在の高台に移転していました。そのため、3・11では津波が鳥居の寸前まで達したものの、社殿そのものの被災は免れています。

震災後、鳥居の近くに津波到達地点を示す「波来の地」碑が建てられました。碑には以下の文字が記されています。

大津波がたどり着いた果て、波来（はらい）の地、犠牲者への鎮魂と慰霊の思いを込め、災いをはらい、復興支援者へ敬意をはらい、永久に注意をはらい続けることを願ってここに刻む。

「高台へ走る 何も持たない 子を抱いて」

上山八幡宮の禰宜《ねぎ》・工藤真弓さんは、このたびの震災体験をもとにつくった絵本『つなみのえほん～ぼくのふるさと～』の作者であり、「五行歌」（五行で書く新詩歌）を詠む歌人としても知られます。

発災当時、工藤さんは買い物中に激しい揺れを感じ、急ぎ自宅に取って返し、当時4歳だった長男を抱きかかえて、自宅裏の山に駆け上りました。しかし、津波は市街地の家屋をのみ込みながら押し寄せてきたため、さらに高台の小学校に避難して九死に一生を得ています。

「**急いで帰って　子を抱いて　高台へ走る　何も持たない　子を抱いて**」。その際のことを詠んだ工藤さんの臨場感あふれる五行歌です。

津波終息後、避難した高台から見下ろした市街地は、がれきが散乱する更地と化し、工藤さんの自宅も全壊していました。

現在、工藤さんは、神事の傍ら、紙芝居や五行歌のCDをつくるなど多様な手段で3・11の事実を後世に伝える活動を行い、あわせて町の復興計画推進会議委員として新しいまちづくりのために活動するなど、多忙な日々を送っています。

南三陸町は、被災した市街地約6haを震災復興祈念公園として整備する方針です。計画によれば、旧庁舎のある東側エリアは「メモリアルゾーン」として芝生広場や追悼モニュメントを配置し、西側エリアは「避難ゾーン」として約130人が避難できる高さ20mの築山をつくる予定です。2016年度に着工、2018年度の完成を目指しています。

4 5 震災から2年半後の旧防災対策庁舎。被災地ツアーの「語り部」がここで起きた悲劇を伝えていた（2013年9月撮影）
6 旧防災対策庁舎前に設置された献花台（2015年7月撮影）

石巻ハリストス正教会教会堂（2015年7月撮影）

24
石巻市

石巻ハリストス正教会

address
宮城県石巻市千石町 4-10

access
JR 石巻線・仙石線石巻駅下車、
徒歩約７分

石巻ハリストス正教会は長い歴史を持つキリスト教・正教会の教会です。1880年（明治13年）に現在の石巻市千石町に「旧石巻ハリストス正教会教会堂（聖使徒イオアン会堂）」が設立されたのがはじまりとされます。「ハリストス」とは「キリスト」という意味で、「イオアン」とは「ヨハネ」のことです。

旧教会は1978年（昭和53年）に発生した宮城県沖地震の津波で被災して教会堂が損壊。それを機に市内の中瀬（旧北上川河口近くの中州）に移築されていました。旧教会は今は宗教施設としては使われていませんが、現存する木造教会としては日本最古であることから、市指定有形文化財として大切に管理されています。

旧教会に代わって、その跡地に新設されたのが石巻ハリストス正教会です。現教会の教会堂は、今回の地震で津波に襲われて1mほど浸水しましたが、幸い被害は軽微でした。現在は床を張り替えるなどの修理もすんで、すでに元の姿によみがえっています。

旧教会堂は解体後、現在地に再建・保存

旧教会のある中瀬は、地図でわかるように旧北上川に浮かぶ小島のようなところです。中瀬地区は今回の震災で川を遡上《そじょう》してきた大津波に急襲されて水没し、家屋の大半が流失するという壊滅的な被害が出ました。旧教会堂も2階まで浸水し、外壁や床が損壊するなどの深刻なダメージを受けています。しかし、地区内のほとんどの建物が消失する中で、旧教会堂と隣接する石ノ森萬画館の2つだけは奇跡的に建物の倒壊を免れています。

とはいえ、旧教会堂は建物自体は残ったものの、支柱がゆがんで傾くなど崩落するおそれがありました。そこで市は、建物をいったん解体した上で、再度元の場所に復元して保存することを決めます。現在すでに解体作業は終了。現在は復元のための工事が行われている段階で、もうすぐ元通りの姿の旧教会堂がお目見えする予定です。

作家の司馬遼太郎は『街道をゆく』（26巻「仙台・石巻」の項）の中で、この旧教会堂について「**西洋の教会とも、日本の城の櫓《やぐら》ともつかぬふしぎな折衷建造物だった**」と述べたあと、その印象を次のように記しています。

「**なにやら、この明治製のロシア正教の建物を見ていると、石巻という街の個性が、この一点に象徴されているような感じがしてきた。私は、東北にハイカラさを感じつづけてきたが、そういう思いを形にすればこれではあるまいかとも思えてくるのである**」

和洋折衷の「ハイカラ」な旧教会堂の復元工事が完了すれば、すでに修復がすんでリニューアルオープンしている石ノ森萬画館ともども石巻復興のシンボルとして再び観光客や住民の注目を集めそうです。

被災直後の旧石巻ハリストス正教会教会堂（2011年5月撮影）

立ち寄りスポット

「石ノ森萬画館」

旧教会堂に隣接する石ノ森萬画館は、宮城県出身の漫画家・石ノ森章太郎のマンガ・ミュージアム。3階建ての建物は宇宙船をイメージしたユニークな外観が特徴。館内には原画の展示室のほか映像ホール、ライブラリー、オリジナルグッズを販売するショップなどがある。震災前の2010年には来館者数が200万人を突破するほどの人気スポットだったが、今回の震災で大津波に襲われ、1階の天井付近まで浸水するなどの大きな被害を受けた。当時、館内には40人程度の来館者や職員がいたが、全員難を逃れている。以後、休館に追い込まれていたが、2012年11月に再オープンした。

石巻駅前から萬画館まで続く「マンガロード」には、「仮面ライダー」「サイボーグ009」など、おなじみのキャラクター・モニュメントが設置してあり、楽しみながら歩くことができる（石巻駅から徒歩約15分）。

石ノ森萬画館（2015年7月撮影）

25
石巻市

普誓寺《ふせいじ》

address 宮城県石巻市中浦 2-2-5　access JR 仙石線蛇田《へびた》駅下車、徒歩約 25 分

普誓寺（2015 年 7 月撮影、以下同）

石巻市中浦地区にある普誓寺は、石巻湾の港近くに位置しているため、これまで何度も大津波の被害にあってきました。江戸時代初期の1611年（慶長16年）に発生した慶長三陸地震（慶長奥州地震）の際は、津波の衝撃でイルカが内陸深くまで押し流されてきたとされ、それをクジラと見間違えた住民が「あっ、クジラだ！」と叫んだとの逸話も残っています。

東日本大震災でも普誓寺周辺は深刻な津波被害を受けました。同寺を津波が襲ったのは、護摩堂を新設して、その落慶法要《らっけいほうよう》（※）の準備をしていたときのことです。震災前、威容を誇っていた山門は津波の衝撃であとかたもなく流失。本堂や庫裏も浸水し、大量の墓が倒壊しました。護摩堂に掛けられていた観音像の掛け軸は3分の2ほどが水をかぶり、その水は3日間も引かなかったそうです。寺周辺の家屋もほとんどが全壊し、檀家だけで数百人が犠牲となり、一家8人全員が亡くなったところもあります。津波終息後は壁が落ちた本堂に代わって、隣に建つ「一心堂」が仮本堂となりました。

震災後、普誓寺には全国から数多くのボランティアが支援に駆けつけ、がれきを取り除き、建物内部に入り込んだ泥をかき出すなどの活動を行いました。そうした支援もあって、現在は倒れた墓などの修復作業が終了し、新しい本堂や山門などの再建に向けた準備が進められています。鉄筋コンクリート造りの新本堂が完成するのは2018年ごろの予定です。

（※）寺社などの新築、修理などの完成を祝う法要。

震災後、仮本堂となった一心堂

石巻の基礎を築いた 川村孫兵衛重吉

普誓寺は、現在の港町石巻の基礎を築いた川村孫兵衛重吉の菩提寺として知られています。孫兵衛は、江戸時代に仙台藩主・伊達政宗の命を受け、水害に悩まされていた北上川河口の治水工事を行い、新田を開発して藩の石高を飛躍的に向上させるとともに、石巻港を築港して舟運を開き、千石船などの往来を可能にした人です。

この孫兵衛の貢献によって、それまで小さな漁村にすぎなかった石巻は、東北屈指の港町として栄えるようになっていきます。みちのくの旅の途上、たまたま石巻に立ち寄った松尾芭蕉は、往時の港周辺の繁栄ぶりを、「**数百の廻船《かいせん》入り江につどひ、人家地をあらそひて、竈《かまど》の煙立ちつゞけたり**」と記しています（『おくのほそ道』石の巻の項）。

孫兵衛は74歳で亡くなりますが、その遺言により住居跡に建てられたのが普誓寺です。同寺境内の墓地を通り抜けた奥には「川村孫兵衛重吉夫妻の墓」があり、今も孫兵衛一族が静かに眠っています。また市内の日和山《ひよりやま》公園（72、73ページ参照）にも、その業績を後世に伝えるために孫兵衛像が建立されています。

孫兵衛の功績を讃える「川開き祭り」

石巻では毎年夏に2日間にわたる「川開き祭り」が盛大に開催されます。この祭りは、石巻の恩人である孫兵衛の功績を讃《たた》えようと1916年（大正5年）にはじまったもの。旧石巻ハリストス正教会や石ノ森萬画館のある中瀬と旧北上川を舞台に、水上のメイン行事「孫兵衛船競漕《きょうそう》」や花火大会などが催されるほか、商店街では千石船パレードなどが行われます。その初日には、普誓寺で恒例の「川村孫兵衛翁墓前供養祭」も開催されています。

震災があった2011年は祭りの規模を縮小して実施しましたが、その後は徐々に元の姿を取り戻し、2015年の祭りでは5年ぶりに手づくりの七夕飾りが復活、犠牲者を追悼する5,000個の灯籠が川に流されました。

震災から6年以上が経過した今も、普誓寺では犠牲者の冥福を祈る「鎮魂の鐘」が死者・行方不明者数と同じ数の約2万回打ち鳴らし続けられています。寺名の「普誓」とは、「普（あまね）く誓いをたてる」との意味だそうです。同寺では、「3・11を忘れず、子や孫の代まで伝え続ける」ことを誓いつつ、手を合わせたいものです。

一心堂にある「鎮魂の鐘」

立ち寄りスポット

「石巻かき小屋」

石巻といえば殻つきのカキがおすすめ。中瀬地区の旧石巻ハリストス正教会教会堂近くにある「石巻かき小屋」では、三陸の海で育ったカキを殻のまま炭火で焼いて食べられる。時間無制限の「かき食べ放題」コースなどが人気だ（石巻駅から徒歩約19分）。

石巻かき小屋

26
石巻市

日和山《ひよりやま》公園

address　宮城県石巻市日和が丘２丁目　access　JR 石巻線・仙石線石巻駅下車、徒歩約 25 分

石巻湾に流れ込む旧北上川河口近くの右岸に日和山という小高い丘があります。標高は約60m。その高台からは眼下に石巻市内や太平洋が一望でき、好天のときは牡鹿《おしか》半島、松島、蔵王の山々なども見渡すことができます。「日和山」の名は、かつて港が千石船でにぎわっていたころ、船出に際して潮流や風向きなどの「日和」を見る場として使われたことに由来します。

日和山の頂上には、武神を祀《まつ》る鹿島御児《かしまみこ》神社が鎮座しています。平安時代の歴史書『日本三代実録』や当時の神社名を記した『延喜式神名帳』にもその名が登場する由緒ある神社です。この神社の大鳥居の下に立つと、今回の震災で壊滅的な被害を受けた被災地全体を見渡すことができます。ニュース等でご存じのように、2015年に来日した英国のウイリアム王子が被災地をじっと見つめたあと犠牲者を悼んで黙とうをささげた場所もこの鳥居の下でした。

中世のころには、この山頂部に奥州総奉行・葛西清重の城（石巻城）があったと伝えられています。その後の発掘調査の結果、神社の拝殿そばから空堀の跡などが見つかったことなどから、今では大規模な城館があったことは間違いないと考えられています。神社の入り口付近には「史蹟　石巻城址」の碑が建立されています（※）。

現在の日和山の頂上付近は、神社を取り囲む形で日和山公園が整備されています。緑豊かな広い園内には数多くの文学碑や銅像が立ち並んでおり、文学散歩を楽しむことができます。この日和山公園は海に最も近い高台であるため、今回の震災で甚大な被害を受けた門脇町や南浜町など付近住民の避難場所となったところでもあります。

（※）仙台藩主・伊達政宗は日和山での築城を望んでいたとする説もある。

日和山公園からは被災した石巻市街が一望できる（2015 年７月撮影、以下同）

一瞬のうちに まちが消えた

震災当日、津波に追われた住民の多くは高台の日和山公園を目指して逃げ、急な坂道や階段を必死に駆け上りました。避難者の中には、津波による火災で校舎が全焼した門脇小学校の児童や、そろいの作業衣を着たまま逃げてきた食品会社の社員なども含まれていました。ピーク時の公園内は多くの避難者であふれかえりましたが、幸い津波は山の麓で止まり、全員が助かっています。

いち早く公園に避難したという門脇町の住民（50代、男性）は、津波発生時の緊迫した様子を次のように話します。

「小雪が降る中、みんな息を切らしながら必死に坂道や階段を駆け上ってきました。子どもたちもいたので、最初のうちは『もうひと息だ、早く上がれッ！』『がんばれーッ！』なんて叫んで励ましていたんですが、そのうちに黒っぽい波がどんどん押し寄せてきて。川から沖に向かった船が逆に上流に押し戻されるのを見たとき、これはただ事じゃないって思いました。火災も発生して、家が次々と流されるたびに、みんな『あーッ』『あーッ』って叫んでましたよ。親しくしていた家も多いから、涙ぐむ人もいた。一瞬のうちにまち全体が消えちゃったのが、どうにも信じられなくてね。大の大人が情けないんですが、がたがたと震えがきて止まらなくなっちゃって。濡れた地面にへたり込んで、しばらく立てなかったことを今でも覚えています」

つい先ほどまで人々が暮らしていた市街地を津波が容赦なくのみ込んでいくさまを、ただかたずをのんで見つめるしかなかった避難者の無念の想いが伝わってくる証言です。

1 震災後、公園内に建立された東日本大震災記念碑
2 神社入り口にある「史蹟 石巻城址」の碑

3 松尾芭蕉と弟子・曾良の銅像
4 宮沢賢治の詩碑
5 斎藤茂吉の歌碑
6 チリ地震津波碑。碑には「常に心しよう　海難はまたやってくることを」との教訓が刻まれている

文学碑めぐりと 歴史散歩を

震災前の日和山公園は、桜やツツジの名所として知られ、眺望の素晴らしさもあって石巻を代表する景勝地の一つでした。昔からこの地には松尾芭蕉をはじめ、石川啄木、宮沢賢治、斎藤茂吉、種田山頭火ら多くの文人が訪れており、園内にはその際に詠んだ詩歌の碑や銅像などが数多く建立されています。その一つ、斎藤茂吉の歌碑には、ここで見た景色を讃《たた》える次の歌が刻まれています。

わたつみに
北上川の入るさまの
ゆたけきを見て
わが飽かなくに

みなさんも、茂吉が飽きることなく眺め続けた川が海に流れ込むさまを、この高台から直接眺めてみてください。

なお、大鳥居下には震災前の市街風景を写したパネルが設置されており、また園内にはチリ地震津波の碑や川村孫兵衛（71ページ参照）を讃える銅像などもあります。これらも、お見逃しなく。

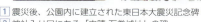

西光寺。背後に見えるのが日和山（2015年7月撮影、以下同）

27
石巻市

門脇町を見守るお地蔵さま
（西光寺）

address　宮城県石巻市門脇町 2-5-7　　access　JR 石巻線・仙石線石巻駅下車、徒歩約 30 分

西光寺は日和山（72、73ページ参照）の麓に位置しています。鹿島御児《かしまみこ》神社の大鳥居下にある参道の階段を下り切ったところが石巻の市街地で、西光寺はその山すそにあります。

西光寺は、江戸時代から約400年続く由緒ある古刹です。先代の樋口隆昇住職は、昭和三陸大津波の際、被災した住民の救済のために奔走するなど、生涯を通して地域の社会福祉活動に尽力したと伝えられ、地元では今も「老僧さん」と呼ばれて尊敬されています。その奉仕の伝統を受け継ぐ同寺は、地元住民の心のよりどころとなってきた寺です。

今回の震災による津波で、石巻市は死者・行方不明者が4、000人近くにも達しました。この犠牲者数は全被災自治体中で最多です。とりわけ西光寺のある門脇町一帯は、津波襲来後に火災も発生して壊滅的被害を受けたところ。現在は少数の建物が散在するだけの広大な更地となっています。

海岸から約1㎞の距離にある西光寺も、本堂の床上まで浸水し、全墓石の7割に当たる数百基が倒壊、さらに200人近い檀家が亡くなるという大きな被害が出ました。しかし、同寺は付近の住宅地よりやや高い場所に位置していたこと、さらに押し寄せたがれきが寺を守る防波堤の役割を果たしたことから、鐘楼堂などの流失は免れています。震災後、西光寺には全国から数多くのボランティアが駆けつけ、境内の大量のがれきを撤去し、付近に散乱した墓石や遺骨を拾い集めるなどの活動を行いました。こうした支援もあって、現在の西光寺は以前の姿を取り戻しつつあります。

無数のお地蔵さまが門脇町の復興を見守る

西光寺の境内に一歩入ると、参道脇や鐘楼堂下などに置かれた無数のお地蔵さまが迎えてくれます。震災直後、寺周辺に散乱していた大小のお地蔵さまがすべて敷地内に集められ、さらに新しくつくられたお地蔵さまもこれに加わって、一様に柔和な表情で被災したまちの復興を静かに見守っています。

震災の年の11月、チベット仏教の指導者ダライ・ラマ14世が西光寺を訪れて法要を行い、出席した被災者ら約1,000人を激励しました。

また2014年、寺の駐車場の一角に宗教の垣根を越えた慰霊の広場「祈りの杜」がつくられました。イヌツゲの植え込みの一つひとつに、仏教をはじめ神道、キリスト教、イスラム教などさまざまな信仰対象のモニュメントが設置され、宗派を問わず誰もが犠牲者のために静かに祈りを捧げられる場となっています。

また西光寺には「六文銭」の旗印でおなじみの真田信繁（幸村）の直系子孫で仙台真田氏の9代目当主・真田喜平太（幸歓《こうかん》）の墓碑が建立されています（※）。ちょうど2016年のNHKテレビ大河ドラマの主人公が幸村であったことから、この墓碑を目当てに寺を訪れる人が増えたそうです。歴史に興味のある方は、敷地内にある「旧仙台藩真田君墓」と刻まれた石碑（高さ約2m）を探してみてください。この墓碑は3・11の津波で倒れて損傷しましたが、現在は元通りに修復されています。

※大坂夏の陣で大坂城落城の際、真田幸村は次男・守信（幼名大八、当時4歳）を伊達軍の先鋒だった片倉小十郎重長に託した。以後、重長は守信を白石城で密かに養育。守信は仙台真田氏の始祖となった。仙台藩の参政を務め、同藩屈指の兵法家だったとされる。戊辰《ぼしん》戦争にも六文銭の隊旗を持って参加し、維新後は石巻に居を移した。教育分野などで手腕を発揮し、64歳で死亡した。

1 鐘楼堂の下にもお地蔵さまがずらりと並ぶ
2 門脇町を見守るお地蔵さま
3 境内にある仏教詩人・坂村真民の碑には「念ずれば花ひらく」の文字が刻まれている。その周囲を無数のお地蔵さまが取り巻く

鹿島御児神社の参道（表坂）入り口にある「津波襲来の地」碑。津波に襲われた住民はこの階段を駆け上って日和山公園に避難した

瞬時の判断が明暗を分けた門脇小学校と日和幼稚園

西光寺に隣接する門脇小学校は数メートルに達した大津波に急襲され、さらに追い打ちをかけるように火災が発生して校舎が全焼した。が、同小は以前から避難訓練を繰り返し実施し、災害時には裏山へ避難することを鉄則としていた。震災当時、同小には児童275人と避難してきた住民数十人がいたが、避難訓練通り、児童たちは教師の誘導で裏山に向かって逃げ、高台の日和山にたどり着いて全員が助かっている。

一方、日和幼稚園の対応は違った。園庭に避難させた園児たちが不安と寒さで震えているのを見た園長らは、送迎バスに園児12人を乗せて市街地の自宅に送り届けようとした。途中、保護者が迎えにきていた7人を降ろしたあと、残り5人の園児を乗せたバスは、日和山に向かって逃げる住民たちとは反対方向に走った。大津波警報の発令を知り、あわてて園に引き返す途中でバスは津波と火災に巻き込まれてしまう。途中下車した7人は一命をとりとめたが、車内にいた5人の園児は後日変わり果てた姿で発見された。幼稚園は高台にあったにもかかわらず、海に向かってバスを走らせたことが悲劇の要因となった。

瞬時の判断の差が明暗を分けたわけで、今後の教訓とすべき事例といえる。

ドック棟に係留・展示されている復元船「サン・ファン・バウティスタ号」（2015年7月撮影、以下同）

28
石巻市

宮城県慶長使節船ミュージアム（サン・ファン館）

address 宮城県石巻市渡波字大森 30-2

access 【土・日・祝日】JR 石巻線・仙石線石巻駅から鮎川港行きバスでサン・ファンパークバス停下車
【平日】石巻駅から同バスで汐見台公園入口バス停下車、徒歩約 10 分

今から約400年前の1613年（慶長18年）、仙台藩主・伊達政宗は家臣の支倉《はせくら》常長ら180余人をノビスパニア（メキシコ）経由でイスパニア（スペイン）国王およびローマ教皇のもとに派遣しました。世にいう慶長遣欧使節です。その目的については諸説ありますが、仙台領内でのキリスト教布教の容認と引き換えにメキシコとの直接貿易の了解を得ることにあったとする説が有力です。

支倉常長は宣教師のルイス・ソテロらとともに、藩内で建造された洋式木造帆船「サン・ファン・バウティスタ号」（※1）に乗り込み、石巻市月浦《つきのうら》の港から太平洋に向けて出航。メキシコに到着した使節一行は別の船に乗り換えて、さらにヨーロッパに向かいました。同号は、いったん日本に戻りますが、常長らが帰国する際、再びメキシコまで迎えに出向いており、都合2度にわたって太平洋を横断したことになります。

石巻市渡波《わたのは》にある宮城県慶長使節船ミュージアム（愛称：サン・ファン館）は、このサン・ファン号の復元船を係留・展示し、慶長遣欧使節の業績を紹介する博物館です。震災前の同館は、隣接するサン・ファン・バウティスタパーク（※2）を含めて年間約20万人が訪れる人気観光スポットでした。が、今回の震災による津波で同館は甚大な被害を受け、長期にわたって休館を余儀なくされました。しかし、国内外の人々の支援により破損施設の修復が完了、慶長使節出航400年の節目となる2013年秋、2年8か月ぶりに再オープンにこぎつけています。

（※1）船名の「サン・ファン・バウティスタ」とは「洗礼者・聖ヨハネ」の意味。
（※2）支倉常長らが見たイタリア式庭園をイメージしてつくられた公園。

館内風景。常長が執務する様子などが展示されている

展望棟とドック棟をリフトで結ぶ構造

サン・ファン館は、丘の上にある「展望棟」と丘の下の「ドック棟」の2施設をエスカレーター・リフトで結ぶ構造になっています。高台の展望棟とバウティスタパークからは、ドック棟に係留された復元船と海が一望できます。

展望棟には遣欧使節のルートや業績などを紹介する展示室、セミナールーム、シアターなどがあり、関連グッズなどを販売するショップも設けられています。シアターではサン・ファン号の航海の様子や常長の波乱に満ちた旅路や生涯などを紹介する映画が上映されています。ドラマ仕立てのわかりやすい内容なので、時間のある方にはおすすめです（上映時間約20分）。

ドック棟はエスカレーター・リフトを下ったところにあり、係留されているサン・ファン号の復元船をさまざまな角度から眺めることができます。必見です。

支倉常長像。月浦のバス停付近にある

大津波に耐えたサン・ファン号

震災当日、サン・ファン館を襲った津波はおよそ10mに達しました。高台にある展望棟の被害は軽微だったものの、標高の低いドック棟は天井付近まで津波が押し寄せ、厚い強化ガラスが割れて施設はほぼ壊滅、帆船模型や資料などの展示品の大半が流失しました。その中で、復元船だけは前後左右に大きく揺さぶられながらも波を乗り越え、奇跡的に流失を免れました。津波が船の真正面から襲来したことが幸いしたとみられます。とはいえ、復元船も外板など一部が破損し、翌4月下旬の暴風でマストが折れるという被害を受けています。

津波襲来時、館内には数十人の来館者と職員がいましたが、職員が来館者を丘の上のバウティスタパークに避難させたため、一人のけが人も出ていません。来館者たちは、いったん指定避難場所になっていた高台の洞源院に移りましたが、同寺には約３００人もの避難者がつめかけていて収容しきれなかったため、その後、館内のセミナールームと会議室が開放されて避難所となりました。また洞源院の備蓄は十分でなかったことから、館内の売店にあった菓子類や毛布、座布団などが提供されたと伝えられています。

その後の常長とソテロ

ヨーロッパに渡った支倉常長は１６１５年（慶長20年）、スペイン国王フェリペ３世に謁見《えっけん》。常長は国王臨席のもとで洗礼を受け、同年、ローマに渡ってローマ教皇パウルス５世にも謁見し、ローマ市公民権証書を授与された。ところが、この間に幕府が方針転換してキリスト教弾圧に踏み切っていた影響もあって、使節一行の必死の努力にもかかわらず外交交渉は実らず、常長らはやむなく帰国。月浦を出航してからすでに７年の歳月が流れていた。その２年後に常長は失意のうちに病没。また日本に潜入帰国した宣教師・ソテロも捕らえられて火刑に処せられた。

後日、支倉家は家来のキリスト崇拝が露見し、一時お家断絶となっている。このことから、常長はソテロともども死の間際まで自らの信仰を貫いたものと考えられている。常長らが持ち帰った「慶長遣欧使節関係資料」は２００１年に国宝に指定され、現在は仙台市博物館に所蔵されている。

※慶長遣欧使節について詳しく知りたい場合は、河北新報社編『潮路はるかに 慶長遣欧使節船出帆４００年』（竹書房）がおすすめ。本書は河北新報の連載記事をまとめたもので、読みやすく感動的な内容（２０１４年度新聞協会賞受賞）。

月浦の港。常長らはここから出航した

29
石巻市

十八成浜《くぐなりはま》白山神社

address 宮城県石巻市十八成浜金剛畑 20

access JR 石巻線・仙石線石巻駅からバス（鮎川線）で十八成バス停下車、徒歩約 6 分

三陸海岸の最南端に位置する牡鹿半島。その先端近くに「十八成浜」という海岸があります。この珍しい地名は、かつてこの海岸にあった「鳴き砂（鳴り砂）」に由来するとされます。つまり、砂の上を歩くと「キュッ、キュッ（クッ、クッ）」と音が鳴ることから、「9＋9＝18」となったというわけです。震災前の十八成浜は、松林を配した白砂の美しい海岸でした。県内でもよく知られた海水浴場があり、石巻市民の憩いの場となっていたところです。

十八成浜白山神社は、その海岸から100mほど内陸の高台にあります。神社の開創年などは不明ですが、明治のはじめに現社号に改称され、1874年（明治7年）に村社《そんしゃ》（※）に列せられたと伝えられています。以来、白山神社は地域の守り神としてこの地区のシンボル的存在となってきました。震災前、十八成浜地区には約130棟の家屋がありましたが、3月11日の大津波でそのおよそ7割に当たる90棟が全半壊するという壊滅的な被害を受けました。加えて、この地震により同地区は1m以上も地盤沈下し、海水浴客などでにぎわっていた美しい砂浜もほとんどが海面下に消失しました。

一方、十八成浜白山神社は、高台にあったことや、沖合に浮かぶ網地島《あじしま》などの島々が天然の防波堤の役割を果たしたこともあって、建物自体の被害は免れています。しかし、海岸近くにあった石造りの鳥居は倒壊しました。倒れた鳥居は、すでに再建され、被災した集落と海を見つめて立っています。

（※）神社の旧社格のひとつで、郷社《ごうしゃ》の下、無格社の上に位する。

十八成浜白山神社の再建された鳥居（2015 年 7 月撮影、以下同）

2日前の地震が油断を招いた

十八成浜地区は大津波の襲来で集落内の家屋が次々と流されました。なかには流される家の屋根の上から濁流に飛び込んで、危うく一命をとりとめた人もいたそうです。

実は、3・11の2日前にも同地区にはかなり大きな地震があり、その際の津波が約50㎝だったことが住民の油断を招いた要因ともいわれています。それでも強烈な揺れを感じた直後、ただちに高台へ逃げて命拾いをした住民も多数いました。避難直後は水が極端に不足し、周辺の雪を食べてのどの渇きに耐えた人や、2か月間も風呂に入れなかった人もいたと伝えられています。

津波で倒壊した鳥居は参道の入り口に立っていましたが、再建された鳥居は元の場所から数十m神社寄りに設置されています。高さ約6mの新しい鳥居は、かつての石造りから杉材に代わったものの、以前の姿が忠実に再現されています。この鳥居は、被災地支援活動を行っているNPO法人「愛知ボランティアセンター」などから寄せられた支援金を使って再建されたもので、鳥居の下にはそのいきさつを記したパネル「奉納の記」が設置されています。

2013年には東京国立近代美術館の前庭に展示されていたパビリオン「夏の家」が、白山神社の鳥居近くに移設され、「牡鹿半島のみんなの家」として公開されています。「夏の家」は、世界的に著名なインドの建築事務所「スタジオ・ムンバイ」がつくり、同館60周年企画として期間限定で展示されていたもの。今回の津波で十八成浜地区では多くの家が流されたことから、再び多くの家が寄り集まることをイメージして「みんなの家」と名を改め、公開されることになったのです。「みんなの家」は3つのパビリオン（木造の東屋《あずまや》）で構成されており、歩き疲れたとき、ひと休みするのに最適です。

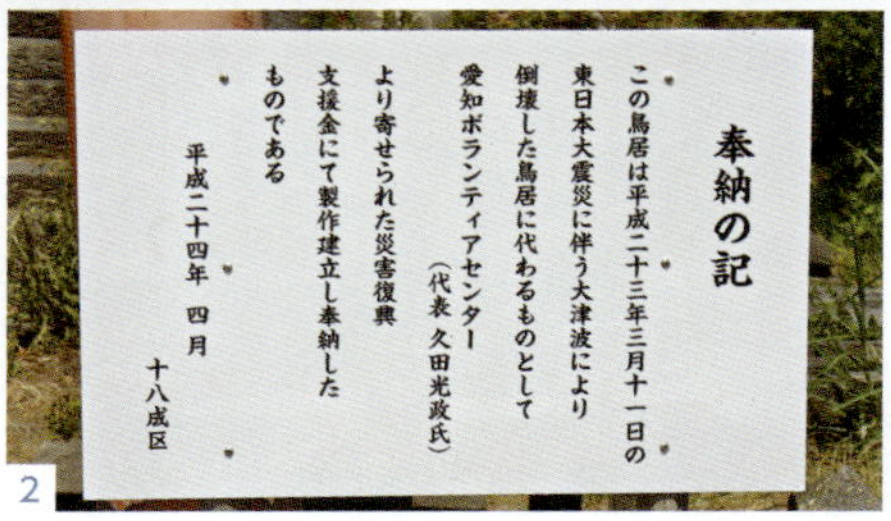

1 十八成浜白山神社
2 鳥居下にある「奉納の記」

地盤沈下した海岸。美しい砂浜が消え、わずかに残る松林がかつての白砂青松の面影をとどめる

十八成浜地区は海浜公園として整備

現在、石巻市は被災した十八成浜地区の再生・整備計画を策定し、その準備を進めているところです。計画によると、海沿いに360mの防潮堤を新設、その一部を陸側に整備して海辺に地盤沈下で消失した砂浜を再生し、さらに海水浴場の再オープンを実現し、海水浴客などの憩いの場となる海浜公園（4、000㎡）を整備したいとしています。これと並行して、同地区で家を流された住民団体などが地区内にアーモンドやヤマザクラなどの花木を植樹する活動もすでにはじまっています。

海辺で進行する復興工事

観瀾亭（2015年7月撮影）

30
松島町

瑞巌寺《ずいがんじ》、観瀾亭《かんらんてい》

address 【瑞巌寺】宮城県宮城郡松島町松島字町内 91
【観瀾亭】宮城県宮城郡松島町松島字町内 56

access JR 仙石線松島海岸駅下車、徒歩約５分

「扶《ふ》桑《そう》（日本の別称）**第一の好風**」。歌枕の地・松島に到着した松尾芭蕉は、広大な海原に無数の島々が連なる松島湾を見て「日本一の絶景」と称賛しました（『おくのほそ道』）。その際、芭蕉は「松島や　ああ松島や　松島や」の句を詠んだとする有名な逸話がありますが、これは後世の狂歌師・田原坊の作「松嶋や　さてまつしまや　松嶋や」の「さて」が「ああ」に変じたもの。むしろ芭蕉は、あまりの美しい景色に句が浮かばず、**「いづれの人にか筆をふるひ詞《ことば》を尽さむ」**と後世の人々に句作を託したというのが真相のようです。

周知のとおり、松島は日本三景の一つ。わが国を代表する景勝地で、毎年300万人以上の観光客が訪れる人気スポットです。津波が襲来した3月11日はシーズンオフだったにもかかわらず、松島の海岸周辺には約1、200人の観光客や住民がいました。そこに大津波が襲来。津波の第一波は午後4時13分、第二波は同40分。津波高はそれぞれ3・2m、3・8mでした。

津波襲来時、たまたまフェリーに乗船し、湾内の島めぐりを楽しんでいた観光客も多数いました。が、「車がエンストを起こしたような」激しい揺れを感じて、船は急ぎ引き返し、数分後にはフェリー乗り場に到着。乗客たちは関係者の誘導で、海岸付近にいた観光客などとともに国道45号を横切って瑞巌寺の参道を駆け上り、いったん寺の裏山に避難します。しかし、当日は寒かったため、修行僧らの案内でふだんは立ち入りできない陽徳院（伊達政宗正室・愛姫《めごひめ》の廟所《びょうしょ》）の修行道場に移動。結果的に避難者全員が助かっています。

＊瑞巌寺の本堂、中門、御成門は２００９年からはじまった「平成の大修理」のため非公開となり、その代わり工事期間中は国宝の庫裏および陽徳院が特別公開されていた。本堂は２０１６年に工事が終了し、現在は拝観が再開され、残りの施設も工事がすみ次第、順次、拝観が再開される予定。

1 瑞巌寺の庫裏（国宝）<瑞巌寺フォトライブラリーより>
2 瑞巌寺境内にある伊達政宗お手植えとされる臥龍梅（がりゅうばい）<同>

1

2

平成の大修理期間中、本来は瑞巌寺本堂に安置されている御本尊、藩祖・政宗と２代忠宗の大位牌、三代開山木像が仮本堂（大書院）に移されて特別公開された（2015年７月撮影）

観光客と住民は国宝・瑞巌寺に避難

松島は日本屈指の美しい自然景観に加え、瑞巌寺、観瀾亭、五大堂、円通院など歴史的価値の高い文化遺産を数多く擁していることから、国の特別名勝に指定されています。瑞巌寺は平安時代の８２８年（天長５年）、慈覚大師円仁によって開創されたと伝えられ、千年以上の寺歴を誇る名刹です。

現在の建物は伊達政宗が４年の歳月を費やして完成させたもの。造営に当たっては、わざわざ熊野から建材を取り寄せ、京都などから１００人以上の名工が集められたといわれます。

以後、瑞巌寺は伊達家代々の菩提寺となり、桃山様式の粋を尽くした本堂（方丈）、御成玄関、庫裏（禅宗寺院の台所）、回廊は国宝に指定されています。

発災当日、瑞巌寺の修行道場である陽徳院に避難した観光客・住民は３００人ほど。寺の職員と修行僧約20人は、ただちに炊き出しをして、おにぎりや雑炊などを提供。さらに毛布や布団、ストーブなどを手配し、トイレ用の水くみまでを行い、異常事態に困惑する避難者を温かくもてなしました。また門前の土産物店も店内に残っていたかまぼこやカステラなどを進んで提供したこともあって、この道場では1日3度の食事をきちんととることができたといわれます。

３・11の津波は参道まで押し寄せましたが、幸い建物までは到達せず、14日までに避難者は全員無事に帰宅しています。寺そのものの被害は、強烈な揺れで庫裏や回廊の壁にひびが入ったことと、津波の塩害で参道の杉並木の約３分の１（およそ３００本）が枯れて伐採されたことくらい。他所に比べて軽微な被害ですんだのは、遠浅の海に浮かぶ２６０余の島々が天然の防波堤の役割を果たし、津波の威力を減衰させたためと考えられています。

3 島めぐりの観光フェリー（2015年７月撮影）
4 震災後、松島グリーン広場に設置された東日本大震災慰霊祈念碑（2013年９月撮影）
5 松島のシンボル「五大堂」（国重要文化財）。五大明王像が安置されている（同）

4

3

5

観瀾亭の分室も避難場所に

もう1か所、観光客などの避難場所となったのは、松島湾を望む丘の上にある観瀾亭です。観瀾亭の建物は、もともとは伏見桃山城にあった茶室。政宗が豊臣秀吉から拝領し、江戸の藩邸に移築していたものを、二代藩主・忠宗が海路この地に一木一石変えずに移したと伝えられています。当時の観瀾亭は伊達家のいわば迎賓館であり、歴代藩主の納涼や月見のための施設でもあったようです。現存する建物は県の有形文化財に、また床の間や襖を彩る絵は国の重要文化財にそれぞれ指定されています。

津波が襲来した際、海岸付近にいた観光客ら約30人は50ｍほど内陸にある観瀾亭の分室（木造2階建て）に避難して命拾いしています。松島町はこの分室が高台にあることから、老朽化した建物を大規模改修して災害時の観光客の避難場所として活用することを決め、２０１５年から改修工事を行ってきました。現在は工事も終了。かつて書庫や倉庫として使われていた観瀾亭分室は、観光客などが避難できる「松島海岸公園避難施設」として新たなスタートを切っています。

31
東松島市

貞観《じょうがん》地震の千年石碑と観音寺

address 【貞観津波碑】宮城県東松島市宮戸二ツ橋地区
【観音寺】宮城県東松島市宮戸門前 13

access 【貞観津波碑】JR 仙石線野蒜《のびる》駅から車で約 15 分
【観音寺】JR 仙石線野蒜駅から車で約 20 分

貞観津波碑（右）と3.11後に建立された「貞観の碑に感謝」の碑（2016年6月撮影）

東日本大震災以後、平安時代の869年（貞観11年）に起きた貞観地震に注目が集まっています。地震の震源域や規模が今回の震災に酷似していることに加え、その後の発掘調査により東北の沿岸各地で貞観地震のものと推定される津波堆積物が次々と発見されているためです。

東松島市の宮戸島《みやとじま》は、松島湾に浮かぶ無数の島の中で最大の面積を持つ陸繋島《りくけいとう》（砂州によって陸とつながった島）です。この島には縄文時代の前期からすでに人が住んでいた痕跡が残っています（左ページ参照）。その宮戸島の中央部に、貞観地震後に建立されたといわれる石碑（貞観津波碑）が現存しています。1、100年以上の風雪にさらされて、すでに文字は読みにくくなってはいますが、小ぶりながらも存在感のある石碑です。

「貞観地震の津波は島の両岸から押し寄せ、島の中央部でぶつかり合った」。宮戸島には、こうした言い伝えが今も残っています。貞観津波碑は、その「ぶつかり合った」とされる場所に建立されています。標高約10mの峠の一角です。石碑周辺の地名「二ツ橋」は、両岸から押し寄せた二つの津波に由来するといわれています。

貞観津波碑を見ながら暮らしてきた島民の間では、昔から「この石碑より下に家を建てるな」「大地震のときは、この石碑より高いところへ逃げろ」と、津波に対する教訓が語り継がれてきました。

石碑の言い伝えが島民の命を救った

貞観津波碑は県道27号沿いにある宮戸郵便局の目の前にあります。畑地の中にポツンと立つ石碑の隣に、震災後もう一つの新しい碑が建立されました。石碑近くにある観音寺の住職・渡辺照悟さんが建立した「貞観の碑に感謝」の碑です。なお、石碑のある場所は私有地なので訪れる際は迷惑がかからないように配慮してください。

あの3月11日、強烈な揺れを感じた島民たちは、島に伝わる言い伝えに従い、ただちにこの石碑より高台にある宮戸小学校や大高森などに避難しました。その直後、大津波が襲来。押し寄せた津波は海沿いの集落の大半をのみ込みましたが、この石碑の寸前で止まりました。結果的に津波で数人の犠牲者は出たものの、ほとんどの島民の命が助かっています。島に残る言い伝えが、多くの島民の命を救ったわけです。渡辺住職は、先人が残してくれた千年石碑に感謝する意味を込めて、後世の人々のために古い石碑の隣に新たに平成の碑を建立したのです。

観音寺は曹洞宗の寺院で、三陸三十三観音の第4番霊場でもあります。同寺の入り口付近には3・11の津波高を記した「平成の大津波」碑が建立されています。参道脇の目立たない場所にあるので、見逃さないようにしましょう。

宮戸郵便局。貞観津波碑はこの郵便局の向かい側にある（2016年6月撮影）

1

2

3

1 観音寺（2015年7月撮影）
2 観音寺の入り口に建立された「平成の大津波」碑（同）
3 大高森の登り口。多くの島民はこの階段を駆け上った（2016年6月撮影）

立ち寄りスポット

「大高森と里浜貝塚」

大高森は日本三景・松島の絶景が望めるビューポイントとして知られ、標高約106mの頂上からの眺めは「松島四大観」の一つに数えられている。やや急な登り道もあるが、がんばって山頂に立ち、「壮観」と呼ばれる雄大な風景をぜひとも堪能したい。

大高森の麓には里浜貝塚と奥松島縄文村歴史資料館がある。里浜貝塚は日本最大級の規模の貝塚（国史跡）。縄文時代前期から弥生時代中期にかけて松島湾で暮らした縄文人の4千年の営みの跡が残り、貝塚からは典型的な縄文人の特徴を示す人骨が多数発掘されている。奥松島縄文村歴史資料館は、里浜貝塚からの出土品の数々を展示し、縄文人の暮らしの様子を学ぶことができる（野蒜駅から車で約10分）。

奥松島縄文村歴史資料館（2016年6月撮影）

大高森から見た松島湾の絶景（2016年6月撮影）

32
七ヶ浜町

同性寺《どうしょうじ》

address　宮城県宮城郡七ヶ浜町花渕浜字寺坂12　access　JR仙石線本塩釜駅から町民バスで館下バス停下車、徒歩約6分

同性寺のある宮城県七ヶ浜町は、松島湾の南西部に位置しています。太平洋に突き出た半島状の町で、面積は約13㎢。東北地方の全市町村中、最も面積の小さな町です。

最小の町とはいえ、海の幸に恵まれた同町は、縄文の昔から多くの人が集まり、豊かな生活を営んできたところでもあります。その証《あかし》として、町内には東北有数の規模を誇る大木囲《だいぎがこい》貝塚（国指定史跡※）など、縄文文化を今に伝える貝塚や遺跡が多数点在しています。また、かつて陸奥国の国府だった多賀城に隣接し、町内の鼻節神社から「国府厨《くりや》（台所のこと）印」と刻まれた銅印が見つかっていることもあり、奈良時代には同町で採れたさまざまな海産物が城に送られていたと推定されています。

七ヶ浜町には町名の由来となった七つの浜があります。同性寺は、その浜の一つである花渕浜地区の菩提寺です。同寺は松島にある瑞《ずい》巌《がん》寺《じ》（80、81ページ参照）の末寺で、江戸初期の1636年（寛永13年）の創建と伝えられ、すぐ隣には併設する和光幼稚園があります。

花渕浜地区の自主防災会は震災前から地道に津波対策に取り組んできました。同会は町が指定した避難場所とは別に、独自に12か所の一時《いっとき》避難場所を選定しています。一時避難場所は1960年のチリ地震津波のデータを基に、付近住民なら誰でも30分以内に到着できる場所が選ばれていました。さらに同会は避難経路に手づくりの誘導看板を設置するとともに、きめ細かな「防災マップ」を作製して全世帯に配布。毎年、避難訓練を実施し、「地震があったら、すぐ高台へ逃げる」ことを周知、徹底してきました。

こうした自発的な努力の成果で花渕浜の人々の防災意識はきわめて高かったといわれ、今回の地震でも揺れを感じた直後、ただちに多くの住民が避難を開始しています。

（※）大木囲貝塚は面積約19万㎡（東京ドーム4個分）に及ぶ貝塚・集落跡。ここから出土した縄文式土器は「大木式土器」と呼ばれる。隣接する「歴史資料館」では、町内の遺跡の出土品、漁労具、農工具などが展示されている（本塩釜駅からバスで境山バス停下車、徒歩約5分）。

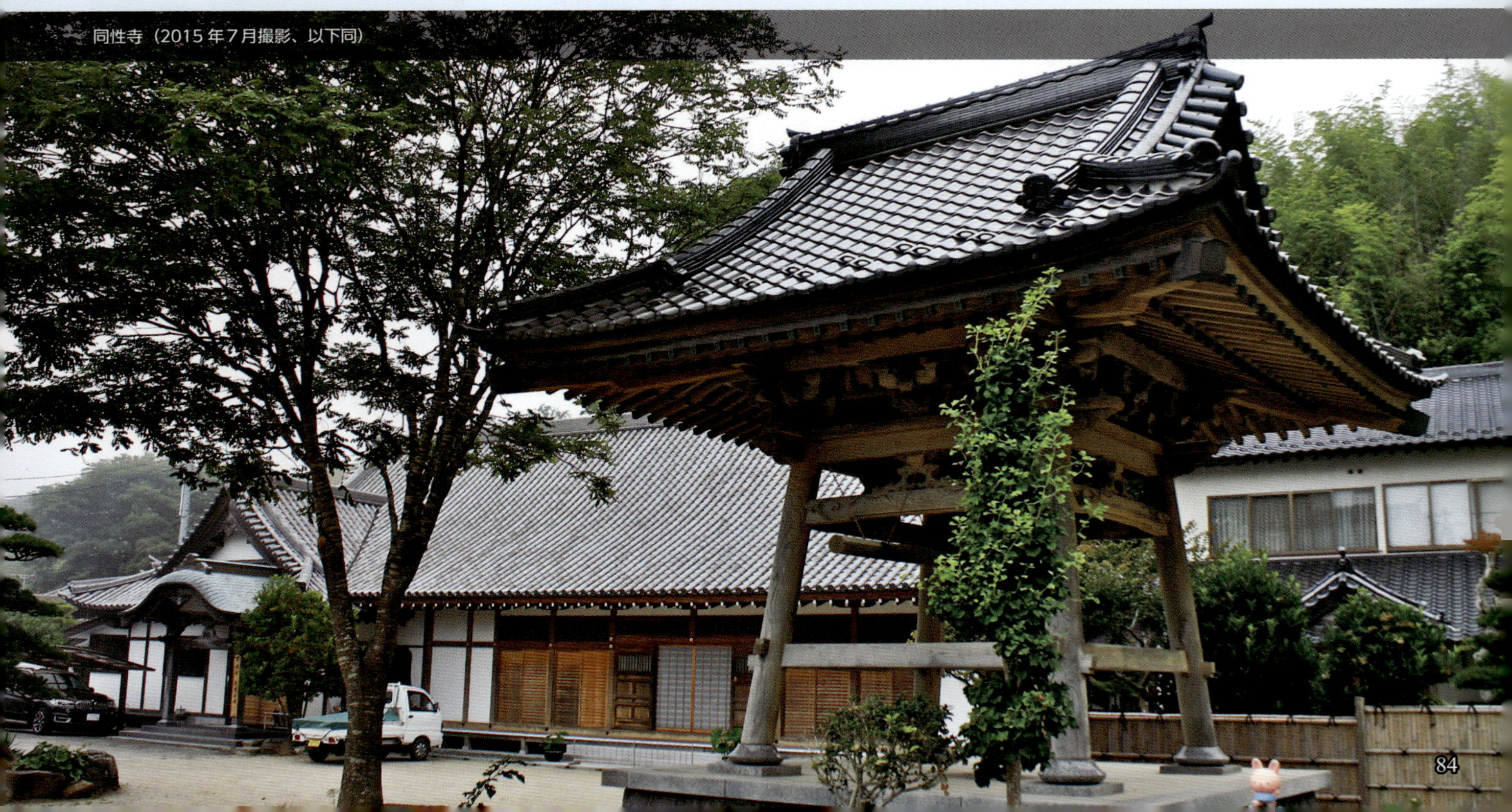
同性寺（2015年7月撮影、以下同）

3・11の大津波は二方向から襲来

震災当日、雪の舞い散る花渕浜地区に第一波の津波が到達したのは午後3時51分のこと。10mを超えたとされる大津波は、吉田花渕港側と表浜側の二方向から集落を急襲。二つの津波は、ぶつかり合って渦を巻きながら、家屋や車を一気に押し流しました。

しかし、地区内の住民はいち早く行動を開始します。同性寺は海抜3～4mの場所にあり、自主防災会が選定した12か所の一時避難場所の一つになっていました。そのため、強い揺れを感じた住民は迷わず徒歩や車で同性寺に向かって逃げ、最終的には47人の住民が同寺に避難しています。避難した住民たちは、隣接する幼稚園の送迎バスや各自の車の中に入り、エンジンをかけっぱなしにして寒さをしのいだと伝えられています。

そんなとき、避難者たちはラジオなどで予想される津波の高さが10mに高まったことを知ります。リーダー格の住民は、とっさの判断で「ここも危ない。もっと高台へ行こう」と提案。賛同した住民たちは、幼稚園のバスや各自の車に分乗して、より高台にある同寺墓地の駐車場に移動。全員の移動が終わったとき、つい先ほどまでいた幼稚園には津波が押し寄せていました。まさに間一髪で、避難者全員が助かったのです。

同性寺周辺は水没して孤立

ホッとする間もなく、避難者の苦しみはまだ続きました。同性寺は一時避難場所にすぎないため、さらに町指定の避難場所に向かおうとしていた矢先、寺周辺が水没して完全に孤立し、避難者は高台の墓地駐車場に取り残されてしまいます。結局、47人は駐車場に止めたバスや車の中で寒さに震えつつ不安な一夜を過ごすことに。

翌12日の午前10時半ごろ、待望の自衛隊のヘリコプターが駐車場に到着。隊員がロープで降下して、避難者の救助に当たりました。最初に救助されたのは心臓に持病のある90歳の女性だったそうです。ヘリによる避難者の輸送は計5回にのぼり、全員の救助を終えたのは午後4時ごろ。いったん自衛隊駐屯地や役場周辺に運ばれていた避難者は、その後、町指定の避難所である七ヶ浜国際村に移動して再会。ようやくお互いの生還を喜び合ったのです。

巨大災害の渦中にあって、幾多の紆余曲折はあったにせよ、花渕浜地区の住民がいち早く同性寺に避難し、その後も適切な判断でより高台に移動して全員助かったという事実は、同地区の自主防災会の長年にわたる熱心な取り組みと無縁ではありません。住民自身の自発的な事前防災対策の有効性を示す好例として、重要な教訓を残したといえます。震災後、今後の津波対策の参考にすべく他県からも花渕浜自主防災会への視察が相次いでいるそうです。

1 寺に到着した避難者は、より高台の墓地駐車場に移動して助かった
2 3 同性寺境内の海難殉職者慰霊碑（2）とお地蔵さま（3）
4 住民が最初に避難した和光幼稚園

33
多賀城市

末の松山
（宝国寺）

address　宮城県多賀城市八幡 2-8-28
access　JR 仙石線多賀城駅下車、徒歩約 10 分

歌枕の地「末の松山」（2015 年 7 月撮影、以下同）

契りきな　かたみに袖を　しぼりつつ　末の松山　波こさじとは

百人一首でおなじみのこの歌は、清少納言の父である清原元輔《もとすけ》が詠んだもので、『後拾遺和歌集』に収載されています。今風にいえば、「固く約束しましたね。涙でぬれた袖をしぼりながら。末の松山を波が越えることがないように、二人の心も決して変わらないと」といった意味の恋の歌です。

歌中にある歌枕の地「末の松山」は、『古今和歌集』や『源氏物語』など数多くの作品にも登場し、いずれも元輔の歌と同様に「波」という言葉とセットで使われています。なぜ、「末の松山」と「波」はいつも一緒に扱われ、「波こさじ」と表現されているのか。東日本大震災以後、869年（貞観《じょうがん》11年）に発生した貞観地震とのからみで、こうした議論が盛んに行われています。すなわち、これらの作品に登場する「波」とは、実は貞観地震の津波を指すのではないかと指摘されているのです。

「末の松山」の所在地については諸説（※）ありますが、かつて国府・多賀城が設置されていた現在の多賀城市八幡地区とする説が最も有力です。元輔は、この山を波が越えることはなかったと詠い、他の作品でも同様に記されています。ということは、「波＝津波」と考えた場合、貞観地震の津波は「末の松山」を越えなかったことはほぼ確実で、今に残る数々の和歌や物語はこの大津波の伝聞をもとに詠まれ、書かれたものといえます。

東日本大震災は1、000年以上前の貞観地震の再来ともいわれる巨大災害でした。では、今回の地震に伴う津波は、多賀城市にある「末の松山」を越えたのか、越えなかったのか。現地を訪ねて確かめてみました。

（※）「末の松山」の所在地は岩手県一戸《いちのへ》町の浪打峠とする説などもある。

3・11の大津波も「波こさじ」だった

仙石線の多賀城駅から歩いて10分ほどのところに、末松山の山号を持つ宝国寺があります。海から2kmほど内陸部に位置し、今回の震災で多くの住民が避難した寺です。

あの3月11日、宝国寺の門前の道路には2m前後と推定される津波が押し寄せ、檀家だけで約30人が犠牲になっています。しかし、同寺の建物は本殿の石段まで水に浸かった程度の軽微な被害ですんでいます。

宝国寺の裏には小高い丘があり、その頂上付近が歌枕の地「末の松山」だとされています。海抜は約10m。丘の上には樹齢450年以上ともいわれる2本のクロマツが寄り添うように立っていて、その足元には「末乃松山」と刻まれた石碑と古今和歌集・東歌の歌碑が建立されています。

八幡地区では、昔から「津波のときは末の松山に逃げろ」と語り継がれてきました。そのため、震災当日、この丘には約300人の住民が避難していました。津波は「末の松山」の周囲まで押し寄せましたが、頂上寸前でピタリと止まり、避難者は全員難を逃れています。「末の松山　波こさじ」の伝承の正しさが証明される結果となりました。

「末の松山」近くには、もう一つの歌枕の地「沖の井（沖の石）」があります。丘の上に掲示された案内板の表示に従い、南に抜ける道を下ると、ほどなく「沖の井」が見えてきます。池の中に奇岩が幾重にも重なったところです。

この岩石群は、かつて河口付近にあったものが津波で流されてきたものといわれ、小野小町や二条院讃岐《さぬき》らが歌を詠んだところとして知られています。

「末の松山」と「沖の井」は100mほどしか離れていません。が、今回の津波は標高の低い沖の井まで襲来し、池の中はコンテナやタイヤなど大量のがれきで埋まりました。つまり、津波襲来後の「末の松山」は、周辺が完全に水没し、丘の頂上付近だけが津波から免れて、孤島のような状態になっていたと推測されます。

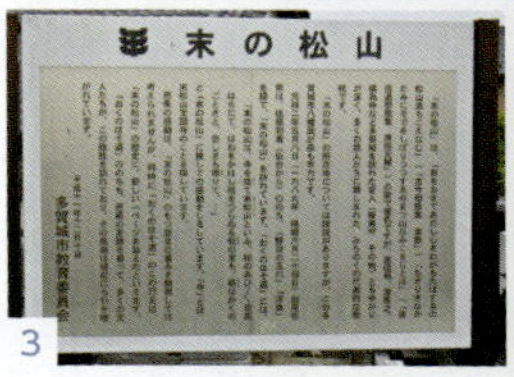

1 末の松山の2本の老松
2 古今和歌集・東歌の碑
3 末の松山の由来を記した説明板

『日本三代実録』の貞観地震の記述

平安時代の史書『日本三代実録』には、貞観地震のことを記したとみられる記述があります。以下、その要旨（現代語訳）です。

「陸奥国で大地震が発生した。海鳴りのあと、潮が湧き上がって川を逆流。押し寄せた海嘯（津波）で城は崩壊。津波はたちまち城下に達し、広大な範囲が水没。千人ほどが溺れ死んだ」

文中の「城」は多賀城と推定されており、貞観地震では城下一帯に甚大な被害が出たことが読み取れます。東北学院大学の河野幸夫教授は、海底地形などをもとに貞観地震をシミュレーション分析した結果、『日本三代実録』に記された内容は貞観地震の実態とほぼ一致すると述べています。

もう一つ、多賀城市には津波にまつわる伝説が残っています。「猩々《しょうじょう》」という赤ら顔の架空の動物が、自分の命を救おうとしたやさしい酒屋の娘に感謝して、「やがて津波が来る。そのときは末の松山さ逃げろ」と教えたという話です。後日、実際に大津波が襲来して、集落が壊滅する中、娘は教えられたとおりに「末の松山」に逃げて、ただ一人助かるという結末の民話です。

今回の震災では、これらの「波こさじ」の伝承や「猩々伝説」に導かれ、「末の松山」に避難して助かった住民が多数いました。この事実は、地域に伝わる伝説や伝承を軽視すべきではないという教訓として注目に値します。

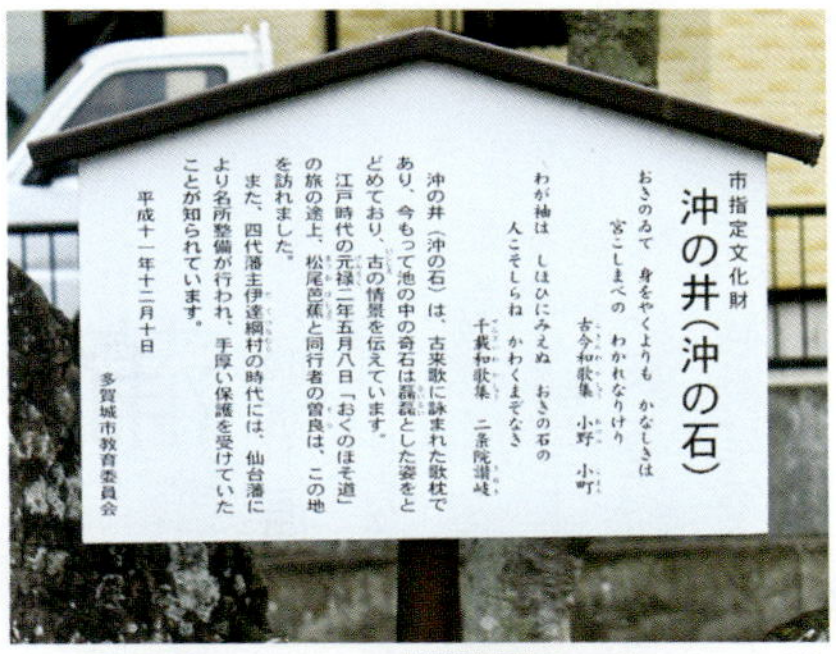

「沖の井」。池の中に積み重なった奇岩が往時の津波の衝撃を今に伝えている

蒲生干潟（2016年6月撮影）

34
仙台市

蒲生干潟《がもうひがた》

address　宮城県仙台市宮城野区蒲生

access　JR 仙台駅西口から蒲生行きバスで蒲生中区バス停下車
（車の場合は仙台東部道路の仙台港 IC から約8分）

蒲生干潟は、仙台市北部を流れる七北田川《ななきたがわ》の河口左岸に位置しています。面積は約5 ha。ここは汽水《きすい》（淡水と海水が混じり合った低塩分の水）環境下にあり、海と川から流れ込む豊富な栄養分に支えられて、希少生物を含む多種多様な生き物が生息している場所です。

蒲生干潟は、海岸に沿って延びた砂州《さす》によって内陸側にある袋状の潟湖《せきこ》が海と隔てられています。その湿地や砂浜にはハマヒルガオなど多彩な海浜植物が生育し、砂泥地にはゴカイ、カニ、貝などの底生動物が数多く生息しており、それらを餌とする魚や鳥も集まってきます。干潟は遠方から飛来する渡り鳥の採餌《さいじ》や休憩の場ともなっています。

干潟の生物調査を続けている鈴木孝男・東北大学大学院生命科学研究科助教は、蒲生干潟のことを、ボラなどの稚魚を育む「魚の保育園」であるとともに、エビやカニなどを育てる「ゆりかご」であり、さらにシギやチドリなどの水鳥が立ち寄る「渡り鳥の国際空港」でもあると述べています。さらに鈴木助教は、干潟は水を浄化する働きを持っており、豊かな漁業資源を育む場となっていることや、生物多様性について学べる教育や観光面の価値も忘れてはならないと指摘しています（※）。

東日本大震災の津波は、この貴重な干潟にも容赦なく押し寄せました。その結果、一時、干潟が消失し、生き物が激減して〝沈黙の干潟〟と化したこともありました。しかし、自然の復元力は私たちの想像を超えるものがあり、現在はゆっくりとですが元の姿を取り戻しつつあります。

（※）蒲生干潟は絶滅のおそれのある野生生物を記した「環境省レッドデータブック」に記載されたコクガン（国天然記念物）の越冬地であることなどから、国の鳥獣保護区特別保護地区に指定されている。

七北田川河口付近の干潟
（2015年9月撮影）

復活した干潟に生き物が戻った

仙台市科学館の現地調査によると、蒲生地区を襲った3・11の津波の高さは3～4・5mだったと推定されています。大津波の襲来で、干潟は海と潟湖を隔てていた砂州が寸断されて潟湖が消失し、水量の変化で河口が閉じてしまうなどの大きな打撃を受けました。さらに2011年秋に襲来した台風の影響も加わり、干潟は時間経過とともにその形状を刻々と変え、生き物の数も激減。当時、地元新聞は「干潟の復元は不可能」と報じたほどでした。

しかし、自然の回復力は驚くほどで、震災から3か月後には潮の満ち引きで徐々に砂が戻りはじめ、翌年には寸断されていた砂州が完全につながり、潟湖も復活。いったん閉じていた河口も、県の掘削工事という人手も加わって再び河口が開き、蒲生干潟は以前の姿に戻りつつあります。

その結果、現在の干潟には海浜性の動植物や渡り鳥が少しずつ戻りはじめ、イシガレイの稚魚や準絶滅危惧種に指定されている巻き貝「フトヘナタリ」なども確認されはじめています。ただし、種類数は震災前の状態に戻りつつあるものの、個体数はまだまだ少ないのが現状。とりわけ水鳥の数が増加傾向にあるのに対し、ヨシキリなど陸鳥の戻りが遅いのは、かつて干潟の周囲に広がっていたヨシ原（葦原《あしはら》）が消失したままになっているのが原因とみられます。多様な生き物でにぎわう元の干潟に戻るのには、もう少し時間がかかりそうです。

巨大防潮堤の建設に異論も

県は今、仙台湾沿岸部に高さ7・2mのコンクリート防潮堤をつくる計画を進めており、すでに七北田川の南側までの工事が完了しています。当初の計画では、防潮堤は蒲生干潟付近の旧防潮堤とほぼ同じ場所に設置されることになっていて、その一部が干潟にかかることから、干潟と後背地の湿地や草原が分断され、生態系に影響が出るとして住民や市民団体から計画の再考を求める声が出ていました。これを受けて、県は当初案から20～30m内陸側に移す新たな案を提示しましたが、住民たちは「まだ不十分」としており、防潮堤建設の今後はまだ確定していません。

加えて、地元の高校生たちも独自の「緑の防潮堤計画」をつくり、県に計画の見直しを迫っています。住民の要望も高校生たちの提案も、「干潟か人か」ではなく「干潟も人も」という視点に立っているのが特徴です。現在、岩手、宮城、福島3県の沿岸部では、同様の巨大防潮堤の建設計画が進行中で、どの被災地でも賛否が分かれる共通の問題となっています。その意味で、蒲生干潟周辺の防潮堤計画の行く末が注目されます。

いずれにしても、蒲生干潟が一日も早く元の姿を取り戻して、「魚の保育園」「渡り鳥の国際空港」としての役割を果たすことを祈りたいと思います。

1 2 日和山山頂から見た蒲生干潟（2016年6月撮影）
3 高砂神社。鳥居の奥に見えるのが仮本殿（同）

2

1

3

立ち寄りスポット

「日和山と高砂神社」

七北田川河口の北側には蒲生干潟を一望できる日和山がある。かつての標高は6・05m。一時、国土地理院の地形図に掲載されている山としては「日本一低い山」として認定されていたが、その後、大阪市の天保山（約4・5m）が掲載されたことで第2位となっていた。しかし、今回の地震で日和山は津波で土が削られたのに加え地盤沈下もあって標高がさらに低下。2014年の国土地理院の調査で標高3mと認定され、再び「日本一低い山」に返り咲いた。眺望がよく、初日の出のビューポイントとしても有名。

一方、干潟近くにある高砂神社は仙台藩三代藩主・伊達綱宗が建立したと伝えられる神社。3・11の津波で本堂や拝殿、鳥居が全壊したが、現在は同名の縁で兵庫県の高砂神社から寄進された仮本殿が設置されている。どちらも干潟から近いので、立ち寄ってみては。

35
仙台市

浪分神社《なみわけ》

address　宮城県仙台市若林区霞目 2-15-37

access　JR 仙台駅から市営バスで霞の目バス停下車、徒歩約 1 分

「あるとき大津波が押し寄せた。多くの溺死者が出たが、やがて白馬にまたがった海神が現れ、大波を南北に二分して鎮めた」。こうした津波伝説が語り継がれている神社があります。仙台市若林区にある浪分神社です。由来書によれば、1703年（元禄16年）、当時の村人たちが同区霞目《かすみのめ》の八瀬川《やせがわ》近くに小祠《しょうし》を創建したのがはじまりとされ、当初は稲荷神社と呼ばれて、現在地より500mほど東側に鎮座していたといわれます。

浪分神社のある仙台平野は、昔から幾度も巨大津波の被害にあってきたところです。古いものでは869年（貞観《じょうがん》11年）の貞観地震の大津波で甚大な被害が出たとの記録があり、1611年（慶長16年）の慶長三陸大津波では仙台領内で約1,700人の死者が出たと伝えられています。さらに1835年（天保6年）に起きた宮城県沖地震の津波でも、領内の数百の民家が流失、溺死者多数が出たとされ、冒頭に掲げた白馬伝説は、この大津波をきっかけに生まれたもののようです。

天保期には、その後もこの地に洪水や飢饉《ききん》などが相次いだことから、当時の神主が卜占《ぼくせん》と呼ぶ占いにより神社を約500m西方の現在地に遷座《せんざ》。翌年には新たに祭神「鸕鷀草葺不合尊《うがやふきあえずのみこと》」（※）のご神体を奉納し、石造りの鳥居を配して除災祈願を行いました。以後、この地の津波被害は減少したと伝えられています。社名を現在の「浪分神社」へと改めたのは1905年（明治38年）のこと。現在の浪分神社は「津波除け」「招福」の神社として地元住民の崇敬を集めています。

（※）『記紀』に記された「海幸山幸（うみさちやまさち）」神話に登場する神。山幸彦（やまさちひこ）と海神の娘である豊玉姫（とよたまひめ）の子とされる。

浪分神社（2015年9月撮影）

1 浪分神社の社殿（2015年9月撮影）
2 境内のお地蔵さまと湯殿山の碑（同）

津波伝承の正しさが事実で証明された

浪分神社は、今回の津波で市内最大の被害が出た荒浜地区の海岸から5・5㎞ほど内陸部に位置しています。海抜は約5m。陸上自衛隊霞目駐屯地のそばです。神社の境内には社殿・本殿のほかに公会堂が併設されており、鳥居近くにはお地蔵さまと湯殿山の碑があります。今回の震災では、社殿自体の被害は免れたものの、強烈な揺れで土壁造りの公会堂はほぼ全壊。震災後、倒壊した公会堂は板壁造りに姿を変えて再建されています。鳥居脇のお地蔵さまは、揺れのため真横を向いてしまいましたが、幸い台座からの落下は免れ、今は元通りの姿に復元されています。

3・11の津波は、仙台平野の防波堤の役割を担っていた高さ5mの海岸堤防と松の防潮林を苦もなく乗り越え、海岸線から約4㎞も遡上し、内陸深くまで達しました。このため、若林区の約6割が浸水。海沿いの荒浜地区の集落はほぼ壊滅し、犠牲者は約200人に及んでいます。しかし、津波は海岸と神社の間にある高さ6mの仙台東部道路にさえぎられてほぼ止まりました。東部道路は地区内では唯一の高台といえる場所で、当日は津波に追われた住民たちがこの道路に駆け上がって難を逃れています。

津波の一部は道路を越えてさらに内陸側に浸入しましたが、神社までは到達しませんでした。今回の津波浸水範囲を記した地図を見ると、遷座前の神社所在地を境に津波が二つに分かれる形になっていることがわかります。つまり、長く語り継がれてきた津波伝承の正しさが立証される結果となったのです。

震災後、荒浜地区に建立された「東日本大震災慰霊之塔」と「荒浜慈聖観音」（2014年1月撮影）

軽視できない大津波の伝承

震災前に実施された調査で、仙台平野には貞観地震など過去の巨大地震による津波が内陸深くまで到達していたことが判明しており、その際の津波堆積物も確認されていました。さらに浪分神社だけでなく、市内太白区の蛸《たこ》薬師堂（舞台八幡神社）にも「蛸が吸い付いた観音さまが流れ着いた」という津波を連想させる言い伝えが残っています。こうしたことから、一部の研究者は3・11以前からこの地に再び大津波が襲来するおそれがあると警鐘を鳴らしていました。

しかし、神社周辺の住民に「津波伝承を知っていたか」と尋ねると、「聞いたことがある」と答えた人は中高年以上の人に多く、若い世代では「聞いたことがない」という声がほとんどでした。

荒浜地区で自宅を流され、家族と知人3人が犠牲になったという50代の女性は、「祖父から、その言い伝えを聞いていたのに、まさかここまでは来ないだろうと油断したことが悔やまれてならない」と話します。

浪分神社などに伝わる津波伝承は、先人が後世の私たちに残してくれた貴重なメッセージでもあるわけで、地域に残る言い伝えを軽視してはならないという教訓を残したといえます。

神社近くにある二代目谷風の墓。谷風は霞目出身の江戸時代の名横綱。63連勝という当時の最多連勝記録保持者。震災時、この墓石は背後の木に守られて倒壊を免れた（2013年9月撮影）

36
名取市

閖上《ゆりあげ》漁港と日和山《ひよりやま》

address 【閖上漁港】宮城県名取市閖上 4-6
【日和山】宮城県名取市閖上 4-18

access JR 東北本線・仙台空港アクセス鉄道名取駅からバス（閖上線）で閖上小学校前バス停下車、徒歩約 20 分

宮城県中央部の太平洋に面した名取市。同市は、東日本大震災の大津波で市域の約3割が浸水し、死者・行方不明者は1、000人近くにのぼりました。とりわけ被害が大きかったのは沿岸部にある閖上地区です。

同地区の閖上漁港を襲った津波の高さは市内最大の約9mに達したと推定されています。そのため、閖上地区では海岸から1km以内にある木造住宅の大半が流失。さらに火災も発生したことから、地区内だけで犠牲者は約750人に達しました。この数字は市全体の犠牲者のおよそ8割に当たります。

名取川の河口に位置する閖上漁港は、特産の赤貝をはじめブリなどの水揚げ港として知られ、防波堤でカレイやハゼなどの釣りを楽しむことのできる、市民の身近な釣り場でもありました。その防波堤を越えて襲来した津波で、漁港の建物は辛うじて残ったものの、内部の設備がすべて流失。5t近くの漁船が陸に打ち上げられ、水揚げ場の路面が大きく陥没するなどの深刻な被害が出ました。

閖上地区の被害がここまで大きくなった理由は、①まさかこれほど大きな津波は来ないだろうとの油断があった②地区内のほとんどが平地で避難に適した高台が少なかった③当日、閖上大橋が死亡事故のため通行止めになった④車での避難者が大渋滞に巻き込まれて身動きがとれなくなった——などが考えられています。

日和山。左上は日和山から望む閖上漁港（2015 年 9 月撮影、以下同）

日和山は山頂まで津波にのみ込まれた

閖上地区には、津波犠牲者を悼む〝祈りの場〟であるとともに〝復興のシンボル〟となっているところが2か所あります。一つは、海岸から約700mの距離にある日和山です。その名が示すように、この地区の先祖が海の様子を見る「日和見」のためにつくった人工の山で、標高は6・3m。その山頂からは被災した閖上地区を一望することができます。

震災前、日和山の山頂には閖上湊《みなと》神社と冨主姫《とみぬしひめ》神社の2社が鎮座していました。しかし、ここに高さ8・4mの大津波が襲来。津波は山全体をのみ込み、両神社は頂上にあった津波碑（※）もろとも跡形もなく流失しました。さらに鳥居や参道階段の手すり、斜面の木々なども根こそぎ流されて、日和山は築山当時のようなはげ山と化します。津波終息後の山頂には民家の屋根などのがれきが山積みになっていたと伝えられています。当日、この山に避難していた中学生が、たまたま流れてきた漁船に飛び移り、海岸から2kmほど離れた五差路付近まで流れ着いて九死に一生を得たという話も残っています。

現在の山頂には、再建された冨主姫神社社殿（閖上湊神社仮殿）と両神社の神籬《ひもろぎ》（神が宿るとされる柱）が建立され、消失した鳥居も震災当時の流木を使って建て直されています。

※1933年（昭和8年）の昭和三陸大津波の様子を記した石碑で、「地震があったら津波の用心」との警告・教訓が刻まれていた。

1 日和山山頂に再建された冨主姫神社社殿（閖上湊神社仮殿）。その左右には両神社の神籬がある
2 更地に供えられた花とメッセージボードの言葉が胸を打つ
3 日和山から見た被災地
4 更地の中に建立された「寄り添いお地蔵さん」

東日本大震災慰霊碑

震災慰霊碑に込めた慰霊と復興への決意

もう一つは、2014年、日和山に隣接する場所に建立された「東日本大震災慰霊碑」です。慰霊碑は、犠牲者を偲《しの》び、3・11の記憶を後世に伝えるとともに、名取市と閖上地区の復興への強い決意を込めてつくられました。直径14mの芝生の盛り土「豊穣の大地」の上に、「種の慰霊碑」から発芽した「芽生えの塔」が天に向かってまっすぐ伸びるイメージが表現されています。慰霊碑の高さは、この地に到達した津波の高さと同じ8・4mに設計され、碑の左右には碑文とともに津波犠牲者944人の氏名を記した芳名板が設置されています。

現在も日和山の山頂で手を合わせる人が絶えません。慰霊碑の前にも遺族や地元住民のほか、国内外から連日多くの人が訪れて、静かに祈りをささげる姿が見られます。

震災から5年後の2016年3月11日、閖上地区で遺族らによる「追悼の集い」が開かれました。参加した約350人の遺族や住民たちは地震発生時刻の午後2時46分に黙とうした後、ハト形の風船360個を一斉に放ちました。空高く舞い上がった白い風船の一つひとつには、次のような思い思いのメッセージが書き込まれていました。

「いつまでもあなたを忘れない」

「閖上の復興を空から見守ってください」

仙台空港（2015年9月撮影）

37
名取市・岩沼市

仙台空港

address 【仙台空港ターミナルビル】宮城県名取市下増田字南原

access 【仙台空港ターミナルビル】JR仙台駅から仙台空港アクセス鉄道で仙台空港駅下車

仙台空港は年間約300万人が利用する東北の空の玄関口です。メーンゲートの空港ターミナルビルは名取市にあり、滑走路は名取市と岩沼市の2市にまたがっています。

震災直後、この空港に押し寄せる大津波の映像が繰り返し報じられました。滑走路に大量の車やがれきを巻き込みつつ濁流が流れ込む様子は、まだ私たちの記憶に鮮明に残っています。そのとき、空港はどのような状況に陥っていたのか。時系列で追ってみると――。

3月11日午後2時46分、地震発生。海岸から約1・4kmの距離にある滑走路はただちに閉鎖されました。70分後の同3時56分、第一波の津波が到達。数分のうちに空港全体が冠水して使用不能に。空港ターミナルビルは陸の孤島と化します。ビルの1階は3mほど水没。駐車場にあった多くの車が大量のがれきとともに敷地内に流れ込みました。当時、滑走路に駐機していた旅客機は無かったものの、小型機やヘリコプターなど数十機が被害を受けました。さらに、仙台駅と空港を結ぶ仙台空港アクセス鉄道も敷地内のトンネルが水没。以後、代行バスによる運行を余儀なくされます。

当時、空港ビル内には利用客をはじめ、避難してきた周辺住民、空港関係者など約1、600人がいました。その中には近隣の養護施設から避難してきた寝たきりのお年寄りや車椅子の人なども含まれています。住民たちはビルの2階や3階に避難し、支給された水と土産物店にあった仙台名物「笹かまぼこ」や仙台銘菓「萩の月」などを食べて飢えと渇きをしのいだといわれます。外は小雪。避難者は非常用に備蓄されていた1枚の毛布に数人が足だけを入れ、毛布のない人は段ボールやビニール袋などで寒さに耐えながら不安な一夜を過ごしたのです。

1

2

3

1 仙台空港（2015 年 5 月撮影）
2 空港から飛び立つ航空機（同）
3 空港ビル 1 階ロビーの柱には「津波到達高さ 3.02 m」と表示されている（同）

米軍と自衛隊が展開した「トモダチ作戦」

津波襲来後の11日夜、日本政府は駐日アメリカ大使に在日米軍の支援を要請します。これを受けて、米軍は将兵約2万4、000人、航空機約190機、艦船24隻を動員して大規模な支援活動を展開しました。いわゆる「トモダチ作戦」です。この作戦には自衛隊も加わり、以後、仙台空港はその拠点施設として使用されることになります。

翌12日午前10時22分、まだ空港周辺の水が引かない中、最初の救助隊が胸まで水につかりながら手漕ぎボートで到着。一部の負傷者などを救出しました。同日午後4時ごろ、がれきを撤去し、ようやく車1台分の通路を確保。空港の孤立状態が解消されました。13日、空港周辺の水が引きはじめ、高齢者や女性、子どもから空港からの脱出を開始。16日に最後に残った住民約100人が空港を後にし、避難者全員が助かったのです。

驚異的な速度で空港機能が復旧

当初、空港が復旧するのには半年はかかるだろうとみられていましたが、予想を上回るスピードで空港は復旧していきます。まず15日には滑走路500mを確保してヘリコプターの離着陸を可能にし、さらに翌16日には1、500mを確保して緊急物資を運ぶ米軍輸送機が離着陸できるようになりました。そして、震災から18日たった29日、3、000m滑走路すべてが使用可能になりました。

震災1か月後の4月13日、最初の民間飛行機（臨時便）の運航を再開。7月25日には国内定期便も運航を再開し、約半年後の9月25日にはターミナルビルが復旧して、国際線の運航も再開されました。水没した仙台空港アクセス鉄道も10月1日に全線復旧を果たしています。

「トモダチ作戦」に従事した米軍兵士は、仙台空港の復旧活動を行っただけでなく、大量の食料品、水、毛布、燃料などを被災各地に届け、さらに自衛隊とともに、孤立していた気仙沼市の離島・大島での救援活動、三陸沖での行方不明者の捜索活動、JR仙石線のがれき撤去作業なども行っています。

不眠不休でこうした活動に従事してくれた米軍兵士らに謝意を伝えるために、4月には住民の一人が空港近くの海岸に流木を使って「ARIGATO」の文字を書きました。1週間後、その文字は空港の復旧作業に当たっていた米軍司令官に発見されます。その際、司令官は「苦境の渦中にありながら、感謝の気持ちを表す日本人の心情に胸を打たれた」と語ったと伝えられています。

仙台空港（2015 年 9 月撮影）

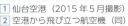

38
岩沼市～石巻市

貞山運河《ていざん》

address　宮城県岩沼市から名取市、仙台市、多賀城市、塩竈《しおがま》市、松島町、東松島市などを経て石巻市まで（図参照）

access　各市町の観光担当課または観光協会などにお問い合わせを

貞山運河は、仙台湾沿いに岩沼市の阿武隈《あぶくま》川河口から石巻市の旧北上川河口まで続く日本最大の運河です。総延長は約49㎞（現存約46㎞）。貞山堀と呼ばれることもあります（※）。今から約400年前、仙台藩主・伊達政宗の命で最初の堀（木曳《こびき》堀）が開削されたのがはじまりとされ、「貞山」の名は政宗の諡《おくりな》（戒名）である「瑞巌寺《ずいがんじ》殿貞山禅利大居士《でんていざんぜんりだいこじ》」に由来するといわれます。

運河の開削工事は、米などの物資を運ぶための舟運《しゅううん》を目的にはじまり、その後も工事は江戸期を経て明治期以後も数次にわたって続けられ、現在の運河の姿になったのは1884年（明治17年）のこと。つまり、貞山運河は3世紀近くにわたる大工事の末に完成した、歴史的にも貴重な土木遺産です。物流の手段が従来の水路主体から陸路主体にシフトした現在は、運河が舟運に用いられることは少なくなり、今では主に農業用水路として活用されています。

震災前の貞山運河は、両岸にクロマツの並木が連なる美しい景観で知られ、昔から多くの著名人も訪れていました。たとえば、民俗学者の宮本常一《つねいち》は著書の中で貞山運河にふれ、**「この堀とこの松を見るとき、人間のたくましい努力に深く心を打たれる」**（『マツと日本人』）と述べ、作家の司馬遼太郎も**「これほどの美しさでいまなお保たれていることに、この県への畏敬を持った」**（『街道をゆく26　仙台・石巻』）と、その水際風景の素晴らしさを讃えています。

（※）貞山運河とは、阿武隈川から松島湾に至る「木曳堀」「新堀」「御舟入（おふないり）堀」の3つの堀と、松島湾から旧北上川に至る「東名（とうな）運河」「北上運河」の2つの運河の総称。狭義には「木曳堀」「新堀」「御舟入堀」の三堀だけを貞山運河と呼ぶこともある。

貞山運河（名取市仙台空港付近、2015年9月撮影）

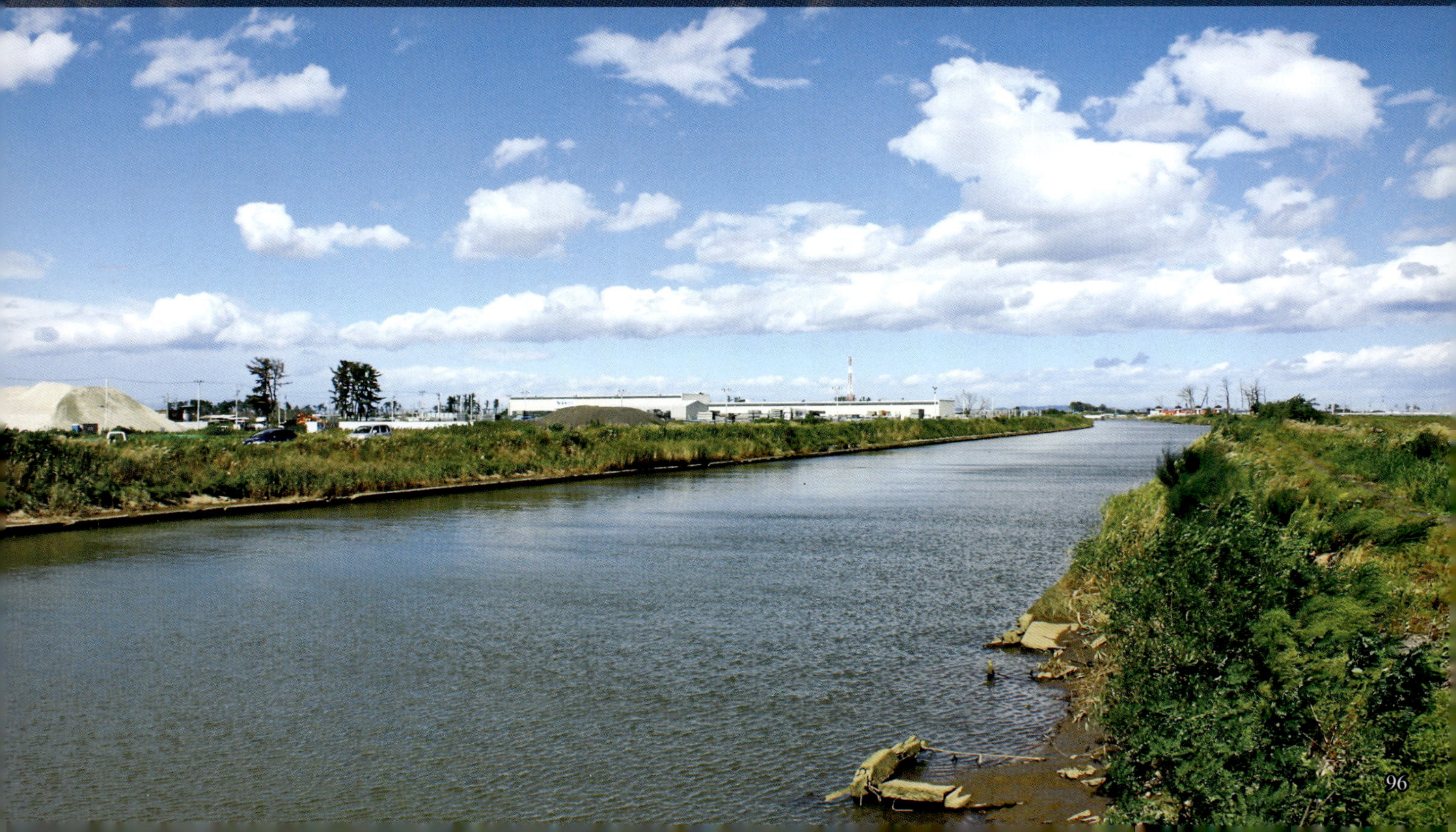

3・11の大津波は貞山運河を越えた

今回の震災では、仙台湾沿いの海岸にも10mを超える大津波が押し寄せ、運河周辺の集落は広大な範囲にわたって壊滅的な被害を受けました。運河そのものも、強烈な揺れと巨大津波の襲来により、堤防や護岸の決壊をはじめ、閘《こう》門《もん》（※）や水門、橋などの流失・崩壊、さらに各所で地盤沈下が発生するなどの甚大な被害が出ました。残念なことに、周辺住民にとっては故郷の原風景ともいえる松並木も大半が流失してしまいました。

震災前、仙台市若林区荒浜の貞山運河近くに住んでいた元漁船船長の佐藤豊さんは、「この付近の住民の多くは、まさか貞山堀までは津波は来ないだろうと考えていたのではないか」と言います。自宅を津波で流され、現在は同市太白区に住む佐藤さんは、「今にして思えば、地震発生から津波が来るまで1時間近くも余裕があったのに逃げ切れなかった人が多数いたことは残念でならない」と悔しがります。佐藤さん同様、この地に住んでいた住民の多くは、「津波は堀を越さない」と思っていたと語っており、津波発生時の安易な油断は人命に直結するおそれがあるという重要な教訓となりました。

※運河などの高低差のある場所で水面を昇降させて船を就航させる装置、または水量を調節するための堰（せき）。

津波で流された自宅跡に立つ佐藤豊さん（2014年1月撮影）

貞山運河が津波の勢いを弱めた!?

その一方で、3・11の津波を目撃した住民の中から、「貞山運河を境に津波の勢いが変わった気がする」との証言が相次ぎました。その後、専門家による検証や実験でも、運河が津波の威力を弱めたことをうかがわせる結果が判明しつつあります。とくに、運河が津波の到達時間を遅らせる上で一定の効果があったことが確認されたことは注目されます。とはいえ、運河と河川の合流点付近では、河川を介して運河から先に津波が襲来した事例なども報告されており、運河の津波減衰効果を過信するのは危険です。まだ研究ははじまったばかり。今後のより詳細な検証が待たれるところです。

現在、宮城県は「貞山運河再生・復興ビジョン」を策定し、震災復興のシンボルとして被災した運河の再生に向けた取り組みを開始しています。その一環として、運河沿いに桜を植える活動もすでにスタートしました。貞山運河のほとりを満開の桜が彩る日もそう遠くはないようです。

貞山運河（仙台市、2015年9月撮影）

貞山運河（名取市閖上地区、同）

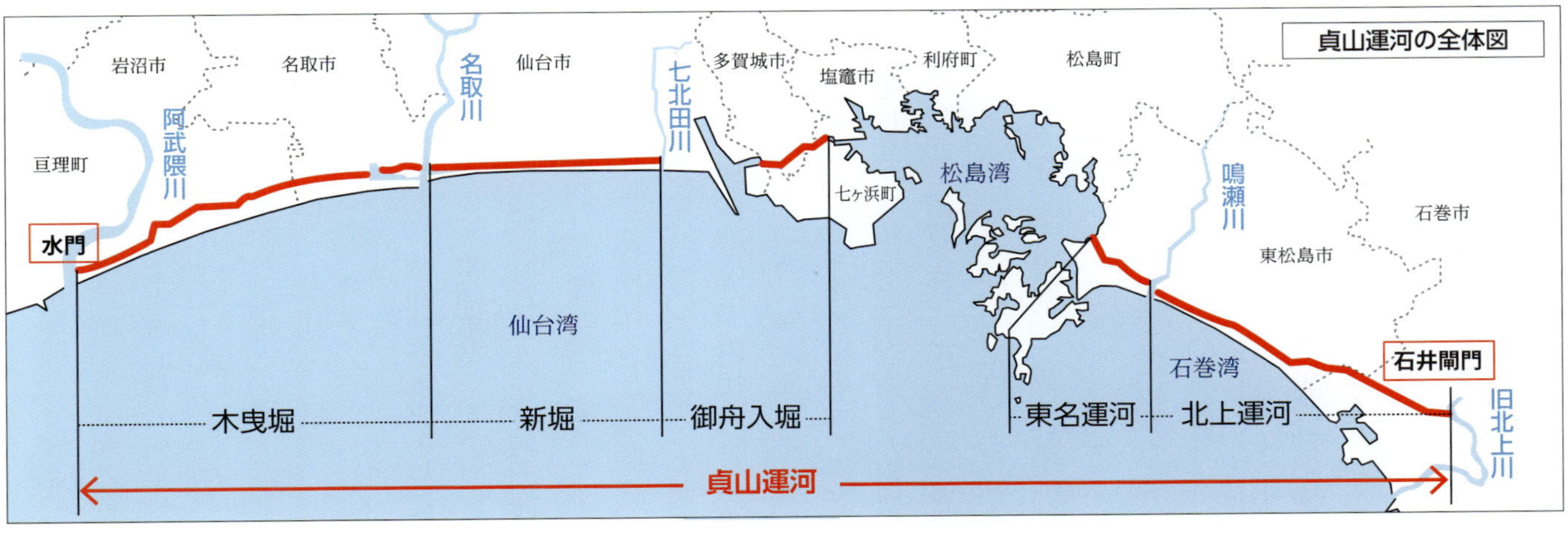

「千年希望の丘」公園内の「東日本大震災慰霊碑」（2015年9月撮影）

39
岩沼市

千年希望の丘

address　宮城県岩沼市下野郷字浜地内

access　JR仙台駅から仙台空港アクセス鉄道で仙台空港駅下車、徒歩約20分

宮城県南部の岩沼市は、東北本線と常磐線の分岐点に位置し、さらに国道4号と6号が合流する交通の要衝です。同市は、今回の震災による津波で市域面積の約半分が浸水し、死者・行方不明者は200人近くに達しました。とりわけ市の沿岸部は集落が壊滅状態になるほどの甚大な被害が出ました。そこで岩沼市は、2011年9月、県内の自治体では最も早く「震災復興計画」を策定、いち早く復旧・復興に向けた取り組みを開始しました。市が復興計画の柱に据えたのは、津波除け「千年希望の丘」整備事業です。

震災当日、8mに達した大津波に追われた3人が、岩沼海浜緑地にあった高さ10mの丘に駆け上って危うく難を免れたという事例が市内でありました。「千年希望の丘」構想は、こうした市内外の事例なども考慮に入れつつ、「減災」を基本理念として立案されています。具体的には、約10kmにわたる市の沿岸部に、①震災で発生したがれき（再生資材）を活用して緊急時の避難場所となる避難丘「千年希望の丘」を15基造成する②それぞれの避難丘を、3mほど土を盛って植樹した園路「緑の防潮堤」でつなぎ、津波エネルギーの減衰をはかる③エリア全体をメモリアルパーク（防災公園）として整備し、生物多様性の拠点施設とするとともに、津波被害の伝承や防災教育の場とする——という内容です。

つまり、国が実施する防潮堤工事、県が行う河川堤防のかさ上げ工事と並行して、市は命を守る砦としての避難丘「千年希望の丘」と園路「緑の防潮堤」を築造し、防潮堤、河川堤防、「千年希望の丘」の3つが一体となった多重防御の構造で津波の衝撃を弱め、被害を最小限に食い止めようという構想です。これは、大量に発生した震災がれきの処理と津波の威力の減衰を目指すという、一石二鳥のアイデアでもあります。

2 第一号丘の頂上にある日時計（2013年9月撮影）
3 第二号丘（2014年6月撮影）

1 第一号丘。この階段は被災した家屋の梁などが再利用されている（2013年9月撮影）

全国のボランティアが約28万本の苗木を植樹

震災の記憶と教訓を千年先まで伝え、未来の子どもたちに希望を届けたい――。岩沼市が推進している「千年希望の丘」整備事業には、こうした壮大な願いが込められています。造成工事は着々と進み、2013年6月、同市相野釜《あいのかま》地区に「千年希望の丘」第一号丘が完成しました。第一号丘の築造には震災がれきを含む土砂約3万5、000㎥が使われています。あわせて実施された植樹祭には、全国から約4、500人のボランティアが駆け付けて、約3万本の苗木を植えました。

植樹を指導したのは植物生態学者の宮脇昭・横浜国立大学名誉教授です。宮脇教授は、震災直後から「瓦礫《がれき》を活用した森の防潮堤構想」を提唱してきました。すなわち、震災で発生したがれきを活用してマウンド（盛り土）を築き、そこに地中深く根を張るタブノキやアラカシなど、その土地本来の多種類の苗木を混植し、津波の威力を弱める「緑の防潮堤」をつくるという方法です。この植樹祭でも、いわゆる「宮脇方式」に基づき、がれきを活用した盛り土に17種の広葉樹などの苗木が植えられました。

2014年5月には2回目の植樹祭が行われ、約7、000人のボランティアが約7万本の植樹を行い、2015年以後も継続的に植樹祭が実施されています。2017年に実施された5回目の植樹祭では、約4、000人のボランティアの手で新たに約3万本の苗木が植えられ、これまでの植樹本数はすでに約28万本に達しています。

3つの避難丘が完成 震災慰霊碑も建立

第一号丘の完成に続き、2013年度から新たに6基の丘と約4㎞の緑の防潮堤の築造を開始。すでに第一号丘の西側約300mの場所に第二号丘が、南側約1・4㎞の位置に第三号丘が完成しています。

2014年5月には、公園内に東日本大震災慰霊碑が建立されました。慰霊碑は人と人が支え合うイメージでつくられ、中央に「鎮魂」「記憶」「希望」を象徴する鐘が配されています。高さは台座を含めて8m。3・11を忘れないために、この地を襲った津波と同じ高さに設計されています。碑の右手には3・11の被災状況、犠牲者を追悼する言葉、復興への誓いなどを刻んだ「伝承碑」があり、左手には津波で犠牲となった市民や殉職した警察官、消防団員など155人の氏名を刻んだ「刻銘碑」が並んで立っています。この慰霊碑は「千年希望の丘」公園のシンボル的存在となっていて、連日全国から多くの人が訪れ、手を合わせる姿が途絶えません。

植樹した苗の生育推移

全国のボランティアが植樹祭で植えた樹木の苗は、その後どのように生育しているのか。第一号丘に植えられた苗木を定点撮影してみた。写真でおわかりのように、今のところ順調に育っているようだ。東北の沿岸部という厳しい環境下ではあるが、津波除けの立派な森になるように祈りたい。

植樹から3か月後　2013年9月

1年後　2014年6月

2年3か月後　2015年9月

3年後　2016年6月

わたり温泉鳥の海（2015年9月撮影、以下同）

40
亘理町

わたり温泉鳥の海

address 宮城県亘理郡亘理町荒浜字築港通り41-2

access JR常磐線亘理駅から町民バス（荒浜線）でわたり温泉鳥の海前バス停下車（平日のみ運行）／仙台東部道路亘理ICから車で約15分

宮城県南部の阿武隈川南岸に位置する亘理町《わたり》。「わたり」という地名は、「川を渡る地」に由来するといわれています。

阿武隈川の河口南側には、土砂がせき止められてできた汽水湖「鳥の海」があります。「鳥の海」は大潮のときは干潟となるため、その名のとおり渡り鳥など野鳥の生息地として知られ、環境省の「日本の重要湿地500」の一つにも選定されています。

町営温泉施設「わたり温泉鳥の海」は、「鳥の海」のほとりの荒浜地区にあります。海岸からの距離は150mほど。この地に温泉が発見されたのは2002年のことで、その6年後の2008年から5階建ての建物で温泉業務を開始していました。泉質の良さに加え、最上階の展望浴場からは太平洋が一望できる眺望の素晴らしさもあって、震災前は潮風を感じられる温泉として多くの宿泊客でにぎわっていました。

ところが、東日本大震災の大津波は荒浜地区の家屋を次々とのみ込みながら、亘理町観光の拠点施設だった「わたり温泉鳥の海」にも襲来。津波は1階ロビーの天井裏付近（普通の建物なら2階部分に相当する高さ）まで達しました。また地震の激しい揺れのため、建物の玄関前では液状化現象も発生。以後、温泉は長期にわたって営業休止に追い込まれることに。

幸い建物自体は津波に耐えて残り、泉源も無事だったことから、町は震災直後から温泉の再開準備を進めてきました。そして震災からおよそ3年半後の2014年10月、ようやく修復が完了し、日帰り入浴限定とはいえ待望のリニューアルオープンにこぎつけたのです。

建物の屋上から津波の襲来を撮影

津波襲来時、「わたり温泉鳥の海」には利用客や避難してきた住民、職員など約40人がいました。

午後3時52分ごろ、津波の第一波が襲来。その2分後と5分後にも立て続けに大津波が建物を急襲し、1階ロビーは完全に冠水。住民たちは孤立状態になり、全員が建物の5階から屋上へと避難し、そのまま不安な一夜を過ごすことに。第三波の津波襲来後の荒浜地区は、家屋も車も渦の中にのみ込まれていました。

翌朝、建物内に多くの避難者がいることを知らせるために、シーツを引き裂いて屋上にSOSを描き、水が引きはじめたのを見て職員が屋外に脱出。周囲の様子を探るとともに役場に直行して館内の状況を報告しました。発災から2日後の13日朝、ようやく水が引いた駐車場に自衛隊の大型ヘリが到着。避難していた全員が無事救出されたのです。

4月3日、地方紙「河北新報」に荒浜地区を襲った津波の写真3点が大きく掲載されました。大津波襲来の瞬間を撮ったなまなましい写真は、そのとき建物内にいた温泉臨時職員の白井龍治さんが屋上から撮影したものです。

震災後のわたり温泉鳥の海（中央）の周囲は荒涼たる更地と化した

5階の大浴場からは太平洋が一望できる

震災前の「わたり温泉鳥の海」は、1階がロビー、2階が宴会場、3階が宿泊スペース、4階がレストラン、そして5階が浴場になっていました。日帰り入浴を再開したあとも、2階から4階までは営業休止が続いていて、当分の間は宿泊することはできなくなっています。

震災前まで館内1階で営業し利用客の人気を集めていた産直施設「鳥の海ふれあい市場」も、津波終息後の一時期、仮設店舗での営業を余儀なくされていました。しかし、2014年10月、荒浜漁港近くに町水産センター「きずなぽーと〝わたり〟」が新たにオープンし、現在はその1階に移転して営業を再開しています。さらに2015年3月には「鳥の海ふれあい市場」の近くに、被災した飲食店など8店舗が並ぶ「荒浜にぎわい回廊商店街」もオープンしました。アルミ製アーケードが設置された「回廊商店街」では各種のイベントなども開催され、荒浜地区は徐々に昔のにぎわいを取り戻しつつあります。

「わたり温泉鳥の海」5階の展望浴場からは、東に太平洋と牡鹿《おしか》半島や金華山が望め、また西を見れば蔵王連山が一望できます。その絶景を眺めながらひと風呂浴びたら、「ふれあい市場」や「回廊商店街」にもぜひ足を延ばしてください。「ふれあい市場」では、亘理名物の郷土料理「はらこ飯」（※）などが食べられるほか、漁港直送の新鮮な魚介類や地元産の旬の野菜などが購入できます。

※亘理町を中心に県内全域に伝わる郷土料理。もともとは家庭料理なので作り方はさまざまだが、一般には鮭の煮汁で炊いたご飯の上に鮭の身とはらこ（イクラ）をのせたものをいう。農林水産省の「農山漁村の郷土料理百選」に選定されている。

「はらこ飯」のシーズンは秋で、他の季節には町内各店で「ほっき飯」や「あさり飯」などが味わえる。

「きずなぽーと“わたり”」。1階に「鳥の海ふれあい市場」がある

荒浜漁港。この右手に「きずなぽーと“わたり”」がある

41
山元町

戸《と》花《はな》山《やま》

address 宮城県亘理郡山元町字戸花山 20　access 常磐自動車道山元 IC から車で約 20 分

宮城県南部に位置する山元町。同町の沿岸部にはJR常磐線と国道6号が並行して走り、町を南北に貫いています。「津波が常磐線を越えることはないだろう」。これまでの経験から、町民の大半はこのように考えていたそうです。ところが、3・11の10mを超える巨大津波は常磐線を越えただけでなく、一部はさらに国道も越えて内陸深くまで襲来。そのため町域の約4割が浸水し、約700人が犠牲になるという甚大な被害が出ました。

常磐線と国道6号の間にある戸花山地区も、大津波に急襲され、集落内の家屋がほぼ流失するなどの壊滅的な被害を受けました。

戸花慈母観世音（2015 年 9 月撮影、以下同）

現在、同地区は災害危険区域に指定されて住民の居住が制限されています。

こうした事態を受けて、震災後、戸花山地区の被災者から「津波で犠牲となった人々を慰霊する〝祈りの場〟をつくりたい」との声がわきあがります。その後、趣旨に賛同した県内外の人々が支援に駆け付けたこともあって、震災から3年8か月後の2014年11月、同地区の戸花山の山すそに〝祈りの場〟としての観音像が建立されました。「戸花慈母観世音」です。

観音像建立の発起人となったのは、町内に残る民話の保存と普及活動を続けてきた「やまもと民話の会」と、この地に長年受け継がれてきた「戸花念仏講」の二つの住民組織。その住民の願いを、ボランティアグループ「戸花山桜の会」や「山元町おてら災害ボランティアセンター（テラセン）」など多くの人々が協力・支援する形で、観音像の建立にこぎつけたのです。被災者たちの切実な願いが込められた戸花慈母観世音は、高さ1mの台座の上に、子どもを抱いた観音さま（高さ1・2m）が立ち、柔和な表情で被災地と海を静かに見つめています。

1 被災地を見つめる観音像
2 観音像の足元に置かれた「おいのり地蔵」「めごめご（かわいいの方言）地蔵」「いねむり地蔵」「ありがと地蔵」

家ごと流されて 大波の中を漂流

観音像建立の中心的役割を果たしたのは、「やまもと民話の会」代表の庄司アイさん（当時77歳）。発災当日、庄司さんは夫と中学生の孫とともに常磐線旧坂元駅近くの自宅にいました。強い揺れを感じつつ家にいたとき、2階まで達した大津波に襲われ、急ぎベランダへと避難します。が、津波の勢いは激しく、3人は家ごと流されてしまいます。なすすべもなく1km近くも漂流。引き潮で今度は家が海の方向に引き戻されますが、辛うじてがれきの山に引っかかって海の手前で止まりました。3人はそのまま家の中で寒い一夜を過ごし、翌日、奇跡的に救出されたのです。「一時は死を覚悟した」と言います。

そのとき、庄司さんは自分がこれまで語ってきた民話の中に、津波にまつわる話がいくつもあったことを思い出したそうです。たとえば「船越地蔵」という民話は、あるとき大津波が来て、村人がお地蔵さまを船に乗せて避難したところ、津波で船ごと丘の上に運ばれた、という話。地元ではこうした津波の話が長く伝わり、しかも自分がそれを何度も語ってきたにもかかわらず、今回はなぜ逃げなかったのだろうかと自問自答したと言います。

その悔しさと反省を込めて、庄司さんはもう一度、語り部として自身の体験をありのままに伝えながら、先人が残してくれた津波教訓を語っていこうと決意します。

「何も無い場所に ぜひ祈りの場を！」

庄司さんは、さっそく「民話の会」のメンバーに呼びかけ、手分けして町民60人から被災体験の聞き取りをはじめます。庄司さんらが「聞きながら泣き泣きメモをとった」内容は、第1集『証言』、第2集『声なき声に寄りそう』、第3集『鎮魂・復興へ』の3冊の冊子にまとめられました。これが大きな反響を呼び、現在は3冊の内容を1冊にまとめた証言集『巨大津波―語りつぐ·小さな町を呑みこんだ』（小学館）として刊行され、書店でも購入できるようになっています。

戸花山地区では、お盆やお彼岸に長い数珠をみんなで回しながら先祖を供養する「念仏講」が昔から受け継がれてきました。念仏講の数珠も津波で流されましたが、後日、無事発見され、震災の年の12月には、長い数珠を回して津波犠牲者を供養しました。観音像が設置された場所は、先祖代々、住民たちが念仏講を行ってきた場所でもあります。

庄司さんが属していた地区の班には16軒の家がありましたが、家族が全員無事だったのは庄司家を含めてたった3軒だけ。しかも、その故郷の地は今では住民が住めない「何も無い場所」となっています。それだけに、「せめて手を合わせる場所がほしい」という住民の願いは切実なものがありました。3・11以後、被災各地でさまざまな震災モニュメントが建立されましたが、そのほとんどは行政主導で設置されたもの。この「戸花慈母観世音」は、被災者自らが発案し、周囲に協力を呼びかけて設置にまでこぎつけたという点で注目に値します。

「戸花山南広場入口」の看板が目印

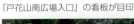

42
山元町

旧中浜小学校と千年塔

address 宮城県亘理郡山元町坂元字久根 22-2　access 常磐自動車道山元 IC から車で約 25 分

宮城県山元町の沿岸部は、東日本大震災の大津波に襲われて壊滅的な被害を受けました。同町の坂元地区も家屋の大半が流失するなどの甚大な被害を受け、今は建物の無い荒涼とした風景が広がっています。その「何も無くなった場所」の一角に、ポツンと2階建ての校舎が残っています。海からわずか数百mの距離にある旧中浜小学校です。津波で被災したため、現在の中浜小は町内の坂元小学校に統合されて、この旧校舎は廃校となっています。

地震発生時の中浜小は、上級生が午後の授業中で、下級生はすでに授業が終わって上級生と一緒に下校するため校庭で遊びながら待機していました。そこを強烈な横揺れが襲います。テレビでは「10分後の津波到達」を報じていました。同校の危機管理マニュアルは、「津波到達まで20分以上の場合は二次避難所の坂元中学校への避難」と定めていました。が、校長をはじめ教職員は「津波到達までの時間が10分では低学年の足ではとても間に合わない」と即断。徒歩での避難をあきらめ、ただちに児童に対し校舎2階に上がるよう指示しました。

当時、校舎内には児童、教職員のほかに、迎えにきた保護者や避難してきた近隣住民など総勢90人がいました。児童や住民たちは全員校舎の2階に上がり、さらに屋上に上って待機します。午後3時45分ごろ、第一波の津波が校舎に到達。以後、立て続けに四波の津波が校舎を直撃しました。10mに達したとみられる大津波は校舎2階の天井付近まで到達、しぶきは屋上まで達したそうです。頑丈なつくりの校舎は地震と大津波に耐えて残りましたが、周囲は水没して陸の孤島と化し、児童たちは完全に孤立。そのまま屋上の屋根裏倉庫で寒い一夜を過ごすことになったのです。

旧中浜小学校。津波で大破した体育館はすでに撤去され、校舎は震災遺構としての保存が検討されている（2015 年 9 月撮影、以下同）

「暖かい朝日は必ず昇るから」

夜が近づくにつれて校舎内の気温はますます下がり氷点下に。しかも校内には食料も水も一切ありません。児童たちは寒さにふるえ、空腹を抱えて、一様に不安そうな表情をしていました。そこで校長は次のように述べて子どもたちを励まします。

「今夜はここで泊まります。食べ物はありません。水もありません。とても寒くなります。でも、みんなで朝までがんばろう。暖かい朝日は必ず昇るから」

その後、教職員たちは仮設トイレを設置し、屋根裏倉庫での籠城態勢を整えました。寒い夜を耐え抜いた翌朝、上空を飛んでいた自衛隊の大型ヘリが校舎内の児童たちを発見し、避難住民も含めて全員が無事救出されたのです。後日、町内で語り部活動を続けている「やまもと民話の会」（102、103ページ参照）は、当時の中浜小児童たちの奇跡的生還の様子をまとめた紙芝居を制作し、防災教育や語り部活動に活用しています。一般社団法人東北お遍路プロジェクトが制作を支援した紙芝居のタイトルは「朝日はきっと昇る」でした。

以前の中浜小の校舎は、海に近いこともあって高潮のたびに浸水していたため、1989年に新設された校舎は、1・5mほどかさ上げした土地の上に建てられ、しかも堅固なつくりだったことが流失や崩壊を免れた要因でした。さらに、学校が津波浸水域に位置していたため、すべての教職員が津波に対する強い危機意識を共有していたこと、避難マニュアルを事前に準備して防災訓練を繰り返し実施していたことなどが、発災時の教職員の迅速かつ的確な判断につながり、児童たちの命を救った要因になったと考えられます。

旧中浜小の隣に建立された「千年塔」

津波に耐えた木に復興を願う無数の旗がはためいていた

「震災の記憶と教訓を千年先まで伝えたい」

発災から2年後の2013年3月、旧中浜小に隣接する墓地の跡に、震災犠牲者を慰霊する「千年塔」が建てられました。約60㎡の土台の上に御影石でできた高さ3・8mの「五輪塔」（※1）と「摩《ま》尼車《にぐるま》」（※2）などが設置され、その右隣には東日本大震災の犠牲者137人の名前を刻んだ「慰霊碑」が併設されています。「千年塔」の名には、「この地で起きた震災の記憶と教訓を千年先まで伝えたい」という被災者たちの強い想いが込められています。

千年塔近くの更地の中に、津波に耐えて残ったケヤキの大木があります。その木の枝には、全国から寄せられた復興を願う応援の旗と、それに対する被災者の感謝の気持ちを記した旗が結びつけられています。記した人それぞれの願いと想いが込もった無数の旗は、今日も潮風に吹かれてはためいています。

1 「千年塔」は県道38号沿いにある
2 摩尼車（左）と千年塔建立の経緯を記した石碑

（※1）五輪塔は万物の五大要素を象徴し、下の石から地・水・火・風・空を表している。この塔を拝むことは、犠牲者を慰霊するとともに、5つの要素が輪のごとく欠けることなく、海山千里が安泰であることを念ずることでもあるとされる。
（※2）仏具の一つで、円形の車を回転させると、その数だけ経を唱えたのと同じ功徳があるといわれる。

43
山元町

磯崎山公園
（唐船番所跡）

address 宮城県亘理郡山元町坂元字浜谷地 44-1　access 常磐自動車道山元 IC から車で約 15 分

藩政時代、仙台藩には外国船を監視するための番所が5か所設けられていました。その一つが、宮城県山元町の磯崎山に置かれていた「磯浜唐船番所《からふねばんしょ》」です。磯崎山は福島県との県境近くにある小高い丘で、現在は公園として整備され、その頂上付近に「仙台藩磯浜唐船番所跡」の石碑が設置されています。磯崎山公園からの眺めは素晴らしく、眼下に磯浜の海と磯浜漁港が見下ろせるほか、東に金華山、北に仙台湾、そして南には福島県鵜《う》ノ尾岬までも遠望できます。

磯崎山に江戸幕府の命で唐船番所が設置されたのは1646年（正保3年）のことです。仙台藩主・伊達政宗は、対峙《たいじ》していた相馬氏の城を次々と攻略した後、戦陣の疲れを癒すため兵とともにここ磯浜の海で遊び、さらに磯崎山に登って宴を張ったと伝えられています。公園内に設置されている「伊達政宗来所記念碑」には、その際、兵たちは「歌い且《か》つ乱舞」し、「そのどよめきは全山にこだま」したと記されています。政宗が初めて海を見たのはこの地といわれ、園内には政宗が座ったとされる石も残っています。

磯崎山の山頂にある「磯浜唐船番所跡」。右上は公園内にある「伊達政宗来所記念碑」（2015 年 9 月撮影、以下同）

3・11の大津波は 磯崎山頂上まで到達

震災前の磯浜一帯は、海水浴場もある白砂の遠浅の海と、その背後に松林が連なる風光明媚なところでした。東日本大震災の大津波は、磯浜の松を根こそぎなぎ倒しながら漁港と集落に襲いかかりました。当時、漁港では約40隻の漁船が操業中でしたが、津波でほぼすべてが流失。津波から大事な船を守ろうと、漁船で沖に向かった一人の漁師は残念ながら命を落としています。また、海岸近くにあった約１４０棟の家屋もほとんどが濁流にのみ込まれて消失、残ったのはわずか13棟だけという壊滅的な被害を受けました。

磯崎山は海から最も近い高台で、標高は約20mあります。そのため、発災当時、周辺の漁師など住民数人が磯崎山に避難していました。避難者が高台から沖合を眺めていると、引き潮で数百mにわたって海の底がはっきり見えたといいます。そして、強い揺れを感じてから約1時間後、巨大津波が集落をのみ込みつつ磯崎山を急襲。大波は激しい勢いで斜面を削り取りながら山を駆け上り、避難者の膝元まで達しました。一時、漁師たちは「覚悟を決めた」そうです。幸い津波はそこで止まり、山に避難した住民は全員助かっています。

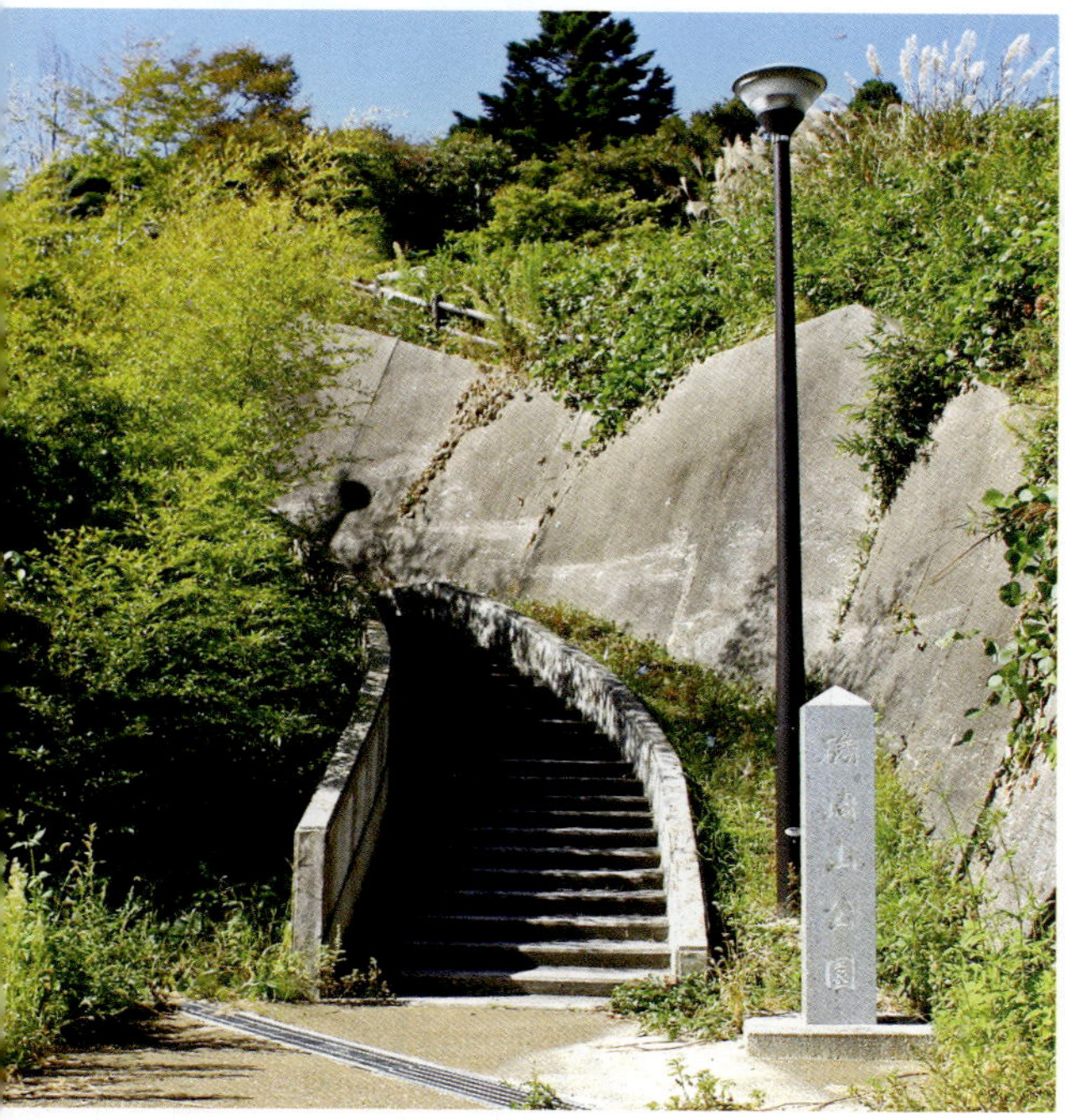
磯崎山公園の入り口。この階段を上り切ったところに「唐船番所跡」がある

山頂にある東屋（左）と「仙台藩磯浜唐船番所跡」の碑

山頂からは 被災地と海が望める

津波終息後の磯浜周辺は、大半の家屋と松林が消失し、おびただしいがれきが散乱する荒野と化しました。公園入り口にある階段は漂流物で埋まり、柵が壊れ、「唐船番所跡」の石碑も倒れました。しかし、現在は復旧工事が終了して、ほぼ元の姿に戻り、減少していた観光客も徐々に戻りつつあります。

「磯浜唐船番所」は１８６９年（明治2年）に廃止されています。この間、長期間にわたって外国船の監視活動が続けられ、１７３９年（元文4年）には三陸沖を南下する3隻のロシア船（ベーリング探検隊）を発見し、「黒船が来た！」と大騒ぎになったこともあったと伝えられています。現在の番所跡には「仙台藩磯浜唐船番所跡」の碑が建立され、それらの史実を今に伝えています。

碑の脇にはテーブルと椅子を配した東屋が設置されています。海風が心地よい東屋からは、防潮堤の築造とかさ上げ工事が進む被災地や海を眺めることができます。さらに東屋の近くには、あの政宗が座ったと伝えられる石が現存しています。これも見逃さないでください。

公園から望む磯浜漁港。今は松林が消失して海が望めるようになった

政宗が座ったと伝わる石

特集
ちょっと寄り道
新聞
vol.2

巡礼のついでに
「道の駅」めぐり

巡礼の旅をより楽しく豊かに!

遍路みちにある「道の駅」マップ

「東北お遍路」の巡礼地は青森から福島までの広大な範囲にまたがり、鉄道・バスなどの公共交通機関がいまだに寸断されているところもあります。そこで、マイカーやレンタカーを使って巡礼しようと考えている人も多いはず。そうした「車遍路」派の人のために、ここでは巡礼のついでに立ち寄れる道の駅を紹介します。

道の駅には、①運転疲れを「癒す」②現地の最新観光情報を「得る」③地域の名物・特産品を「探す」④おみやげなどを「買う」⑤レストランでご当地グルメを「食べる」——など、さまざまな楽しみや効用があります。道の駅での休憩は安全運転につながり、買い物や食事などを通して被災地復興の一助にも。「駅の看板が見えたら車を止めてひと休み」。これが旅慣れたドライバーの合言葉。道の駅を上手に活用して、ぜひ安全で楽しい旅を!

道の駅とは

道路利用者のための休憩施設と地域振興施設が一体となった施設。道の駅には、24時間無料で利用できる駐車場やトイレなどの「休憩機能」、道路情報や観光情報などの「情報提供機能」、活力ある地域づくりのための「地域連携機能」の3つの機能がある。現在、全国に約1,100か所、青森、岩手、宮城、福島の被災4県には約100か所の道の駅が設置されている。

1 道の駅 はしかみ 青森県階上町

三陸海岸の最北端に位置する道の駅。愛称は「階上ふるさとにぎわい広場」。観光物産館、農産物直売所、レストラン、多目的広場などがある。おみやげには海産物の加工品（いちご煮缶詰、ウニ缶詰など)、町特産の風味豊かな階上早生（わせ）そば粉、果汁 100%のリンゴジュースなどを。レストランのおすすめメニューは青森の郷土料理「いちご煮（ウニとアワビの吸物)」の定食、階上早生ざるそば、はしかみラーメンなど。

◆所在地／青森県三戸郡階上町大字道仏字耳ヶ吠 3-3（国道 45 号沿い） ☎ 0178-88-1800

いちご煮の定食

階上早生ざるそば

鮭といくらの親子丼

2 道の駅 くじ 久慈市

観光交流センター「風の館」と物産館「土の館」の複合施設で、愛称は「やませ土風館」。「風の館」では市内外の観光情報が入手できるほか、２階通路に震災の写真展示コーナーがある (円内)。「土の館」では久慈特産の琥珀 (こはく) を使った工芸品、海産物や野菜、地酒、ジャムなどを販売している。人気メニューは漁師なげこみ丼、鮭といくらの親子丼、琥珀丼、海女丼などの海鮮丼や、クルミ団子の入った久慈の郷土料理「まめぶ汁」など。

◆所在地／岩手県久慈市中町 2-5-6（国道 281 号沿い）
☎ 0194-66-9200

漁師なげこみ丼

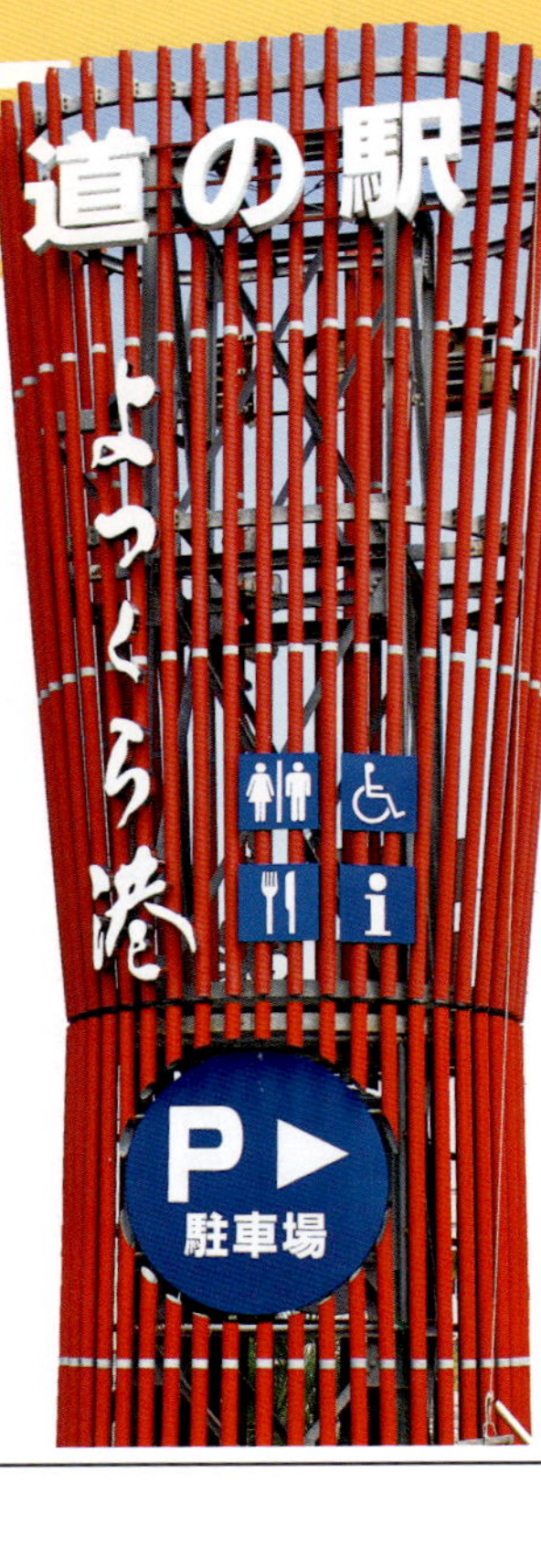

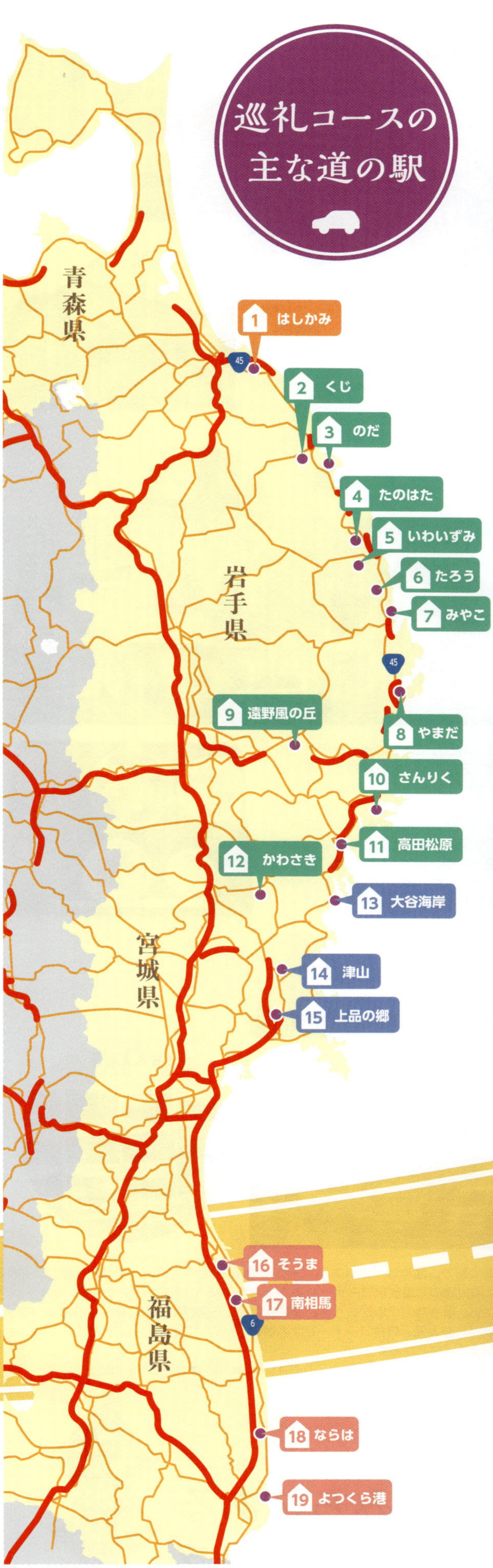

3 道の駅 のだ 岩手県野田村

のだ塩
ソフトクリーム

鉄道の駅（三陸鉄道陸中野田駅）と道の駅が合体した施設。道の駅の愛称は「観光物産館ぱあぷる」。「産直ぱあぷる」を併設し、駅前にはかつて塩の道を往来した牛方の像がある（右）。野田特産の天然塩「のだ塩」のほか、のだ塩ソフトクリーム、山ぶどうのワイン・サイダーなどが購入できる。おすすめメニューは野田塩ラーメン、生うに定食など。電気自動車(EV)の充電器もある。

◆所在地／岩手県九戸郡野田村大字野田第 31-31-1（国道 45 号沿い） ☎ 0194-78-4171（観光物産館・駅）

4 道の駅 たのはた 岩手県田野畑村

たのはた牛乳

国道 45 号にかかる思惟大橋（しいのおおはし）近くのコミュニティ公園内にある。愛称は「パーク思惟大橋」。駐車場には津波に対する注意を喚起する標識が設置されている（左下）。産直プラザでは特産の「たのはた牛乳」（右上）をはじめ、アイスクリーム、のむヨーグルト、地元産野菜などを販売。軽食コーナーも併設されている。緑豊かな公園内には野外ステージや芝生広場、木造の歩道橋などがあり、家族連れに人気。

◆所在地／岩手県下閉伊郡田野畑村菅窪 223-7（国道 45 号沿い） ☎ 0194-34-2111

5 道の駅 いわいずみ 岩手県岩泉町

愛称は「わくわくハウス」。町の特産品などを販売する「わくわくハウス」、農産物などの直売所「わくわく市場」、レストラン、カフェなどがある。おみやげには名水として有名な「龍泉洞の水」関連商品、工芸品、どんぐりパンなどを。食事メニューでは短角牛ステーキ、短角牛カレー、どんぐりラーメンなどが人気。

◆所在地／岩手県下閉伊郡岩泉町乙茂字乙茂 90-1（国道 455 号沿い） ☎ 0194-22-4432

「龍泉洞の水」関連商品

※本コーナーの写真は 2015 年 5 月～ 2017 年 3 月に撮影。

9 道の駅 遠野風の丘 遠野市

愛称は「永遠の日本のふるさと」。震災時、被災地の後方支援拠点としての役割を果たしたことが評価され、2015年に「全国モデル道の駅」に選定されている。農産物直売所、レストラン、電気自動車充電器のほか、日本の原風景とされる「民話の里」が一望できる展望デッキがある。おみやげには遠野名物のどぶろく、旬の野菜・果物、地ビール、民芸品、カッパグッズなどを。おすすめメニューは行者（ぎょうじゃ）ニンニクを使ったラーメンやそば、遠野の伝統野菜「暮坪（くれつぼ）かぶ」を使った暮坪そば、郷土料理「ひっつみ」（すいとんの一種）など。

◆所在地／岩手県遠野市綾織町新里8-2-1（国道283号沿い）
☎0198-62-0888

10 道の駅 さんりく 大船渡市

愛称は「三陸パーク」。三陸産の海産物や地元農産物の直販施設のほか、食堂、ファストフードコーナーなどがある。活ホタテ、天然アワビ、殻つきホヤなどの海産物が購入できる。おみやげには、アワビ、ウニ、ホタテ、ワカメなどの海の幸や、シイタケ、ころ柿などの山の幸を。軽く食べるなら特産の「こえだ柿」を使った「柿ソフトクリーム」がおすすめ。食事メニューではムール貝、ホタテ、ワカメなどが入った「浜どこラーメン」や海鮮めかぶ丼などが人気。

◆所在地／岩手県大船渡市三陸町越喜来字井戸洞95-27（国道45号沿い） ☎0192-44-3241

11 道の駅 高田松原 陸前高田市

3.11の津波被害のため現在、休業中。

◆所在地／岩手県陸前高田市高田町字古川28-5（国道45号沿い） ☎0192-54-5011

12 道の駅 かわさき 一関市

愛称は「川の灯（あかり）」。地元農産物の直売所、レストラン、ファストフードコーナー、観光案内所などがある。おみやげには特産の健康食材「ほど芋」を使った「ほど芋茶」や「かりんとう」、旬の果物や野菜、古代米、黒糖クルミパンなどを。食事メニューではトマトラーメン、天ざる、まいたけ丼などが人気。

◆所在地／岩手県一関市川崎町薄衣字法道地42-3（国道284号沿い） ☎0191-36-5170

6 道の駅 たろう 宮古市

産直「やませの丘」と「たろう津波防災・道路情報館」（右下）がある。同駅は市中心部の田老町漁協付近への移転が決定。すでに旧駅の施設は閉鎖され（右上）、「情報館」と駐車場のみが利用できる。新駅は現在、特産品の直売所とコンビニで仮オープン中（本格オープンは2018年の予定）。

◆所在地／＜旧駅＞岩手県宮古市田老字重津部34-2（国道45号沿い） ＜新駅＞岩手県宮古市田老2-5-1

7 道の駅 みやこ 宮古市

愛称は「シートピアなあど」。3.11の津波被害のため一時休館していたが、2012年に仮設建物で営業を再開、2013年にリニューアルオープンした。真新しい建物には3.11の津波浸水ラインが表示されている（矢印）。宮古港の埠頭にあるため新鮮な魚介類が豊富で、地元産の農産物なども購入できる。おすすめは「海のソフトクリーム」、宮古の塩、塩サイダーなど。食事メニューでは海鮮丼、いくら丼、とろろ磯丼、担々麺などがおすすめ。麺類などと組み合わせて食べられるミニ海鮮丼も人気。

◆所在地／岩手県宮古市臨港通1-20（国道45号沿い）
☎0193-71-3100

ミニ海鮮丼

8 道の駅 やまだ 岩手県山田町

三角屋根が目印の道の駅で、愛称は「ふれあいパーク山田」。山海の旬の味がそろい、食堂、休憩所のほか、館内には震災時の写真展示コーナーもある（右）。おみやげには、マツタケ、シイタケ、三陸ワカメ、新巻サケ、草もち、クルミもちなどを。売上金の一部が山田町に寄付されるオリジナル商品「底力Tシャツ」も人気。軽食コーナーでは名物のわかめソフトクリーム、磯ラーメン、わかめラーメン、めかぶそばなどがおすすめ。

◆所在地／岩手県下閉伊郡山田町船越6-141（国道45号沿い） ☎0193-89-7025

＊道の駅の営業時間は夏季と冬季で異なることが多く、メニューなども季節ごとに変わる場合もあります。事前にご確認の上、お出かけください。

巡礼の旅をより楽しく豊かに！

遍路みちにある「道の駅」マップ

特集 ちょっと寄り道新聞 vol.2

巡礼のついでに「道の駅」めぐり

14 道の駅 津山 登米市

木の温もりが感じられる道の駅で、愛称は「もくもくランド」。野菜や工芸品の直売所のほか、物産館、クラフトショップ、食事処、親子で楽しめる大型木製遊具を備えた「農村公園」などがあり、駐車場には電気自動車充電器も設置されている。おみやげには木工芸品、根ワサビ、もくもくまんじゅう、漬物などを。食事メニューでは郷土料理の「はっと鍋」、B 級グルメとして有名になった「油麩（あぶらふ）丼」などが人気。

◆所在地／宮城県登米市津山町横山字細屋 26-1（国道 45 号沿い） ☎ 0225-69-2341

13 道の駅 大谷《おおや》海岸 気仙沼市

愛称は「はまなすステーション」。震災前は日本一海水浴場に近い道の駅として知られていたが、津波で大きな被害を受け、直販施設のみ仮営業していた。2013 年にレストランがリニューアルオープンしている。隣接する JR 気仙沼線の旧大谷海岸駅ホーム上には津波犠牲者を慰霊する献花台が設けられた（右上）。直売コーナーでは新鮮な魚介類や朝採り野菜などが購入できる。人気メニューは海鮮丼、ふかひれラーメン、気仙沼カレーなど。

◆所在地／宮城県気仙沼市本吉町三島 94-12（国道 45 号沿い） ☎ 0226-44-3180

ふかひれラーメン

海鮮丼

15 道の駅 上品《じょうぼん》の郷《さと》 石巻市

駅名は東にそびえる上品山に由来する。地元産品の直売所、レストラン、コンビニのほか、温泉保養施設「ふたごの湯」がある。食事メニューでは旬の食材をふんだんに使ったバイキングが好評。特産の「金華さば」やブランドの「えごま豚」などを使ったメニューも人気。電気自動車充電器もある。

◆所在地／宮城県石巻市小船越二子北下 1-1（国道 45 号沿い） ☎ 0225-62-3670

17 道の駅 南相馬 南相馬市

アイスまんじゅう

多珂うどん

愛称は「野馬追の里」。相馬野馬追の雰囲気が漂う長屋風建物の中に、特産品やおみやげ、農産物を販売する物産館、レストランなどがある。その場で食べるなら名物の「アイスまんじゅう」が人気。おみやげには新鮮な野菜・果物、特産の多珂（たか）うどん、相馬野馬追タオルなどを。おすすめメニューは、みそタンメン、メンチカツ丼、B 級グルメで有名な「なみえ焼きそば」など。6～7月には相馬野馬追の前売り観覧券を販売し、電気自動車の充電器も設置されている。

◆所在地／福島県南相馬市原町区高見町 2-30-1（国道 6 号沿い） ☎ 0244-26-5100

18 道の駅 ならは 福島県楢葉町

震災・原発事故の影響で現在休業中（トイレのみ 24 時間使用可能）。

◆所在地／福島県双葉郡楢葉町大字山田岡字大堤入 22-1（国道 6 号沿い） ☎ 0240-26-1126

16 道の駅 そうま 相馬市

愛称は「未来本陣 SOMA」。地元の海産物や農産物などの販売施設のほか、休憩施設、道路情報館、レストラン、体験実習館などがある。体験実習館では相馬野馬追のビデオ上映やパネル展示を実施し、甲冑や陣羽織の試着もできる。館内にある震災伝承コーナー（右）も充実している。おみやげには新鮮な野菜・果物のほか特産の青のりを使った佃煮、地酒などを。軽く食べるなら青のりソフト、青のりコロッケ、ほっきコロッケなどがおすすめ。人気メニューは、ほっきめしや青のりラーメンなど。

◆所在地／福島県相馬市日下石字金谷 77-1（国道 6 号沿い） ☎ 0244-37-3938

19 道の駅 よつくら港 いわき市

うにの貝焼き入り海鮮丼

国道 6 号に面した四倉漁港内にある。3.11 の津波被害で一時営業休止に追い込まれたが、翌月に一部の営業を再開。2012 年、交流館がリニューアルオープンした。交流館の 1 階には農水産物の直販コーナー、2 階にはフードコートやカフェなどがある。おすすめメニューは各種海鮮丼など。電気自動車充電器もある。

◆所在地／福島県いわき市四倉町字 5-218-1（国道 6 号沿い） ☎ 0246-32-8075

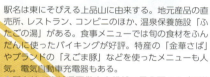

遍路みちで見つけた「ことば」❷ 宮城編

気仙沼市で

地福寺（64、65ページ参照）の境内にある「いのりの広場」には、3本の竹に「めげない」「にげない」「くじけない」の文字が書かれている（左）。また本堂には全国から寄せられた復興を応援する絵手紙も展示されている（2015年7月撮影）

石巻市で

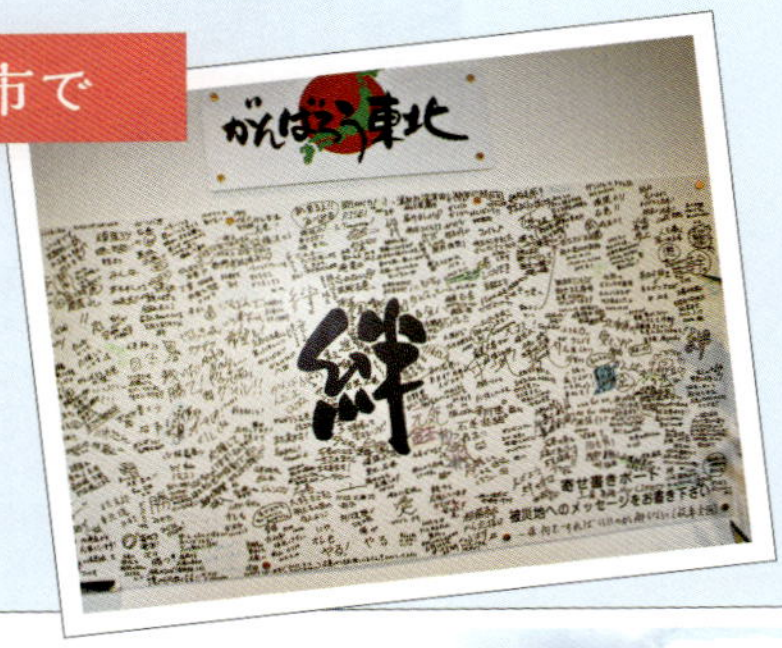

石巻駅近くのビジネスホテル内にある応援の寄せ書き。この地にボランティアや観光で訪れた全国の宿泊客がメッセージを残した。「広島からも応援しとるけん！」などの「ことば」が連なる（2013年9月撮影）

門脇町に設置されたメッセージボード。ボード前には「復興するぞ！」の文字が大書され、被災した人々の復興にかける決意が伝わってくる（2012年11月撮影）

仙台市で

甚大な津波被害が出た荒浜地区の海辺に設置されたメッセージボード。ふるさと・荒浜の再生を願う熱い「ことば」がボード全体を埋めていた（2014年1月撮影）

名取市で

閖上地区も津波で大きな被害が出たところ。地区内の「寄り添いお地蔵さん」近くの建物にも「がんばろう」の文字が見える（2015年9月撮影）

仙台空港（94、95ページ参照）に届いた羽田空港からの応援メッセージ。「ひとりではありません。がんばりましょう。あと少しもう少しだけ！」「我々にできることは何ですか？　何でもやります。言ってください」「東北けっぱれ！」「ONE FOR ALL　ALL FOR ONE」などの激励の声であふれる（2011年4月撮影）

岩沼市で

「千年希望の丘」（98、99ページ参照）の第一号丘の頂上にかけられた千羽鶴とメッセージカード。カードには「一日でも早い復興を祈っています」と記されていた（2015年5月撮影）

福島の遍路みち

Part4

44
新地町

龍昌寺《りゅうしょうじ》

address　福島県相馬郡新地町谷地小屋字潤崎《うるうざき》27　access　JR常磐線新地駅下車、徒歩約30分（車で約8分）

龍昌寺の釣師観音（2015年5月撮影）

透明度の高い海、人と生き物が共存する里山、ハイカーが集う鹿狼山《かろうさん》などの山々――。福島県浜通りの最北端にある新地町は、こうした豊かな自然に恵まれたところで、宮城県との県境に位置しています。

あの日、この新地町の沿岸部を巨大な津波が襲いました。近年、同町には大きな津波被害がなかったため、強い揺れのあとも自宅にとどまっていた町民も多く、100人以上にのぼる住民が犠牲になっています。さらに、町の玄関口である常磐線新地駅の駅舎が流失。線路も土台ごとめくれ上がって流されました。当時、駅には乗客約40人を乗せた列車が停車中でした。4両編成の列車は「壁のような濁流」に押し流されて大破しましたが、乗客はたまたま列車に乗り合わせていた巡査の誘導で急きょ列車を脱出。奇跡的に全員が助かっています。

町内でとくに被害が大きかったのは釣師《つるし》地区です。同地区にはカレイやヒラメなどの水揚げで知られる釣師浜漁港や釣師浜海水浴場などがあり、震災以前は多くの人々でにぎわっていたエリアです。

巡礼地に選定されている龍昌寺は、釣師地区の高台にあります（117ページ地図参照）。3・11の津波で50人近い檀家が亡くなり、海沿いにあった墓石もすべて流されました。津波が引いたあと、同寺の斎藤崇淳《そうじゅん》住職は住民たちとともに散乱した墓石をがれきや田んぼの泥の中から探し出し、境内の海を望む丘に積み上げて集合墓をつくり、そこに高さ約1mの「釣師観音」を設置しました。この慰霊のためのモニュメントには、東北お遍路巡礼地の第一号標柱が建立されています。

伊達《だて》冠石《かんむりいし》がのる第一号標柱

龍昌寺は、伊達政宗の孫に当たる伊達右近が1649年（慶安2年）に開創したと伝えられ、寺の裏手の高台には右近の墓が現存しています。

龍昌寺の釣師観音前に設置された第一号標柱は、宮城県丸森町の石材会社・山田石材計画が制作・寄贈したもの。

東日本大震災を忘れないために、その発生日に合わせて、高さ2011㎜、幅311㎜に設計されています。標柱の最上部には、貴重な伊達冠石（※）でつくられた丸い石がのっています。この球形は、「宇宙」「地球」「輪」を表しています。

寺の境内には、「鎮魂・東日本大震災 石塔・石仏展」の入賞作品が寄贈・建立されています。それが「さくら観音」と呼ばれる柔和な表情の観音さまです。もう一つ、山門近くには「東日本大震災被災物故者供養塔」も建てられました。震災から6年以上が経過した現在も、釣師観音が見守る集合墓をはじめ、さくら観音や供養塔の前には多くの人々が訪れ、静かに手を合わせる姿が見られます。

※安山岩系統の珍しい石で、宮城県南部の大蔵山のみで採掘される。年月を経ると含まれる鉄分が酸化して色合いが変化する特徴がある。

1 東北お遍路巡礼地の第一号標柱。標柱の頂上には伊達冠石がのり（2）、上部の横線は地震発生日の「三・一一」を表している（3、2015年5月撮影）
4 山門付近に建立された「東日本大震災被災物故者供養塔」（同）
5 6 境内に建立された「さくら観音」。香炉のふたの裏にも龍の彫刻が施されていて（6）、作り手の想いが伝わってくる（同）
7 釣師観音の周囲を数えきれないほどの墓石が取り巻く（同）

人々の想いをつなぐ「復興フラッグ」

龍昌寺を訪ねたあとは、新地町役場に立ち寄り、駐車場に掲げられている「復興フラッグ」を見ておきましょう（役場は新地駅から徒歩約10分。117ページ地図参照）。

震災直後、被災した釣師地区で捜索・復旧活動をしていた自衛隊員ががれきの中から1枚の日章旗を見つけました。それを、同地に掲げたことが復興フラッグのはじまりです。これが初代の応援旗で、以後、この旗は風雨にさらされて劣化が進むたびに、別の自衛隊員、町を訪れたボランティア、地元のバイク愛好家などの手で取り替えられてきました。現在の旗は五代目に当たり、沿岸部の復興工事のために役場駐車場に仮移設されています。

町は、この旗を復興のシンボルとして存続していくことを決めています。後日、釣師防災緑地の工事が完了した時点で同緑地内に掲げられる予定です。町を愛する多くの人々の想いをリレーしてきた復興フラッグには、次の熱いメッセージが記されています。

気がついたんだ。
ここが、好きだって。
悲しい事もあったけど、
やっぱり、ここが
好きなんだって。
好きだから、
がんばれるんだって。
そりゃあ、何度も無理だって
思ったけど、
何度もくじけそうになったけど、あきらめない！
新地が好きだから。
福島が好きだから。

復興フラッグ（2017年3月撮影）

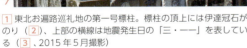

安波津野神社の仮社殿（2015年5月撮影）

45
新地町

安波津《あんば》野神社

address 福島県相馬郡新地町谷地小屋字釣師（地図参照）

access JR常磐線新地駅下車、徒歩約15分

福島県新地町に地元の人々から「あんばさま」と呼ばれている神社があります。同町釣師地区の釣師浜漁港近くに鎮座する安波津野神社（安波神社）です。「あんばさま」というのは、主に東北地方から関東地方にかけての太平洋岸の漁村で信仰されている漁業の守り神のこと（※）。漁業従事者にとって、海は豊かな恵みをもたらしてくれる半面、ときには命を落とすおそれのある危険な場所でもあります。そのため、海とともに生きる漁師にとっては「あんばさま」のような守護神が欠かせない存在となり、各地にこの「海神」信仰が定着していったのでしょう。

安波津野神社も昔から釣師の漁師たちが航海の安全と豊漁を祈る大切な場となっていました。ところが、あの3月11日、釣師地区を襲った大津波は30人以上にのぼる住民の命を奪い、さらに漁師らの心のよりどころだった神社を丸ごと押し流してしまいます。津波終息後の漁港周辺は、家屋がほぼ消失して、陸に打ち上げられた漁船やがれきが散乱する荒涼たる風景に一変しました。しかし、こうした状況下でも、漁協関係者は「漁師の心意気」を忘れませんでした。衝撃でうなだれていた首を再び上げて、ただちに神社の仮社殿を建立し、さらに釣師の伝統行事である神社の例大祭（安波祭り）の復活に向けて動き出したのです。

（※）各地に定着している「あんばさま」信仰は、茨城県稲敷市阿波（あば）にある大杉神社が発祥の地とされる。その語源は漁具のうき（あば）に由来するとする説などもあるが、その詳細は不明。

神社の例大祭が10年ぶりに復活

震災以前、安波津野神社では5年に1度、11月3日に例大祭が開催されてきました。祭りの準備から当日の運営までの一切は、漁協関係者が執り行うのが習わしでした。安波祭りは「通り神楽」からスタートします。笛や太鼓が鳴り響く中、天狗の先導で獅子が町内をめぐるもので、この獅子に頭を噛んでもらうと頭がよくなり頭痛も消えるとされています。次いで、若い漁師らが神輿《みこし》を担いで町内を港に向かって勇壮に練り歩きます。神輿が港に到着すると、法被《はっぴ》を脱いで裸になった若衆が、今度は樽《たる》神輿を担いで冷たい海に入るというのが、この祭りのハイライト。釣師の秋の風物詩ともいえる躍動感あふれる祭りです。

津波で神社と神輿が流失したため、2011年に予定されていた例大祭は中止になりました。しかし、漁師らの間から伝統の安波祭りを復活させようとの機運が盛り上がります。それを受ける形で、震災の翌年、山梨県南アルプス市から町に2基の神輿が贈呈され、うち1基が例大祭で使用されることに。さらに2015年には南相馬市に本店を置く信用金庫からも神輿の制作費用が贈呈されました。そして、待望の神輿が復活。2016年、10年ぶりに例大祭が盛大に開催され、復活した神輿も初披露されました。被災した地区内には笛や太鼓が鳴り響き、拍手と歓声が沸き上がって、震災前の活気がよみがえったのです。

とはいえ、町の漁港では、その後発生した福島第一原発事故の影響でいまだに試験操業が続いています。さらに風評被害も残存するなど、本格復興までにはまだ乗り越えなければならない課題が山積しているのが現状です。漁師のみなさんが、以前のように自由に操業できる日が一日も早く来ることを祈らずにはいられません。

1 釣師浜漁港近くに移転・再建された神社の本社殿（2017年3月撮影）
2 釣師浜漁港（同）
3 神社付近にはがれきを使った東日本大震災慰霊塔が設置されている（同）

2016年に東京で開催された第3回グリーンイメージ国際環境映像祭で、ドキュメンタリー映画「新地町の漁師たち」（山田徹監督）が最優秀賞のグリーンイメージ大賞を受賞した。この映画は、2011年6月から2014年11月までの3年半にわたり、震災と原発事故後の新地町で復興に向けて奮闘する漁師たちの姿を追った作品。放射能汚染により「福島の海はもう終わった」とまで言われた苦境の中にあって、めげずに前向きにがんばり続ける漁師たちの姿は感動的だ。映画には安波津野神社も登場する。興味のある人は、映画「新地町の漁師たち」HPへ。

http://shinchi-ryoshi.businesscatalyst.com

大戸浜観音堂（2015年5月撮影）

46
新地町

大戸浜観音堂《おおどはま》

address 福島県相馬郡新地町大戸浜　access JR常磐線新地駅下車、徒歩約25分

福島県新地町の「安波津野神社」のそばに、もう一つの巡礼地「大戸浜観音堂」があります（117ページ地図参照）。東日本大震災の際、津波に追われた100人近くの住民が避難して助かったお堂です。

大戸浜観音堂は、大戸浜地区の高台の上に鎮座しています。同地区の伝承によれば、今から数百年前、大戸浜を開拓した青砥《あおと》吉広（※）という人が、この地で亡くなった妻と娘を供養するためにお堂を建てたのがはじまりと伝えられています。大戸浜という地名は、開拓者を讃《たた》えるため、この地はいつしか「青砥浜」と呼ばれるようになり、それがなまって「大戸浜」に転じたといわれています。

釣師浜漁港の南側に位置する大戸浜地区は、3・11の大津波で甚大な被害を受けたところです。震災前、大戸浜には漁業従事者など約150世帯の住民が住んでいました。しかし、大津波の襲来で集落はほぼ壊滅。地区内で約30人の犠牲者が出ました。

津波襲来時、住民の多くは地区の自主防災会が実施してきた避難訓練どおりに大戸浜公会堂や、さらに内陸にある総合公園などに避難して助かっています。その一方で、津波に追われた住民の一部は、とっさの判断で高台にある大戸浜観音堂に逃げ込み、九死に一生を得ました。観音堂がある高台の斜面や参道には今も津波の爪痕《つめあと》が生々しく残り、いかにその衝撃がすさまじかったのかを物語っています。

（※）伊豆の青砥の庄を治めるお殿様の弟と伝えられる。原因は不明だが、青砥家がお家断絶となったため、妻子を連れてこの地に移住し、大戸浜を開拓したとされる。

2

1

1 津波の衝撃の跡が残る観音堂の参道と斜面（2015年5月撮影）
2 観音堂の高台からの眺め。集落はすべて消失し、奥に湊港と太平洋が見える（同）

町の復興を目指して各種工事が同時進行

高台にある大戸浜観音堂を訪れると、緑豊かな境内から被災した大戸浜地区や釣師地区をはじめ、漁港や太平洋が一望できます。現在、この一帯では、防潮堤の築造工事、被災した土地のかさ上げ工事、被災した道路や常磐線の復旧工事などが同時並行で進んでおり、作業に従事する車が絶え間なく行き交う様子を見ることができます。

新地町は、壊滅的被害を受けた大戸浜地区の集落を元の場所の背後にある高台に集団移転することを決めています。移転先は標高10m以上のところで、すでに住民の一部は新天地での生活をスタートしています。

また、大戸浜に隣接する釣師地区は津波減災効果をもたせた防災緑地として生まれ変わる予定です。同地区では、すでに「どんぐりプロジェクト」という新しい植樹活動がはじまっています。2014年には植樹祭が開催され、さらに「どんぐり育て隊」が結成されて各家庭での苗木づくりもスタートしています。

3 新設された新地駅（2017年3月撮影）
4 新地駅周辺で進む道路の立体交差化工事（同）

4

3

常磐線は内陸に移転新駅も業務を開始

発災時、新地町の県道や町道の一部踏切で遮断機が下りたままになり、住民の避難に支障が出るという事例がありました。その教訓を生かして、町道大戸浜富倉線は避難道路としての役割をもたせるために、常磐線を立体交差でまたぐ構造とし、沿岸部の大戸浜地区から西側の国道6号につながるようになりました。

震災後、運行が停止され、バスによる代行運転が続いていた常磐線は、従来より内陸側に線路を移設し、津波で全壊した新地駅も元の場所から約300m内陸側の5mかさ上げした場所に新設されました。2016年12月、その新地駅を含む相馬駅―浜吉田駅間の運行が再開。さらに2017年春には浪江駅―小高駅間の運行も再開されました。震災後、寸断されていた常磐線は2020年春までに全線復旧する予定で、町の復興にもはずみがつくはずです。

立ち寄りスポット

「鹿狼山」

福島県と宮城県の県境に位置する山（標高約430m）。新地町のシンボル的存在で、「ふくしま緑の百景」に選定されている。山頂からの眺望が素晴らしいことで知られる（新地駅から車で約15分）。

鹿狼山（2017年3月撮影）

47
相馬市

津神社《つのみつ》

address　福島県相馬市原釜字大津

access　JR 常磐線相馬駅前の福島交通相馬営業所からバスで原釜バス停下車

福島県浜通りの北部に位置する相馬市は、勇壮な伝統行事「相馬野馬追」（国重要無形民俗文化財）で全国に知られ、「相馬盆唄」発祥の地としても有名です。同市は、『日本三代実録』に記載された869年（貞観《じょうがん》11年）の貞観地震の大津波や1611年（慶長16年）の慶長三陸大津波などで幾度も甚大な被害を受けてきたところです。たとえば、慶長三陸地震に関しては、藩政時代の相馬中村藩の年譜を綴《つづ》った『相馬藩世紀』の中に、当時の藩領内（現在の相馬市、南相馬市、浪江町、双葉町、大熊町、飯舘村）で津波により700人の溺死者が出たことが明記されています。

東日本大震災でも相馬市は、震度6弱の強い揺れの約1時間後に高さ9mを超す大津波に襲われ、犠牲者が480人以上にのぼるなどの大きな被害が出ました。市内でとりわけ被害が大きかったのは、相馬港近くにある原釜《はらがま》地区。この地区の高台の一角にあるのが巡礼地に指定されている津神社です。同神社には、貞観地震と慶長三陸地震の際、津波が建物近くまで迫りながら寸前で止まり、被害を免れたとの伝承が残っています。地元では、社名の「津」を「つのみつ」（※）と読むのは「津が満ちる」のことで、すなわち「ここまで津波が満ちた」という意味だといわれています。約400年前の慶長三陸地震後からこの社名で呼ばれるようになったとの説もあり、津波と深い縁のある神社です。

（※）社名の「津」は「つ」と呼ばれることもある。

津神社。鳥居の横には東北お遍路巡礼地の標柱が建立されている（2015年5月撮影、以下同）

「津波のときは神社へ逃げろ」

こうした歴史的背景もあって、昔から原釜地区では「津波のときは神社へ逃げろ」と言い伝えられてきました。3・11の大津波が押し寄せたとき、この古老たちの教えを思い出して津神社に逃げた住民が50人ほどいました。避難した住民は、黒みを帯びた濁流が集落の家屋を次々とのみ込むさまを目撃し、「ここもダメかもしれない」と覚悟した人もいたそうです。しかし、津波は神社の鳥居付近で止まり、避難した住民は全員助かりました。先人が残してくれた言い伝えの正しさが証明される結果となったわけです。

しかし、巨大津波は海岸から約4㎞も内陸まで遡上《そじょう》し、原釜地区周辺では200人以上の尊い人命が奪われています。

1 津神社の社殿
2 3 鳥居近くにある「東日本大震災大津波慰霊の碑」。津波は下の矢印のところまで到達した

鎮魂と伝承のための「祈念館」がオープン

震災から4年後の2015年4月1日、原釜地区の笠岩公園内に、犠牲者の追悼・鎮魂と被災地の原風景を後世に伝える目的で、「相馬市伝承鎮魂祈念館」がオープンしました。館内には津波犠牲者の氏名を掲示した追悼の場のほか、震災前の市内の様子や襲来する津波などを写真や映像で紹介するコーナー、市が保管する持ち主不明の写真約50万枚を公開するコーナーなどが設けられています。

祈念館の前には、震災から3年目の節目に建立された東日本大震災慰霊碑があります。碑面には津波犠牲者の氏名が刻まれていて、その脇には津波に耐えて今も咲き続けるフジの古木もあります。祈念館は津神社から海に向かって20分ほど歩いたところにあり、入館料は無料。神社を訪れた際は、ぜひ足を延ばしてみてください。

7 8 津波に耐えたフジの古木。つぼみがふくらみかけていた
9 海沿いで進行する海岸堤防の修復工事
4 相馬市伝承鎮魂祈念館
5 祈念館前に建立された東日本大震災慰霊碑
6 祈念館の館内。震災前後の写真や持ち主不明の写真などが展示・公開されている

松川浦（2015年5月撮影、以下同）

48 相馬市

松川浦

address　福島県相馬市尾浜（松川浦公園）

access　JR 常磐線相馬駅前の福島交通相馬営業所からバスで松川浦バス停下車／常磐自動車道相馬 IC から車で約 20 分

相馬市を代表する景勝地「松川浦」は、阿武隈《あぶくま》高地から太平洋に注ぐ川の河口付近に位置しています。沿岸流で運ばれた砂が堆積してできた砂《さ》州《す》によって外海と隔てられた潟湖《せきこ》で、長さ7㎞に及ぶ細長い袋のような形をしています。松川浦は、東北復興支援事業として環境省が進める「みちのく潮風トレイル」（青森県八戸市蕪嶋《かぶしま》神社から相馬市松川浦までの全長700㎞）の南の玄関口に当たります。

松林を背景に大小の島が点在する松川浦は、「小松島」とも呼ばれる美しい景観で知られています。古くは『万葉集』に詠まれ、江戸時代には相馬中村藩の歴代藩主の遊休地だったところ。とくに藩主・相馬昌胤《まさたね》が狩野派の絵師に描かせた松川浦周辺の12か所の名所「松川十二景」は有名で、県立自然公園に指定されているほか、「日本百景」や「日本の白《はく》砂《さ》青松《せいしょう》一〇〇選」にも選定されています。

松川浦は、海水と真水が混じり合う汽水湖で、広大な干潟《ひがた》があることから、環境省の絶滅危惧種に指定されているヒヌマイトトンボなど多様な生き物が生息し、コクガンなどの貴重な渡り鳥も数多く飛来します。希少生物の宝庫ともいえる貴重な場所で、震災の前年にはラムサール条約（重要湿地の保存に関する国際条約）の潜在候補地にも選ばれていました。

震災前の松川浦は人気の観光スポットで、12の名所を訪ねる人や、釣り、潮干狩り、海水浴などを楽しむ市民や観光客で連日にぎわっていました。

松川浦のシンボル「松川浦大橋」。全長520ｍの斜張橋

3・11の津波で干潟の環境が激変

ところが、3・11の大津波は、松川浦周辺の集落に甚大な被害をもたらすとともに、多様な生き物が生息する干潟の環境を激変させます。あの日、相馬市を襲った津波は、第一波が「白っぽい波」で、第二波は「真っ黒い波」だったといわれます。大津波は、松川浦の砂州を破壊しつつ潟湖を乗り越えて集落を急襲。民家や旅館、漁業施設などを次々とのみ込みながら内陸に向かって遡上しました。松川浦のシンボルともいえる松川浦大橋は津波に耐えたものの、一時、一般車両は通行止めになりました（現在は開通）。

震災後の調査で、津波襲来時、松川浦がその勢いを弱める上で一定の役割を果たしたことがわかってきました。しかし、その代償は大きく、砂州が寸断されて新たな湖《こ》口《こう》が出現し、周辺の松並木やヨシ原の多くが消失。加えて、地盤沈下により水位も大きく変わり、多彩な生き物が生息する豊かな干潟環境は急変したのです。

こうした深刻な事態を受けて、震災前から松川浦の自然を守る活動を続けてきた市民グループ「はぜっ子倶楽部」や大学の研究者などが、震災直後から松川浦の調査を行うなど、以前の美しい景観と豊かな環境を取り戻すための行動をはじめています。現在、松川浦周辺には多くの重機が投入されて砂州の修復をはじめとした復旧工事が進行しており、少しずつですが以前の美しい姿を取り戻しつつあります。

1

2

1 津波で右奥に見える砂州が決壊した
2 『まるごと松川浦』。市民が徹底取材して完成した

干潟の生き物が徐々に戻りはじめた

とはいえ、地震と津波の被害に加え、原発事故による海水汚染と風評被害によって、この地区の主要産業である漁業は試験操業が続いて水揚げが制限されています。観光業も被災した旅館やホテルの中には再開のメドが立たないところもあるなど、依然として苦しい状況にあります。

しかし、「ここでへこたれてはいられない」と、前向きに歩み出す住民も増えています。２０１６年４月には、震災と原発事故後初めて松川浦のアサリ漁が再開され、相馬市を中心とするスーパーなどで販売されました。尾浜地区の飲食店では、看板メニューの「あさりご飯」に初水揚げされた地元産アサリが使われ、提供されたそうです。松川浦はホッキ貝のおいしいところ。現在、この地区の飲食店ではまだ市外産のホッキ貝が提供されていますが、「次は地元の貝を使ったホッキ飯の番だ！」との威勢のいいかけ声も聞こえはじめています。

松川浦の復旧工事が進み、現在は砂州の決壊部分がふさがって、干潟も姿を現しました。それに伴い、生き物も徐々に戻りつつあります。震災前と比べると、数はまだ少ないものの、種類はほぼ元に戻ったことが研究者の調査で確認されています。松川浦の象徴ともいえるヒヌマイトトンボはヨシ原が壊滅したこともあってまだ姿を見せていませんが、その代わりに震災前は報告が皆無だったウミミドリなどの希少植物が新たに確認されています。

震災前、「はぜっ子倶楽部」のメンバーを中心とした市民が『まるごと松川浦』というガイドブックをつくりました。その名のとおり、松川浦の見所から歴史、生き物まで、すべてがわかる素晴らしい本です。このガイドブックが「過去の美しい記憶」になってしまわないように、松川浦の一日も早い復興を祈りたいものです。

49
相馬市

長命寺《ちょうめいじ》

address　福島県相馬市岩子字大迫 287　　access　JR 常磐線相馬駅から車で約 15 分

相馬市の岩子地区にある長命寺は、真言宗豊山派の古刹《こさつ》で、「福島八十八ヶ所霊場第三十七番札所」「奥相三十三観音霊場第七番札所」としても知られています。岩子地区は景勝地「松川浦」の近くに位置し、内陸部に広がる集落の背後は帯状に連なる断崖になっています。長命寺は、その高台の上にあります。

松川浦を越えた東日本大震災の大津波は、さらに内陸部に向かって遡上しました。そのため、岩子地区も集落が水没するなどの甚大な被害が出ています。大津波に急襲された住民の一部は、急ぎ高台にある長命寺に逃げ込みました。避難した住民は約50人だったと伝えられています。

住民たちは寺の境内から集落内の家屋が次々とのみ込まれる様子をただ見守るだけだったそうです。寺の周辺は水没して、避難者は完全に孤立。食料も水もない中、余震におびえながら寺での不安な日々を過ごすことに。2日後の13日午前9時半ごろ、ようやく相馬市に県の防災ヘリコプターが到着。ただちに孤立した住民の引き揚げ作業が開始され、避難者全員が無事救出されたのです。

長命寺の山門（2015 年 9 月撮影、以下同）

城門を移築した4脚の鐘楼門

避難した住民の命を救った長命寺は、相馬家と深い縁のある寺です。元は相馬家の祈願寺として下総国（千葉県北部と茨城県南部）にありましたが、1323年（元亨3年）、陸奥《むつ》相馬家の祖・相馬重胤《しげたね》に従って陸奥に下向《げこう》（※）。以後、本拠を変えるたびに随行し、現在の南相馬市など各地を転々としたのち、1872年（明治5年）に現在の相馬市に移ったと伝えられています。

長命寺は見所の多い寺です。坂道を上って寺に到着すると、まず2階建ての見事な山門が目に飛び込んできます。この山門は、旧中村城（馬陵城）の城門を移築したものです。四脚の鐘楼《しょうろう》門で屋根は入母屋の銅板葺き。高さは15m。貴重な楼門遺構であることから、市有形文化財に指定されています。

また、境内にある真新しい本堂は、開創から約700年を経て現住職の代に完成したもの。その風格ある姿は必見です。

※都から地方に行くこと。

境内の大ツツジは推定樹齢300年

本堂の脇には、樹齢300年と推定される大ツツジがあります。明治初期に植えられたと伝えられる琉球ツツジで、一株で4×5mもあり、市天然記念物に指定されています。花の見ごろは5月初旬ごろ。2016年は例年より少し早く、連休中にほぼ満開になっています。

さらに境内には、火災、水難、盗難、消除の「瀧場大明神堂」があり、その横に「松川十二景」の一つに数えられる「紅葉岡《もみじがおか》」の歌碑も建立されています。碑面には「名もしるく　幾しほ染めて　色や濃き　紅葉の岡の　秋のこずゑは」の歌が刻まれています。山門を入った右手にあるので、あわせて見ておいてください。

1 長命寺の大ツツジ
2 瀧場大明神堂（左）と紅葉岡の歌碑
3 墓地にある鳥虫獣魚の供養塔
4 山門前にある美しい松も見逃したくない

1

2

3

4

境内の新本堂

50
相馬市

稲荷神社
（寄木神社）

address　福島県相馬市磯部字大浜

access　JR 常磐線相馬駅から車で約 20 分

「津波のときは明神さまへ逃げろ」。昔から、このように語り継がれてきた神社があります。相馬市の磯部地区にある稲荷神社（寄木神社）です。景勝地「松川浦」の南に位置する同神社は、眼下に海を一望できる小高い丘の上に鎮座しています。

稲荷（寄木）神社のある磯部地区は、東日本大震災の大津波で甚大な被害を受けたところです。あの3月11日。震度6弱の強烈な揺れの約1時間後、高さ9mを超える巨大津波が磯部地区を襲いました。堤防を乗り越えた「黒っぽい大波」は、日本有数のホッキ貝の水揚げで知られる磯部漁港を直撃し、さらに集落の家屋や田んぼを次々とのみ込みながら内陸部に向かって約4kmも遡上しました。そのため、地区内で250人以上の住民が命を落としています。この犠牲者数は、市全体の死者・行方不明者の半数以上にのぼり、いかにこの地の被害が大きかったかがわかります。

大津波に襲われた際、住民の一部は先人の言い伝えを思い出して、高台の神社に向かって逃げ、参道の階段を必死に駆け上りました。付近をのみ尽くしながら押し寄せた津波は、神社の鳥居付近まで達します。しかし、そこでピタリと止まり、やがて引いていきました。神社は石灯籠が倒れ、鎮守の森が茂る斜面の一部が崩れるなどの被害は出ましたが、社殿や鳥居は無事残りました。結果として、土地の古老たちの言い伝えが多くの避難住民の命を救ったことになります。

稲荷（寄木）神社の鳥居。右の石灯籠は津波で倒れたが、現在は建て直されている（2015 年 5 月撮影、以下同）

1 境内にある神社の由来を記した碑
2 斜面は被害を受けたが鎮守の森は残った
3 稲荷（寄木）神社の社殿

境内の碑に記された神社の起源と由来

境内にある社殿の横には、「寄木神社の由来」と記された大きな碑が建立されています。その碑文によれば、1415年（応永22年）、時の黒木城主が神託によって寄木神社の社殿を建立。1521年（大永元年）、ここに稲荷神社を合祀《ごうし》したとされます。さらに碑文には、次のような神社の起源と由来が書かれています（要旨）。

平家没落後、志摩国磯部（三重県）に身を隠していた落武者・寺島辰之亟の一行は陸奥国石巻（宮城県石巻市）に至り、漁師となる。が、北上川の氾濫で漁労を妨げられ、適地を求めて宇多郡磯部（福島県相馬市）にやってくる。その六代目子孫である漁師の寺島三郎（通称与五作）が、ある日、漁をしていると網に古木がかかった。それを海中に捨てるが、不思議なことに同じ古木が三度も網にかかった。そこで、古木を海岸に放置したところ、夜になって海辺一帯が怪光に満ちて、与五作の夢に寄木大神からの神託があったという。

与五作は、この古木を箱に入れて藁薦《わらごも》（わらで編んだ目の粗いむしろ）で包んで祠《ほこら》に収め、「寄木大明神」として祀った。時に1339年（暦応2年）の秋のことだった。その後、与五作は漁師をやめて神官となり、市太夫と改名して寄木大明神に奉仕したと伝えられている。

つまり、稲荷（寄木）神社は三重県と宮城県をルーツとし、680年近くの長い歴史を経て現在に至っていることがわかります。

神社から見た磯部地区。集落が流失した土地のかさ上げ工事が進んでいた

神社の例大祭で神楽を奉納

津波が引いた後の磯部地区は、神社より下にある集落は壊滅したものの、上にある集落の被害はほとんどありませんでした。この地区の先祖たちは、あたかも今回の津波の到達範囲を知っていたかのようで、改めてその知恵の深さに驚きます。震災後、命拾いをした地元の人々は、先人たちが残してくれた伝承と明神さまに感謝しつつ、3・11の津波の体験と教訓を子や孫にしっかり伝えていこうと話しているそうです。

震災から1年後の2012年4月、稲荷（寄木）神社の例大祭で、地元に長く伝わる磯部の神楽（県指定重要無形民俗文化財）が奉納されました。当日は仮設住宅で暮らす住民たちも見守る中、独特の刀をのみ込む「太刀《たち》飲み」も披露され、復興を祈願するとともに伝統の行事を未来へつなげる日となりました。また、2016年2月には、市が整備を進めてきた磯部水産加工施設が完成し、その竣工《しゅんこう》式が行われました。このように、大きな被害を受けた磯部地区は今、少しずつ復興に向けた歩みを加速しつつあります。

山田神社。鳥居の奥に見えるのが仮社殿（2015年4月撮影）

山田神社

address 福島県南相馬市鹿島区北海老字磯ノ上9　access JR常磐線鹿島駅から車で約10分

現在の南相馬市と相馬市にまたがる八沢浦干拓地は、かつては遠浅の海だったところです。明治の後期から岐阜県出身の実業家・山田貞策《やまだていさく》氏の主導で干拓工事が開始され、昭和初期に広大な農地に生まれ変わりました。11人もの犠牲者を出すたいへんな難工事だったと伝えられています。

山田神社は、この八沢浦干拓地の総鎮守《ちんじゅ》です。創建は1941年（昭和16年）。その社名には、大事業を成し遂げた山田翁に対する報恩の気持ちが込められています。祭神は農業の神様「大年神《おおとしのかみ》」。干拓地の安全と五穀豊穣を願い、地域の「鎮守さま」として住民の心のよりどころとなってきた神社です。

創建時の山田神社は南相馬市鹿島区の北《きた》海老《えび》地区にありましたが、今回の震災前に隣接する相馬市蒲庭《かばにわ》地区に遷座《せんざ》（※）されていました。その蒲庭地区を3・11の大津波が襲いかかりました。同地区の海沿いの港集落40戸はすべて流失。氏子46人が命を落とし、神社の社殿も流失してしまいます。

社殿を失った山田神社は、創建時の場所である北海老に再建されることになり、一時期、同地に仮社殿と鳥居が設けられていました。以後、新社殿の完成を目指す工事が続けられてきたのです。

（※）神仏などを他所に移すこと。

熊本の高校生が仮社殿を寄贈

震災の翌年、再建を目指していた山田神社に、熊本県の球磨《くま》工業高校伝統建築専攻科の生徒たちがつくった祠が鳥居などとともに寄贈されます。その祠は仮社殿として北海老の高台に設置されました。

仮社殿の前に建てられた鳥居には、「ぽっぽさん」と呼ばれる57羽の鳥の絵が描かれています。この絵は干拓工事の犠牲者と津波で命を落とした人々を慰霊するために、神奈川県在住の絵師・はとさんが描いたもの。鳥居は天と地をつなぐものとされます。鳥居に描かれた「ぽっぽさん」に犠牲者の御霊が宿り、安らかに天に昇っていってほしいとの願いが込められています。

かつての山田神社は鎮守の森に囲まれていました。豊かな緑の森は、毎年行われる祭りの場であるとともに、地域の人々が集う絆の場でもありました。その森が津波で消失したことから、「鎮守の森を復活させよう！」との声がわきあがります。

こうした住民たちの想いが結集して、2015年5月、北海老の高台で、失われた「鎮守の森」を復活させるための植樹祭が行われました。日本財団が実施している「鎮守の森復活プロジェクト」の一環として行われたもので、植樹の監修は宮脇昭・横浜国立大学名誉教授とNPO法人「地球の緑を育てる会」が担当しています。

植樹に先立ち、福島在住の詩人・和合亮一さんらによって「ふくしま未来神楽」が奉納されました。津波犠牲者の鎮魂と地域の再生を願って新たに創作された神楽の初披露でした。2人の演者が行方不明者の捜索に使われた棒を手に登場し、和太鼓が打ち鳴らされ横笛の音が響く中、和合さんがときに静かに、ときに天に向かって叫ぶように口上を朗唱する姿は参加者の感動を呼びました。

植樹祭には、住民をはじめ全国からかけつけたボランティアなど約500人が参加し、犠牲者に黙とうを捧げた後、タブノキ、シラカシ、ヤマザクラなど25種の「ふるさとの木」の苗木約3,000本を植えました。

1

2

3

4

1 山田貞策翁の顕彰碑(2015年4月撮影)
2 植樹祭の準備作業の様子。この4日後の5月3日、植樹祭が行われた(同)
3 完成した新社殿(2017年3月撮影)
4 鳥の絵が描かれた「鳥いっぱい鳥居」は社殿下に移された(同)

助けられる側から助ける側へ

震災から5年半後の2016年9月11日、待望の新社殿が完成し、竣工奉祝祭が行われました。山田神社と御《み》刀《と》神社(130、131ページ参照)の宮司で福島県立博物館の専門学芸員でもある森幸彦さんは、「この日を迎えることができたのは、熊本の高校生のみなさんをはじめ、多くの方々が支援してくださったおかげです。今後は、宗教を問わず誰もが気軽に集まれて、みなさんの心が安らぐ場にしていきたい」と言います。

森さんは、同年4月に発生した熊本地震で、熊本県が大きな被害を受けたことに心を痛め、氏子らに呼びかけて被災地支援の義援金を募りはじめています。助けられる側から、今度は助ける側へ。震災を契機に、被災地同士の絆はますます強まっています。

仮社殿の前に立つ宮司の森幸彦さん(2015年4月撮影)

52
南相馬市

御《み》刀《と》神社

address　福島県南相馬市鹿島区北右田字剱宮《つるぎのみや》112　access　JR 常磐線鹿島駅下車、徒歩約 25 分

御刀神社（2015 年 4 月撮影）

南相馬市鹿島区の北右田《きたみぎた》地区にある御刀神社は、平安時代に編纂《へんさん》された「延喜《えんぎ》式神名帳《しきじんみょうちょう》」（※1）にその名が記載されています。これは、同神社が千年もの歴史を持つ由緒ある神社であることを意味し、景行天皇の時代に日本武尊《やまとたけるのみこと》が東征の際に勧請《かんじょう》したのがはじまりと伝えられています。相馬藩の史書『奥相志』によると、祭神は『日本書紀』にも登場する武の神様「経津主神《ふつぬしのかみ》」とされます。地名の「剱宮」や社名の「御刀」でもわかるように「剣」を祀《まつ》る神社です。

御刀神社は海から2㎞ほど離れた田んぼの中に鎮座し、毎年祭りが開催されるなど住民の心のよりどころとなっていました。しかし、今回の震災で北右田地区は大津波に襲われ、集落の60余棟のうち50棟近くが流失するなどの壊滅的な被害を受けました。同神社は神域にある杉とイチョウの木は残ったものの、社殿、鳥居、そして境内社（※2）である八坂神社の祠などがすべて流失しました。

大きな被害を受けた御刀神社には震災直後から全国の神社関係者など多くの人々が復興支援に駆け付けました。そして震災から3か月後の6月、支援者たちの尽力で元の社殿があった場所に仮社殿が設置されました。福島県内の被災した神社の中では最も早い仮社殿の設置でした。

（※1）『延喜式』とは平安中期の律令の施行細則で、現在の法令集にあたる。「神名帳」は当時の神社名を列記したもので、そこに記載された神社を「延喜式内社」と呼ぶ。御刀神社も延喜式内社の一つである。
（※2）神社の境内に鎮座し、本社の管理下にある神社のこと。

神社の隣にある1軒だけが残った

鹿島駅から海のほうに向かって歩くと、津波になめ尽くされた更地の中に突然、杉とイチョウの巨木が出現します。御刀神社の鎮守の森です。神社に到着したら、境内から周囲をぐるっと見渡してみてください。今回の津波の衝撃がいかに大きなものだったかがよくわかります。

その荒涼たる風景の中で、神社のすぐ隣にある1軒だけが津波に耐えて残っています。同神社の氏子総代を務める田村紀夫さんの家屋と納屋です。神社の杉とイチョウの木に大量のがれきがひっかかり、それが防波堤の役割を果たして津波の衝撃を弱め、奇跡的に流失を免れたのです。1階は浸水したものの、家屋と納屋は無事残り、現在は修復もすんで震災の爪痕はなくなっています。田村さんは、「わが家は神社が守ってくれたのかもしれません」と言います。

震災から1週間後、田村さんは避難先から自宅に戻りました。幸い自宅は残っていたものの、周囲の家屋や神社の社殿などがすべて消失し、一帯ががれきの山と化した光景に大きな衝撃を受けたそうです。「自宅のすぐ近くでも住民2人が亡くなった」とつらそうに語ります。

1 田村紀夫さん。左の狛犬《こまいぬ》は津波後、「わが家の座敷に座っていた」と言う（2015年4月撮影）

2 仮社殿。奉納刀箱がある。中の刀はふだんは氏子宅に保管され、神楽の舞で使われる。現在は津波で流されて行方不明（同）

田んぼの泥の中から見つかった大蛇の頭（2015年4月撮影）

「祭りで神楽を復活させたい」

御刀神社では毎年4月に行われる例大祭と、12年に一度の子《ね》の年に行われる「浜下り」で大蛇《おろち》神楽が奉納されていました。後日、田村さんは自宅から数百m離れた田んぼの中から、津波で行方不明になっていた神楽で使われる大蛇の頭を発見します。津波の衝撃で破損はしていたものの、「これでまた神楽ができると思い、久しぶりに元気が出ました」と田村さん。その後、境内社の八坂神社の御神体「素戔嗚尊《すさのおのみこと》像」もがれきの中から見つかっています。

大蛇の頭が見つかったこともあり、田村さんは「ぜひ大蛇神楽を復活させたい」と考えています。「祭りで神楽を奉納すれば、今避難している方々もきっとこの地にまた戻ってきてくれるでしょうから」。そんな日が一日も早く来ることを、田村さんといっしょに祈りたいものです。

立ち寄りスポット

「かしまの一本松」

津波に耐えた木としては陸前高田市の「奇跡の一本松」（50、51ページ参照）が有名だが、南相馬市鹿島区の右田浜海岸にも津波に直撃されながら生き残った松の木がある。数万本の松がすべて流される中、1本だけ奇跡的に残った「かしまの一本松」である。高さ約25m、根回り約2mのクロマツだ。陸前高田市の一本松は枯死したが、こちらは枯死の危機に瀕しながら今もなお生き続け、被災した人々を励まし続けている（鹿島駅から車で約15分）。

かしまの一本松（2014年1月撮影）

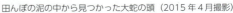

神社の社殿（右）と境内にある「震災之碑」（2015年5月撮影、以下同）

53
南相馬市

北萱浜《きたかいばま》神社

address 福島県南相馬市原町区萱浜原ノ山60
access JR常磐線原ノ町駅から車で約10分

福島県浜通りの北部に位置する南相馬市。同市は、隣接する相馬市とともに、千年以上の歴史を持つ伝統の祭礼「相馬野馬追」（国重要無形民俗文化財）の開催地として知られています。

南相馬市は、東日本大震災で震度6弱の強い揺れと高さ10m以上に達した大津波に加え、その後発生した福島第一原発の事故により、避難後の関連死を含めて市民1、100人以上が犠牲になりました。県内では最も大きな被害を受けたところです。

原発事故後、市の一部は原発から半径20km圏内の警戒区域および半径30km圏内の計画的避難区域や緊急時避難準備区域に指定されたため、多くの市民が市外や県外での避難生活を余儀なくされました。震災から5年余が経過した2016年7月、ようやく帰還困難区域を除いて同市の避難指示は解除されましたが、避難先ですでに新しい生活をスタートしている人などもいることから、故郷に帰還する人はまだ少ないのが現状です。加えて、今なお風評被害がくすぶり続けるなど、依然として市民にとっては厳しい状況が続いています。

巡礼地に選定されている北萱浜神社は、市内原町区の北萱浜地区に鎮座しています。神社は海に近い平地にあるため、3・11の大津波に襲われ、境内の白狐《びゃっこ》の石像が倒壊するなどの被害を受けました。しかし、社殿は一部が損壊しただけで流失は免れています。

善意の寄付金で社殿を修復

神社のある北萱浜地区に津波が襲来したのは午後3時30分ごろ。第一波に続いて押し寄せた第二波以降の津波は想像を絶するほど巨大なもので、高さ十数mの防潮林を越えて襲ってきたとの目撃証言もあります。そのため、地区内にあった95棟の家屋のうち65棟が流失。住民約400人のうち、53人もの尊い人命が失われました。

津波は北萱浜神社にも押し寄せ、社殿前にあった2頭の白狐の石像がなぎ倒され、重い土台石も流出。境内全域がれきで埋め尽くされました。

しかし、津波は神社付近で止まり、社殿は浸水して一部が損壊したものの、流失を免れて残りました。

震災後、地区住民や支援者の間から「損壊した神社を修復しよう」との声が上がり、再建費用を捻出するための募金活動が開始されます。こうして全国から寄せられた寄付金をもとに、2014年、社殿の修復工事が完了。津波で流失した白狐の石像の土台石も後日回収されて、石像の修理もすでに終了しています。

神社の修復で中心的役割を果たした熊谷航《わたる》さんが実施した現地調査によると、福島県新地町から南相馬市までの84の神社のほとんどが津波の浸水線上にあることがわかったといいます。そのうち8割以上にあたる67の神社が流されずに残っていて、神社を境に海側と陸側では被災状況がまったく異なっていることも判明したそうです。今回の震災では、東北の被災各地にある多くの神社が付近住民の避難場所となりましたが、その背後には的確な場所に神社を建ててきた先人たちの深い知恵があったことがわかります。

鳥居越しに見た社殿

社殿前の白狐の石像。天保の大飢饉の犠牲者を慰霊するために京都の伏見稲荷大社から連れてこられたとされる

震災から3年ぶりに伝統の神楽が復活

江戸時代後期の天保《てんぽう》の大飢饉の際、東北地方を中心に各地で多数の餓死者が出ました。相馬中村藩でも多くの人が亡くなり、他藩へ流出する人も出て、領内の人口は約3分の1まで減少しました。そのため、藩は移住政策を継続的に実施し、北陸諸藩などから多数の人が入植したといわれます。そのとき、北萱浜地区には越後（新潟県）から50戸が入植し、この地の祖先となったと伝えられています。

北萱浜神社に奉納されている伝統芸能「北萱浜の神楽と天狗舞」は、「神楽」「剣舞」「天狗舞」の3つで構成されていますが、このうちの「天狗舞」はそのときの移住者がこの地に伝えたものとされています。

震災前、神楽の用具と楽器は神社そばの北萱浜公会堂に保管されていましたが、津波で建物ごと流失してしまいました。しかし、文化庁と県の補助が得られて用具を新調するめどがつきます。そして2014年、震災以来3年ぶりに北萱浜神社に神楽と天狗舞が奉納されたのです。

住民にとって心のよりどころである神社の修復と伝統の神楽の復活は、この地区の復興にはずみをつける形になったようで、震災後、つらい日々が続いていた住民の表情にも徐々に明るさが戻りつつあります。

相馬小高神社（2015年5月撮影、以下同）

54
南相馬市

相馬小高《おだか》神社

address 福島県南相馬市小高区小高城下 173　access JR 常磐線小高駅下車、徒歩約 13 分

南相馬市小高区にある相馬小高神社は、相馬家累代の鎮守で、鎌倉時代末期の創建とされています。鎌倉時代後期から江戸時代初期までの約280年間、相馬家の居城《きょじょう》だった旧小高城の本丸跡にあり、相馬地方の伝統行事「相馬野馬追」の最終日に行われる「野馬懸《のまかけ》」の舞台となる神社として知られています。

相馬野馬追は、今から1、000年以上前、相馬家の遠祖とされる平将門《たいらのまさかど》が下総国（千葉県北部と茨城県南部）で野馬を放ち、その馬を敵兵に見立てて軍事訓練をしたのが起源と伝えられています。先祖伝来の甲《かっ》冑《ちゅう》を身にまとった数百騎の騎馬武者が、背に旗指物《はたさしもの》をつけて、ときに市中を練り歩き、ときに祭場を疾走するシーンは勇壮かつ絢《けん》爛《らん》豪華。戦国絵巻の再現とも称される祭りです。

相馬小高神社で行われる「野馬懸」は、数十騎の騎馬武者が裸馬を神社境内に追い込み、白装束の御小人《おこびと》と呼ばれる若者が暴れ馬を素手で捕らえて神前に奉納する神事です。この一連の行事が絵馬のルーツとされ、昔の名残をとどめる唯一の神事であることから、相馬野馬追が国の重要無形民俗文化財に指定されるきっかけとなったといわれています。

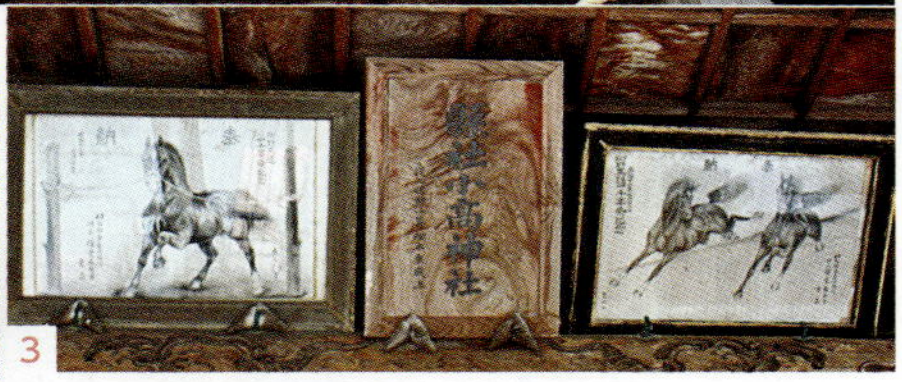

1 中世城郭の趣を残す社殿
2 3 社殿には龍や鳳凰などの彫刻が施され、馬の絵が奉納されている
4 落下した笠木が修復された三の鳥居

馬とともに生きる精神文化が定着

相馬小高神社の社殿には、神社名を記した扁額《へんがく》の隣に躍動感あふれる2枚の馬の絵が奉納されています。この絵が象徴するように、千余年にわたって野馬を追う祭りと神事を繰り返してきた相馬地方には、馬とともに生きる精神文化が根付いています。震災前の相馬地方では、年にたった3日間だけ開催される野馬追の祭りに備えて常時、数百頭にのぼる馬が飼育されていました。「野馬追を中心に1年が回る」。こうした言葉が誇張とはいえない風土なのです。

ところが、あの3月11日の地震と津波、さらにその後発生した原発事故が追い打ちをかけ、この地方の状況は一変します。飼育されていた多数の馬は、津波で流されたり、警戒区域内に置き去りにされたりして、南相馬市だけで約90頭の馬が死んだといわれます。野馬懸の会場となる相馬小高神社も、社殿前の「三の鳥居」の笠木《かさぎ》（※）が落下し、境内の石灯籠が倒壊するなどの被害を受けました。加えて、甲冑や馬具など祭りの用具も津波で流失。原発事故後は多くの住民が避難生活を強いられたこともあって、一時は野馬追の開催が危ぶまれた時期もありました。

※鳥居などの上端にかけられる横架材。

苦境を乗り越えて騎馬武者が出陣

「伝統の祭りを途絶えさせてはならない」。震災後、地元の人々からこうした声がわきあがります。住民たちは祭りの開催のために奔走し、震災からわずか4か月後の2011年7月、規模を大幅に縮小して野馬追の開催にこぎつけます。しかし、まだメーンの甲冑競馬、神旗争奪戦、野馬懸などは実施できないままでした。2012年4月、警戒区域が解除されたのを受けて、ただちに神社の修復と境内周辺の除染作業がはじまり、同年6月、鳥居や石灯籠などの修復工事が完了。翌7月、ようやく通常の形で祭りと神事を復活させることができたのです。

以後、毎年7月下旬に復興への願いを込めて盛大に相馬野馬追が開催され続けています。2015年の祭りには、約450騎の騎馬武者が参加。全国から訪れた観光客数も約20万人にのぼり、ほぼ震災前の水準に戻りつつあります。避難先から故郷に駆け付けて、急ぎ甲冑を身にまとって、そのまま出陣した人も多かったそうです。

福島県大熊町の巡礼地

大熊町にある以下の2か所も東北お遍路の巡礼地に選定されています。福島第一原発事故の影響で、いずれも現在は立ち入ることができませんが、東日本大震災を考える場合、長く記憶にとどめたいところです。

55 大熊町

福島第一原子力発電所

福島県の大熊町と双葉町にまたがる東京電力の原子力発電所。東日本大震災とその後発生した津波により、炉心溶融（メルトダウン）など放射性物質の放出を伴う重大事故を引き起こし、現在は廃炉に向けての作業が続けられている。所在地／福島県双葉郡大熊町大字大沢字北原22

56 大熊町

熊川海水浴場

熊川の河口にある県内でも指折りの美しい海水浴場。福島第一原発から3㎞の位置にある。震災前は海水浴やサーフィンを楽しむ多くの町民でにぎわっていたが、原発事故後は立ち入りが禁止されている。所在地／福島県双葉郡大熊町大字熊川字久麻川

57
楢葉町

天神岬
（津波防災対策ビューポイント）

address 福島県双葉郡楢葉町上ノ原 27-29　access JR 常磐線竜田駅下車、徒歩約 20 分（車で 5 分）

2015年、福島県楢《なら》葉《は》町にある天神岬に、東日本大震災の記憶と教訓を後世に残す目的で津波防災対策ビューポイント「みるーる天神」が新設されました。天神岬スポーツ公園内に整備された「みるーる天神」には、これまで町が進めてきた堤防の復旧、県道・町道や海岸防災林の整備などの津波防災対策の様子が一望できる展望デッキが設けられています。デッキからは津波被害の大きかった前原・山田浜地区や太平洋を眼下に見下ろすことができ、内部に設置された解説パネルには今回の震災の概要、震災前と震災後の町の写真、復興まちづくりの考え方、海岸防災林の内容などが記されています。

さらに震災から5年後の2016年3月11日、展望デッキ内に復興を祈願するモニュメント「東日本大震災復興記念碑」も新たに設置されました。木戸川を遡上する鮭の姿が描かれた美しい記念碑です。その碑文には、「こころ、つなぐ、ならは、明日へ！」のタイトルに続き、「生まれ育った川に力強く戻ってくる鮭のように、もう一度、美《うるわ》しきふるさと楢葉を取り戻すため」に、「震災の記憶と震災で学んだ教訓をここに永く後世へ伝える」と、復興への「願い」と「希望」が記されています。

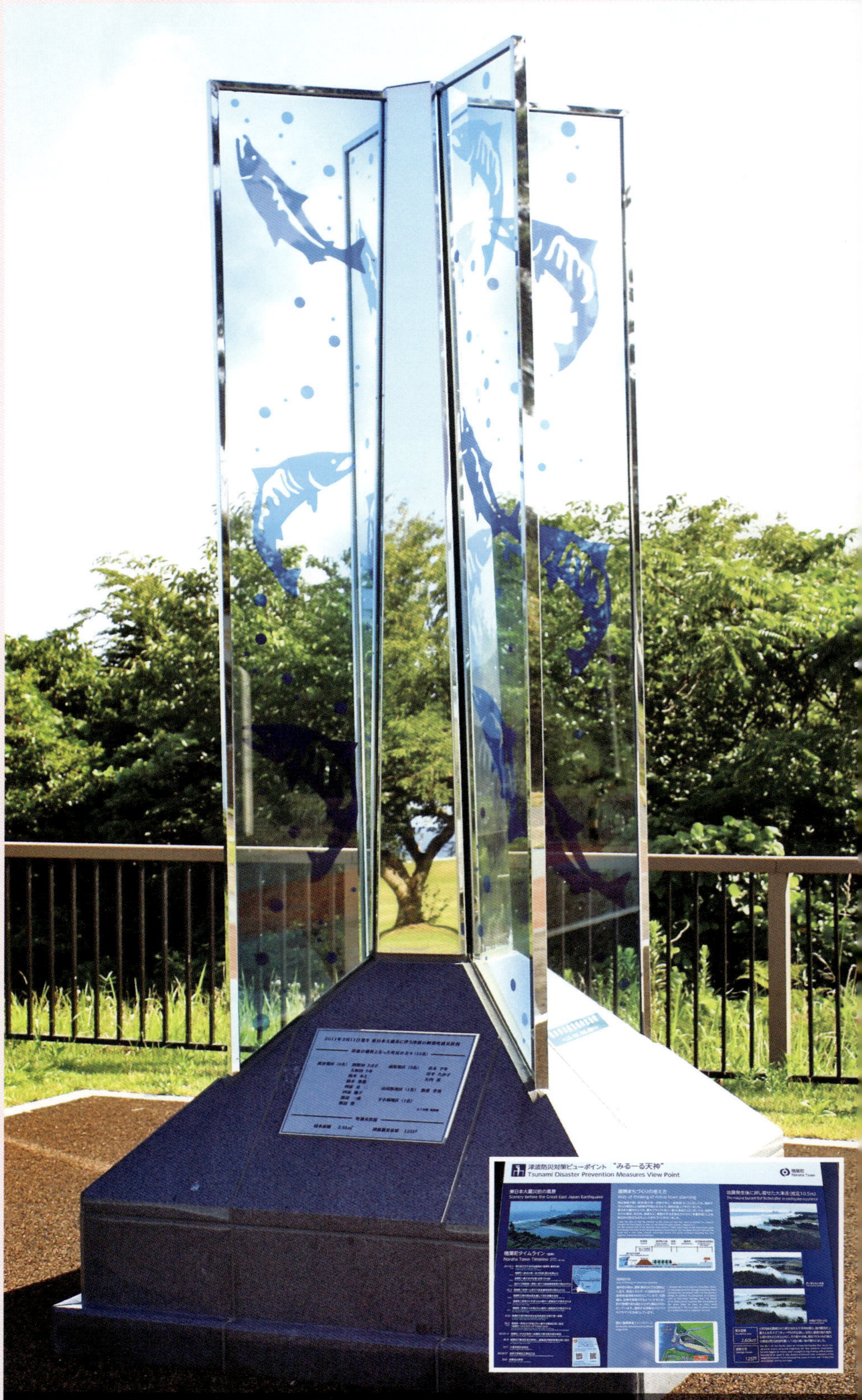
みるーる天神の「東日本大震災復興記念碑」。下は展望デッキの解説パネル（2016 年 8 月撮影）

津波襲来時の様子を映像で再現

「みるーる天神」の展望デッキには、3・11の津波が襲来する様子を映像で見ることのできる装置が備えられています。解説パネルに表示されたコードからスマートフォンなどでアプリ（PictuAR）をダウンロード（無料）し、対応する場所の写真を撮影すると当時の津波の様子が動画で表示される仕組みです。

東北の被災地めぐりをしていた高見鎮雄さん（埼玉県在住）は、この装置に気づき、さっそく試してみると、スマホの画面に津波映像が現れたそうです。高見さんは「当時の動画が見られるのは便利」と話していました。スマホを使い慣れた人なら簡単にできるので、ぜひお試しを。

また、展望デッキのそばには四阿《あずまや》が設置されていて、地震や津波について学べる解説パネルも立てられています。椅子も用意されているので、ひと休みしながら読んでみてください。

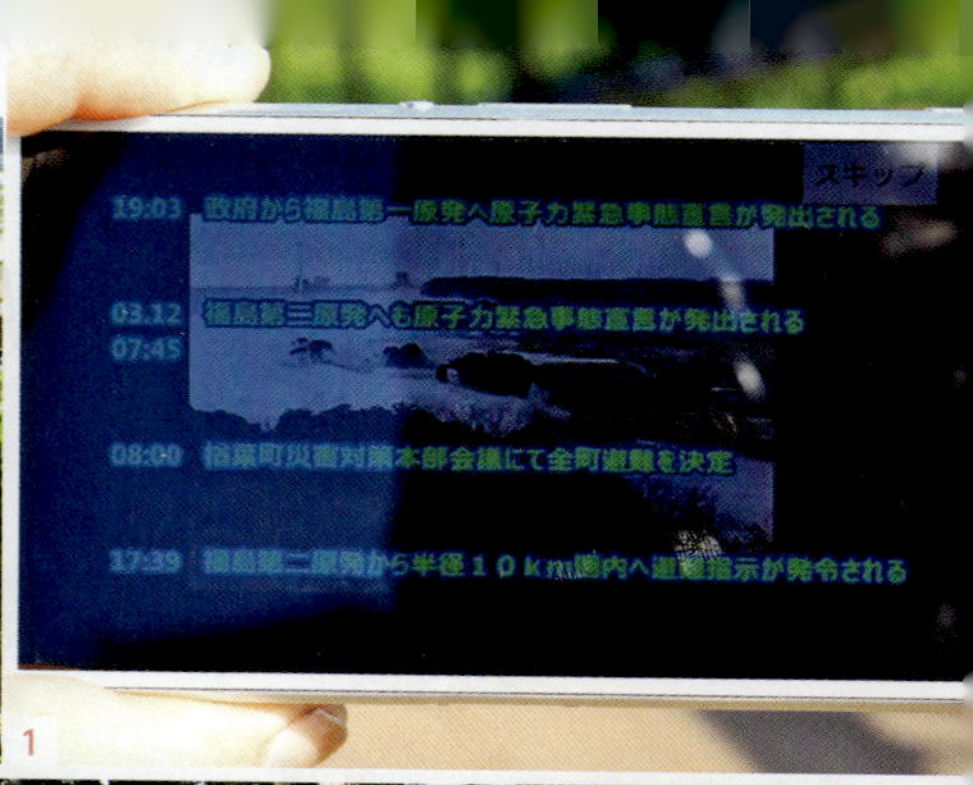

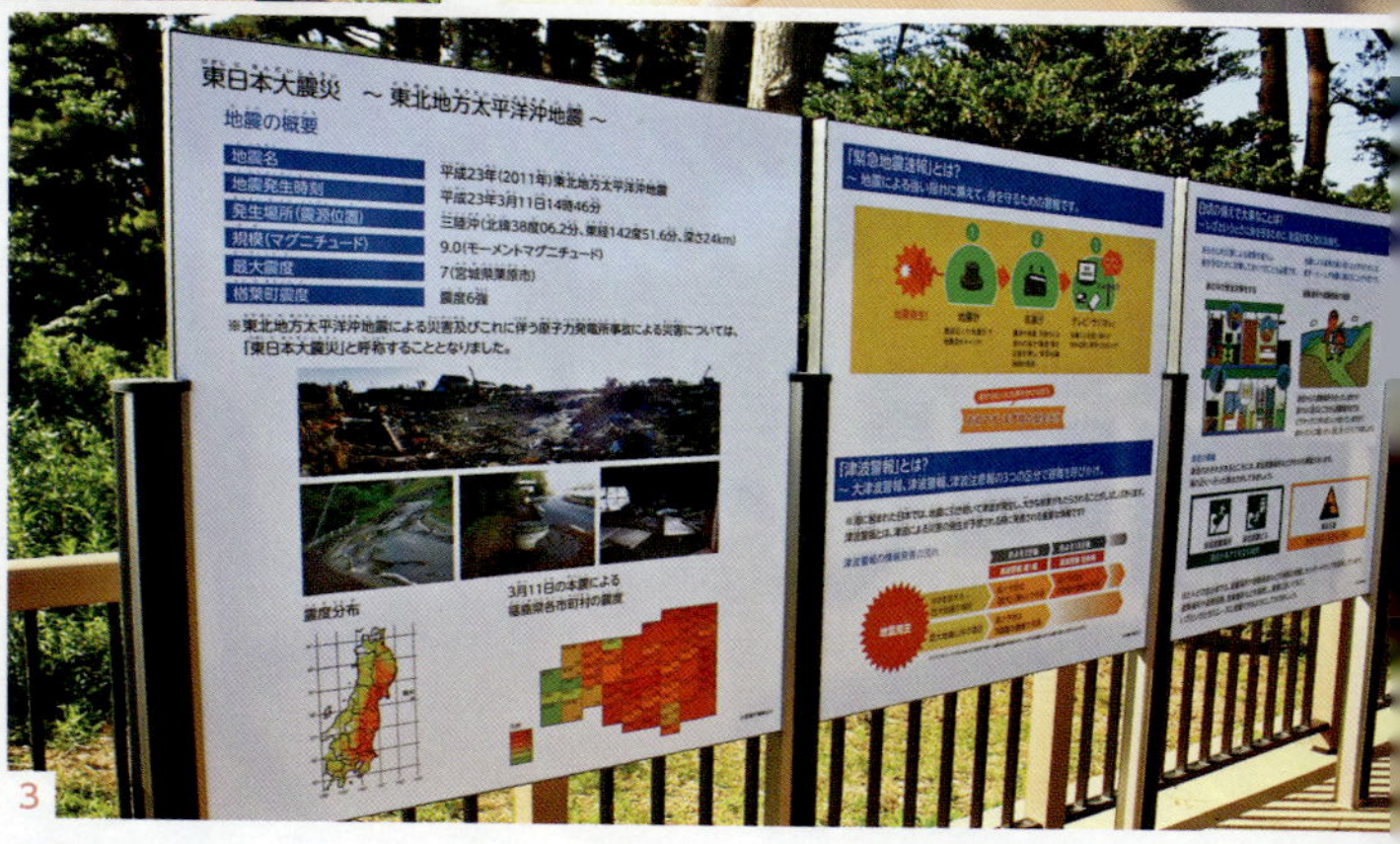

1 2 展望デッキでスマホを操作する高見鎮雄さん（左）と動画が表示された画面（2016年8月撮影）
3 四阿に設置されている解説パネル（同）

家族そろって楽しめる天神岬スポーツ公園

天神岬スポーツ公園は、海沿いにある総合レジャーエリアで、楢葉町の観光拠点の一つです。海を見下ろす広大な敷地内には、サイクリングターミナル、オートキャンプ場、テニスコート、レストランなどがあり、宿泊できる温泉施設も完備しています。園内に設置されている各種大型遊具は子どもに人気があり、家族そろって楽しむことができます。

福島県浜通りのほぼ中央部にある楢葉町は、福島第一原発からほぼ半径20kmの場所に位置しています。そのため、推定10・5mに達した津波の被害に加えて、原発事故の影響をモロに受けることになり、一時は警戒区域に指定されて全町避難を余儀なくされました。発災から4年半後の2015年9月5日、ようやく避難指示は解除されました。が、この長い歳月の間に町外で暮らすことを決めた町民もいて、震災から6年が経過した現在も故郷に帰還する人は全町民の1割に満たないのが実状です。町が本格的に復興するまでには、もうしばらく時間がかかりそうです。

4 公園の全景。この左奥に「みるーる天神」がある（2015年10月撮影）
5 園内にある「福島洋上風力天神岬展望コーナー」（同）

「Jヴィレッジ」は当面、保留扱いの巡礼地

サッカーのナショナルトレーニングセンターとして知られる「Jヴィレッジ」は、東北お遍路の第2次巡礼地に選定されている。しかし、福島県の楢葉町と広野町にまたがる同施設は、福島第一原発の事故後、スポーツ施設としては全面閉鎖され、東京電力の「福島復興本社」が置かれるなど、事故対応の拠点施設となってきた。そのため、再び美しいピッチが甦るまでは、巡礼地としては保留扱いとなっている。

「サッカーの聖地」として愛されてきたJヴィレッジは、震災当日、付近の住民数十人が避難したところでもある。現在、県は施設復興のための寄付金を募集し、2018年夏の一部再開、2019年春の全面再開に向けて準備を進めている。順調にいけば、トレーニング施設としては日本初の全天候型練習場（グラウンド1面規模）も誕生する予定だ。1日も早く、この広大な施設にスポーツを愛する人々が集い、明るい歓声が響くことを祈りたい（JR常磐線木戸駅から徒歩約15分）。

Jヴィレッジ（2016年8月撮影）

修行院（2015年10月撮影、以下同）

58
広野町

修行院《しゅうぎょういん》

address 福島県双葉郡広野町大字下浅見川字桜田 137　access JR 常磐線広野駅下車、徒歩約 7 分

福島県浜通りの南部に位置する広野町。同町は、かつて浜街道の宿場町「広野宿」として栄えたところで、県内でも雪の少ない温暖な気候で知られています。巡礼地に指定されている修行院は、同町沿岸部の下浅見川地区にあります。あの3月11日、広野町は震度6弱の激しい横揺れに襲われました。その45分後、推定9mの大津波が襲来。町全体で死者47人、行方不明者1人にのぼる甚大な被害が出ました（総務省消防庁調べ、2017年3月1日現在）。

町内で最も大きな被害が出たのは下浅見川地区で、修行院付近の家屋や水田はほぼ壊滅しました。津波は小高い丘の上にある寺にも容赦なく押し寄せ、本堂は辛うじて残ったものの、庫《く》裏《り》は倒壊寸前の状態に陥り、墓石のおよそ6割が倒壊しました。

その直後に発生した原発事故がさらに追い打ちをかけました。広野町は福島第一原発の半径20〜30㎞圏内に位置しているため、翌月、緊急時避難準備区域に指定され、5，000人以上の町民全員が避難を余儀なくされました。修行院の住職・岡田文明さん一家も、各地を転々とした後、いわき市に避難しました。以後、岡田住職は毎日車で修行院に通い、たった一人で黙々と寺および周辺の後片付けを行ったと伝えられています。他の被災地にはすでに多数のボランティアが支援に駆け付けていましたが、避難指示が出ていた当時の広野町は、そうした支援が受けられなかったためです。

修行院の全景

物資不足の被災者に境内で支援物資を配布

岡田住職の孤軍奮闘により、本堂内部や境内に散乱していたがれきが取り除かれ、寺はなんとか本堂で法要が営めるまでに復旧しました。2011年9月には同町の「緊急時避難準備区域」指定が解除され、修行院にも全国から続々とボランティアが駆け付けるようになります。10月と11月には、寺の境内を開放して「修行院 ふれあい広場」が開催されました。これは、いわき市などで復興支援活動を展開してきたボランティアグループ「GOLD☆GATEプロジェクト」をはじめ、全国の人々の協力で支援物資を集め、被災した町民に日用品、食料品、飲料水、衣料品などを境内で配布するという取り組みです。まだ物資の不足で困っていた被災者たちにたいへん喜ばれたそうです。

支援の輪はさらに広がり、岡田住職の専修学院時代の同期生などの手で「修行院復興ブログ」も開設されました。これは、同寺と町の復興を応援するため、パソコン等が利用できる環境にない住職に代わって同期生有志が立ち上げたもので、現在も以下のサイトで読むことができます。

http://hironoshugyoin.blog.fc2.com/

3

1 修行院のシンボル、カヤの巨木。この木は町の「緑の文化財」に登録されている
2 カヤの木の根元にあるカエルの石像が来訪者を迎えてくれる
3 震災後、境内に設置された「東日本大震災 復興祈願と震災物故者供養の碑」

1

2

修行院の墓地には“敵軍”の兵士も眠る

修行院の周辺は、あの戊辰《ぼしん》戦争の際、攻め寄せる新政府軍兵士と守る東北諸藩兵士が激戦を交わしたところとして知られています。いわゆる「広野の戦い」です。

修行院には、この戦いで戦死した芸州（広島）藩士や長州（山口）藩士の墓があります。これらの墓は、3・11の津波で倒壊しましたが、その後、岡田住職のはからいで元の姿に修復されました。墓の修復に携わった地元の石工は、「私たちにとっては敵軍とはいえ、若くして見知らぬ地で亡くなり、故郷に戻れなかった兵士たちはさぞかし無念だったろう。放置しておくのは気の毒」として、すべて手弁当でこの工事を引き受けたといわれています。「死者には敵も味方もない」。こうした考えで、今もこれらの墓は手厚く守られています。震災後、広島の戊辰戦争記録保存会の関係者から、修行院に心のこもった見舞い状が届けられたそうです。なんとも、いい話です。時間が許せば墓地にも立ち寄り、「藝州」「長州」と刻まれた古い墓石をぜひ探してみてください。

59
いわき市

稲荷神社

address 福島県いわき市久之浜町東町

access JR 常磐線久ノ浜駅下車、徒歩約５分

秋葉神社を併設している稲荷神社は、いわき市の北東部に位置する久之浜《ひさのはま》地区にあります。久之浜港を擁する同地区は古くから漁業で栄えたところで、国道6号沿いにある景勝地「波立《はったち》海岸」は奇岩怪石の連なりと弁天島で知られ、初日の出の撮影スポットとしても有名です。

久之浜地区の玄関口、常磐線久ノ浜駅（※）で下車し、海に向かって数分ほど歩くと、突然、家並みが消えて、広大な更地に風景が一変します。震災前まで、この一帯は数十の店舗が並び、買い物客などでにぎわっていた商店街でした。しかし、あの3月11日、堤防を乗り越えて襲来した大津波と、その後発生した火災により、商店街や家屋は土台を残してすべて消失してしまいました。

更地内を見渡すと、取り残されたかのようにポツンと建つ小さな神社があります。これが津波にも、その後発生した大火にも耐えて残った稲荷（秋葉）神社です。周囲の建物が壊滅的被害を受けた中で、同神社は鳥居が倒れたものの、社殿は無事残りました。なぜ、この神社だけが残ったのか。地元の人にそのわけを尋ねてみると、「そう、不思議なんだよねー」と一様に首をかしげるばかり。そのうちの一人、ある70代半ばの男性は、しばし黙考したあと、「そりゃ、神社だから残ったんだろうね」と真顔で答えてくれました。更地の中に唯一残った神社の凛《りん》とした姿を見ると、この禅問答のような答えが、もしかすると正解なのかもしれません。震災後、稲荷神社の鳥居は再建され、地元の人々から「奇跡の神社」と呼ばれているそうです。

（※）地名の場合は「久之浜」、駅名の場合は「久ノ浜」と表記する。

稲荷神社（2015 年 10 月撮影）

神社前で はためいていた「ここに故郷あり」の旗

大津波に加えて、火災にも遭遇した久之浜地区は、海沿いにあった家屋や店舗がほぼ全壊し、震災関連死を含めて60人以上の住民が犠牲になりました。しかも、同地区は福島第一原発から約30㎞の位置にあるため、一時期、全域が避難区域となり、地区内の住民の約9割が避難生活を強いられました。その後、指定は解除されましたが、今もなお地区外での避難生活を続けている人が少なくありません。

とくに被害の大きかった海沿いの一帯は、住民の居住が禁止されて、今は防災緑地と防潮堤の整備工事が進行中です。稲荷神社は、元の場所に残される予定ですが、周囲の集落はすべて消滅し、「何も無い場所」と化しています。そこで、被災した住民たちを励ますために、震災後の一時期、神社の鳥居脇に「ここに故郷あり　稲荷神社」と大書された白い旗がはためいていたことがあります。神社周辺では土地のかさ上げ工事が進んで、わが家がどこにあったのかさえわかりにくくなった被災者たちは、この旗で大いに勇気づけられたそうです。

1

2

4

3

1 震災から2年10か月後の稲荷神社（2014年1月撮影）
2 震災から4年半後の稲荷神社（2015年10月撮影）
3 景勝地「波立海岸」の弁天島（2016年8月撮影）
4 海沿いでは植樹活動もはじまった（同）

浜風商店街（上）と「ふれあい情報館」の内部（2016年8月撮影）

被災地初の仮設店舗「浜風商店街」

「久之浜の復興のために一日も早く地元で店を再開したい」。津波と火災で店舗を失った商店主たちは、震災後ただちに、こうした想いで結束して立ち上がり、商店街の再興に向けた取り組みを開始しました。そして、震災からわずか半年後の2011年9月、久ノ浜駅近くの久之浜第一小学校敷地内に仮設店舗を設け、「浜風商店街」として再スタートを切ったのです。

周知のとおり、3・11以後、東北の被災各地で仮設商店街が次々と誕生しましたが、その先陣を切る形でオープンした「浜風商店街」は、「被災地初の仮設商店街」「復興のシンボル」として全国的に注目されました。その後、多くのメディアに取り上げられたこともあって、「浜風商店街」には建設中から他の被災自治体からの視察が相次いだといわれます。

「浜風商店街」は、食堂、スーパー、鮮魚店、理容店、酒店、靴店、電気店、駄菓子店など9店舗のほか、「久之浜ふれあい情報館」などが入居し、情報館では発災時の情報提供や写真展示などを行っています。同商店街はオープン当初から地元の人々をはじめ、被災地を支援しようという観光客などでにぎわっていました。しかし、同商店街は学校敷地内にあることから、2017年3月、仮設店舗としての役割にひと区切りつけ、今後は個々に自力での再建を目指すことになっています。

60
いわき市

道山林《どうざんりん》

address　福島県いわき市の新舞子浜海岸沿いの約10km　access　JR常磐線いわき駅から車で約20分

道山林（2016年8月撮影）

福島県いわき市の新舞子浜海岸に沿って、南北に長く延びる海岸防災林があります。松（クロマツ）を主体としたこの防災林は、江戸時代に磐城平藩の初代藩主・内藤政長が領内の田畑と領民を守るため、防風・防潮を目的に海岸沿いにクロマツを植えたのがはじまりとされます。そのため地元の人々は、この防災林を政長の法名に因《ちな》んで「道山林」と呼んでいます。

道山林は、新舞子浜に沿って走る県道382号（豊間四倉線）の沼ノ内―四倉町間にあり、その長さは国有林だけで約7km、民有林も含めた全体では約10kmに及びます。東日本大震災以後、この防災林が400年近くの時を超えて再び注目を集めています。理由は、道山林が3・11の津波の勢いを弱めて、被害の軽減に一定の効果を発揮したことがわかってきたためです。

震災当日、新舞子浜海岸は7mを超える大津波に襲われました。その衝撃で一部の松は根こそぎ流失しましたが、大波に耐えて残った松林が第一波の津波で流されてきたがれきを受け止め、第二波の津波が内陸部に浸入するのを防ぐ、いわば緑の防波堤の役割を果たしました。その結果、海岸周辺では大きな被害が出たものの、道山林より内陸側にある家屋や田畑は浸水程度の軽微な被害ですみ、多くの人命が救われたのです。

海岸方向（左側）はクロマツが主体だが、内陸方向（右側）にはクロマツとともに広葉樹も植えられている（2015年10月撮影）

海岸防災林の津波減衰効果

「防災林を境に津波の勢いが弱まった」「防災林より内陸側の被害は少なかった」。津波襲来後、防災林周辺の住民からこうした報告が相次ぎました。そこで、国も海岸防災林の津波減衰効果に注目するようになり、震災後に発表した「東日本大震災に係る海岸防災林の再生に関する検討会」の中間報告で、「津波自体を完全に抑止することはできないものの、津波エネルギーの減衰効果など被害の軽減効果を発揮していると考えられる」として、海岸防災林の一定の津波減衰効果を確認しています。

とはいえ、防災林は完全に津波を遮断するものではなく、当然、津波の一部は林内を通過して内陸に向かって遡上《そじょう》するケースもあるわけです。その効果を過信することなく、今後のより詳細な検証結果を注視する必要があります。

また、道山林近くに住む住民の間では、防災林の中を流れる横川などの河川や点在する沼が津波の受け皿となってプールの役割を果たし、津波の勢いを弱めたとする証言もあります。

1 津波の衝撃で林内の柵は倒れ、電柱には3.11の津波到達高が表示されている（同）
2 大津波の直撃を受けて立ち枯れた松も少なくない（同）

試行錯誤を重ねて道山林はつくられた

このように、今回の震災では道山林のおかげで多くの市民の命が救われました。しかし、防災林が津波の衝撃を受け止めた代償は大きく、林内の膨大な数の木々が倒れ、また流失しました。そこで、新舞子浜の海岸沿いでは今、かつての美しい松並木を再生するための取り組みがはじまっています。すでに各所で松の苗木が育てられており、2013年には多くのボランティアが参加して植樹祭が開催され、1、300本のクロマツの苗木が植樹されました。

現存する記録によれば、内藤政長が取り組んだ松林の造成事業は当初、失敗の連続だったようです。しかし政長はこれに屈せず、その後も試行錯誤を重ねました。そして、俵に栄養分に富む土を入れ、これに苗木を植え、それを砂浜に埋め込む方法を考案して、ついに壮大な植樹事業に成功したと伝えられています。江戸時代のお殿様は、幾多の困難を乗り越え、見事な知恵で今に残る長大な松林をつくったわけです。地元の人々が、この松林を政長への敬愛と感謝を込めて「道山林」と呼ぶ理由がよくわかります。ちなみに、いわき市の木にはクロマツが選ばれています。

3 道山林の再生に向けた取り組みが進む（2016年8月撮影）
4 海岸から約250mの距離にある「かんぽの宿いわき」。道山林より内陸側にあり、津波の被害を免れた（同）

新舞子浜海岸にはコアジサシの繁殖地がある（同）

塩屋埼灯台（2015年10月撮影、以下同）

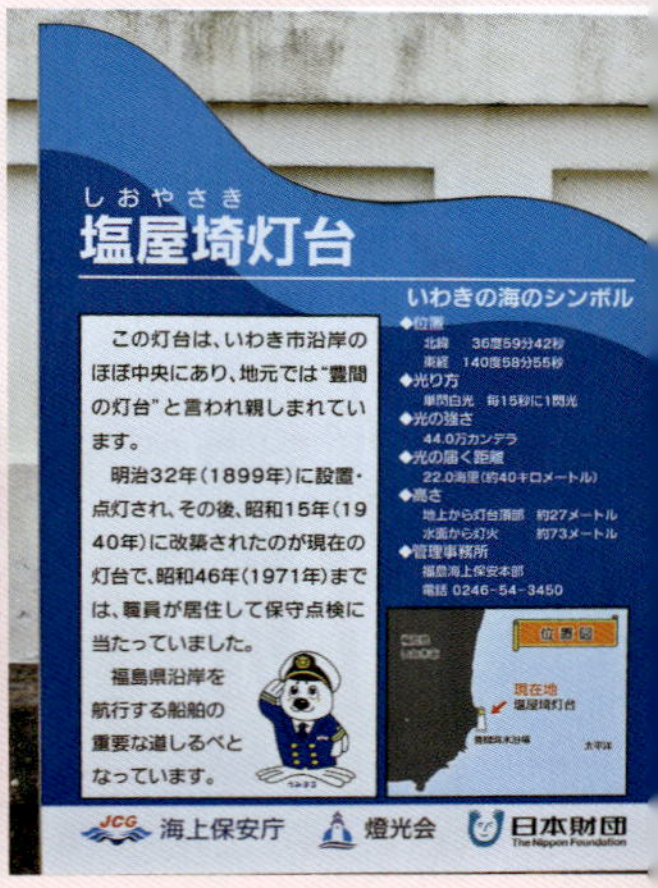

61
いわき市

塩屋埼《しおやさき》灯台と薄磯《うすいそ》・豊間海水浴場

address 福島県いわき市平薄磯宿崎33

access JR常磐線いわき駅から江名経由小名浜行きバスで灯台入口バス停下車、徒歩約15分

塩屋埼灯台は、いわき市の薄磯海岸に突き出た断崖の上に立つ灯台です。白亜《はくあ》（白壁）の美しい外観から「日本の灯台50選」に選ばれ、さらに昭和の歌姫・美空ひばりと深い縁があり、往年の名作「喜びも悲しみも幾歳月《いくとしつき》」（木下恵介監督）の舞台ともなったことから、震災前は毎年、全国から約30万人の観光客が訪れる市内有数の人気スポットでした。

灯台が設置・点灯されたのは1899年（明治32年）のこと。その後、1938年（昭和13年）の福島県東方沖地震や1945年（同20年）の戦時下、米軍の攻撃で大破しましたが、1950年（同25年）に復旧工事が行われて現在の姿になりました。海面から灯火までの高さは73m。灯火の光度は44万カンデラで、沖合22海里（約40㎞）まで光を放ち、海の安全を守り続けています。灯台は一般公開されていて参観が可能（中学生以上200円、小学生以下無料）。灯台内のらせん階段を上りきった展望デッキからは、太平洋の青い海原とともに、北に薄磯海岸、南に豊間海岸を一望することができます。

灯台は、東日本大震災の津波で被災して一時、灯火が消えましたが、8か月後の11月に再点灯しました。復旧工事のため休止されていた灯台の参観も2014年に再開。市の復興のシンボルとして海を照らし続けています。

灯台を見上げる 薄磯・豊間海水浴場

灯台の両側には、3・11の津波で大きな被害を受けた二つの海水浴場があります。北側にあるのが薄磯海水浴場。震災前は市内で最もにぎわっていた海水浴場で、「日本の渚百選」にも選ばれていました。南側にあるのは豊間海水浴場。白い砂浜が続き、波風にも恵まれていることから、サーファーにたいへん人気がありました。

しかし、美しい海水浴場のある薄磯地区と豊間地区は、このたびの震災で大津波に急襲され、どちらも壊滅的な被害を受けました。とくに薄磯地区の被害は甚大で、120人を超える犠牲者が出ました。そのため震災後は、薄磯と豊間の海水浴場は一時期、閉鎖されました（薄磯海水浴場は2017年に再開）。

薄磯海岸

灯台から薄磯海水浴場方向を望む

灯台から見た豊間海水浴場方向

灯台下で流れる 美空ひばりの歌

灯台の近くには、美空ひばりのファンでにぎわう「雲雀《ひばり》乃苑《その》」が設置されています。ご存じのように、晩年、大病をした美空ひばりは、復帰第一作として「塩屋埼の海」をテーマとした「みだれ髪」（作詞・星野哲郎、作曲・船村徹）を発表、大ヒットします。その縁で1988年（昭和63年）、灯台の上り口近くに「みだれ髪」の歌碑が建立されました。さらに1990年（平成2年）、遺影碑が建てられ、2002年（同14年）には塩屋埼の海を見つめる位置に「永遠のひばり像」も建立されました。

津波で灯台周辺が大きな被害を受ける中で、歌碑やひばり像は奇跡的に残りました。歌碑や像の前に立つと、センサーが作動して、なつかしい名曲「みだれ髪」と「悲しき口笛」の歌声が流れる仕組みになっています。

灯台に上る階段入り口には、「喜びも悲しみも幾歳月」の記念碑が建立されています。映画「喜びも悲しみも幾歳月」は、当時の塩屋埼灯台長の妻の手記を題材に、木下監督自ら脚本を書いた灯台守夫婦の物語で、佐田啓二と高峰秀子が主演して大ヒットした作品。また、この映画の同名の主題歌を若山彰《あきら》が情感豊かに歌い上げて、これまた空前のヒット曲となりました。

震災を乗り越えた灯台を見ながら、ありし日の「歌姫」の歌声と灯台守夫婦のストーリーを思い出してみてください。

2

4

3

1

1 「喜びも悲しみも幾歳月」の記念碑
2 「雲雀乃苑」にある美空ひばりの遺影碑
3 「みだれ髪」の歌碑
4 永遠のひばり像

アクアマリンパーク。奥に見えるのが「アクアマリンふくしま」（2015年10月撮影、以下同）

62
いわき市

アクアマリンパーク

address 【アクアマリンふくしま】福島県いわき市小名浜字辰巳町50

access 【アクアマリンふくしま】JR常磐線泉駅から小名浜・江名行きバスで支所入口バス停下車、徒歩約10分／常磐自動車道いわき湯本ICから車で約20分

アクアマリンパークは、いわき市の小名浜港1・2号埠頭《ふとう》間にある海洋性公園です。パーク内には、環境を重視した水族館「アクアマリンふくしま」をはじめ、いわき市観光物産センター「いわき・ら・ら・ミュウ」、食をテーマとした商業施設「小名浜さんかく倉庫」などがあり、県内有数の人気スポットとして多くの観光客でにぎわっています。

東日本大震災の際、小名浜港一帯は推定4・2mの津波に襲われました。水族館「アクアマリンふくしま」は、建物の被害はなんとか免れたものの、1階と地下が完全に水没。地下の電気系統が使用不能となり、水温管理やろ過などの生命維持装置が使えなくなるという深刻な事態に陥りました。当初は飼育していた海洋生物の一部を近隣の水族館などに緊急避難させ、自家発電装置と備蓄燃料を使ってなんとか対処していました。が、津波被害に加え、その後発生した原発事故後の混乱で燃料と餌が入手できなくなり、ついに最後の燃料も使い果たして約20万匹におよぶ貴重な生物がほぼ全滅してしまいます。

震災発生時、館内には来館者・スタッフら約250人がいました。しかし、全員がただちに3階などに避難して助かっています。九死に一生を得た水族館スタッフたちは、大きなダメージを受けながらも、すぐに同館再開に向けての準備を開始します。そして、震災からわずか4か月という驚異的なスピードで営業再開にこぎつけたのです。

アザラシの赤ちゃんが避難先の水族館で誕生

震災から1か月後の2011年4月、「アクアマリンふくしま」から千葉県の水族館「鴨川シーワールド」に移送されていたゴマフアザラシの「くらら」が、1匹の赤ちゃんを出産します。生まれたのはオスで、復興への願いを込めて「きぼう」と命名されました。生後まもない「きぼう」の愛くるしい姿は、その後多くのメディアに取り上げられ、震災後の明るいニュースとして日本中の注目を集めました。

2013年、「きぼう」は繁殖を目的に青森県の浅虫水族館に移されますが、さらに母親「くらら」は同年に第2子「みらい」を、2015年には第3子「あさひ」、2016年には第4子「ひかり」をそれぞれ出産。いずれも水族館の人気者となりました。

現在、「きぼう」の妹「みらい」は繁殖目的で鴨川シーワールドに移送されていますが、弟の「あさひ」は「アクアマリンふくしま」で得意技の“逆さ泳ぎ”を連日披露し、来館者の大きな拍手を浴びています。

同館は、2006年にインドネシア海域で世界2例目となるシーラカンスの水中撮影に成功するなど、とくにシーラカンスの展示・紹介に力を注いでいます。1階にある展示コーナーでは、世界で初めて撮影に成功したシーラカンスの稚魚の水中映像も公開されています。また、親潮と黒潮の様子を同時に見ることができる三角形の巨大水槽「潮目の海」も、同館の必見ポイントです。

1 環境水族館「アクアマリンふくしま」
2 同館が実施している「バックヤードツアー」に申し込むと無料で水族館の裏側を案内してもらえる（所要時間約30分）
3「きぼう」の弟「あさひ」。お得意の“逆さ泳ぎ”を披露中

観光物産センターで東日本大震災展を開催

市の観光物産センター「いわき・ら・ら・ミュウ」は2階建ての複合施設で、地元海産物などの物販ゾーン、土産物販売店、レストラン、遊覧船の発券所、観光案内所などがあります。3・11の津波で施設の1階部分が崩壊。一時、営業停止に追い込まれましたが、2011年11月にリニューアルオープンしました。その際、新たに東北最大級の室内型遊び場「わんぱくひろばみゅうみゅう」を開設し、親子一緒に楽しめる施設になっています。

センターの2階にある「ライブいわきミュウじあむ」では、「いわきの東日本大震災展」を開催しています。入場無料。時間が許せば、ぜひ見ておいてください。

4 観光物産センター「いわき・ら・ら・ミュウ」
5 センターの入り口には3.11の津波到達高が表示されている

63
いわき市

勿来《なこそ》の記憶の広場

address 福島県いわき市勿来地区（岩間町の防災緑地）
access JR 常磐線勿来駅または常磐自動車道いわき勿来 IC から車で約 17 分

いわき市の南部、勿来地区の岩間町にある「勿来の記憶の広場」は、「東北お遍路」の全巡礼地の中で最も南に位置しています。北から順に巡礼地を訪ねてきた場合は、いよいよこの地がゴール。「四国お遍路」でいえば、最後の八十八か寺目の「結願《けちがん》の寺」に相当します。

勿来は、「奥州三関」の一つに数えられる「勿来関《なこそのせき》」があったところとされ、紀貫之、小野小町、和泉式部、西行法師らが歌に詠んだ歌枕の地としても有名です。常磐線勿来駅の駅前には、八幡《はちまん》太郎《たろう》の通称で知られる源義家の像が建立されています。その傍らには歌碑があり、義家がここを訪れた際に詠んだ**「吹く風を 勿来の関と 思へども 道もせに散る 山桜かな」**の歌が刻まれています（※）。

東日本大震災の津波で、勿来地区は大きな被害を受けましたが、なかでも岩間町の被害は甚大でした。あの日、岩間地区は7・6mを超える大津波に襲われました。防潮堤を破壊しつつ乗り越えた津波は、内陸に向かって遡上して集落を急襲。その結果、地区内の大半の家屋が流され、10人以上の犠牲者が出ました。

（※）『千載和歌集』に収載されている歌。吹く風を「来る勿《なか》れ」と思っても、道もふさがるほどに山桜が散っているよ、といった意味。

防災緑地の造成工事が進む岩間地区（2015 年 10 月撮影）

勿来駅前にある源義家像と歌碑（2015年10月撮影）

震災から4年1か月後の岩間地区。防災緑地の造成工事中で、この地にあった墓地は別の場所に移されることになった（2015年4月撮影）

住民の意向を反映した 岩間地区の防災緑地

震災後、県は市と連携しつつ、岩間地区の津波対策に着手しました。海沿いに高さ7・2mの防潮堤をつくり、それと並行する形で幅20～55m、4・8haの防災緑地を整備する計画で、すでにその造成工事が着々と進行しています。

岩間地区の防災緑地の設計には、地元住民の意向が反映されているのが特徴です。津波対策事業は行政主導で画一的に行うのではなく、それぞれの地域の特性を取り入れた内容にすべきだとの考えから、地元のNPO法人「勿来まちづくりサポートセンター」が主体となり、それに大学教授などの専門家や住民が加わる形で幾度も検討を重ねて、具体的な構想が練られてきたのです。

その計画の中身は、①防災緑地内を「地域交流ゾーン」「津波被災伝承ゾーン」「芸術公園ゾーン」の3つに分ける②津波被災伝承ゾーンに津波で破壊された防潮堤の一部を展示する③あわせて津波被災伝承ゾーンの一角に震災モニュメントを設置し、その下に津波被災者の証言や映像記録を収納したタイムカプセルを埋める――という構想です。

タイムカプセルは 震災20年後に開封

「津波被災伝承ゾーン」の「記憶の広場」に設置するモニュメントは、卵形をしたオブジェで、孵化《ふか》を待つ明るい将来をイメージするもの。その制作は、いわき市出身の北郷悟《さとる》東京藝術大学教授らが担当しています。その下に埋められるタイムカプセルには、筑波大学の学生で構成する「Tsukuba for 3・11」のメンバーなどが、夏休みや休日を利用して被災者を一人ひとり訪ね、直接聞き取った貴重な証言と映像記録が収納されます。タイムカプセルが開封されるのは震災から20年後の予定です。

岩間地区の防災緑地には、現地に生育する樹種を基本に多様な苗木が植樹されることになっており、すでにその準備作業として、センターのメンバー、樹木医、芝浦工業大学の学生、市職員などによって苗木やドングリの採取が行われ、それらは近隣の小学校で大切に育てられています。

タイムカプセルが開封される20年後には、地震、津波、原発事故の苦難を乗り越えて、多くの人が未来への想いを込めて設置した〝卵〟が願いどおりに孵化し、私たちの子や孫たちが安心して暮らせる地域になっていることを、地元のみなさんとともに祈りたいと思います。

1 震災から4年7か月後の岩間地区。工事関係車両が忙しく行き交っていた（2015年10月撮影）
2 震災から5年5か月後の岩間地区。防潮堤はほぼ完成し、海岸を訪れる人も増えた（2016年8月撮影）

2

1

遍路みちで見つけた「ことば」③ 福島編

二本松市で

浪江町でそば・うどん店「杉乃家」を営んでいた芹川輝男さんは、震災・原発事故後、自宅を同町に残したまま二本松市に避難した。その後、二本松駅前で店を再開し、浪江からの避難者を元気づけたいと、名物「なみえ焼きそば」を提供している。店内には「がんばろう！浪江　ありがとう二本松」と書かれた横断幕が掲げられている。その青い色は、故郷・浪江のきれいな海の色だと言う。語らずして、望郷の想いが伝わってくる（2014年1月撮影）

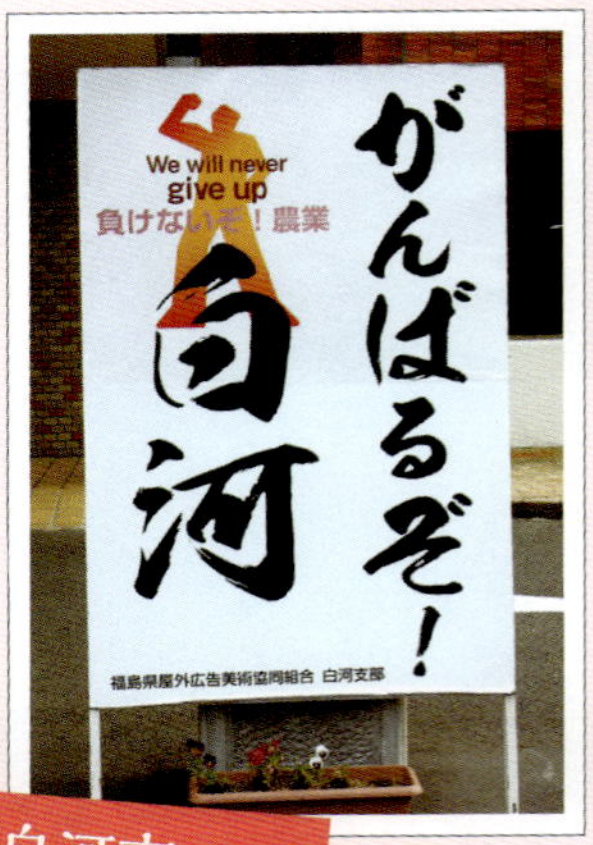

白河市で

白河市役所前に置かれた看板には「がんばるぞ！白河」「負けないぞ！ 農業」の文字が書かれていた（2014年6月撮影）

浪江町で

福島第一原発から7㎞北に位置する請《うけ》戸《と》漁港。同港所属の漁船は、津波と原発事故の影響で南相馬市に避難していたが、2017年2月25日、6年ぶりに26隻の船が大漁旗を掲げて帰港。住民たちは笑顔で「おかえりなさい」と出迎えた。船上ではためく旗に記された「大漁」の文字は、漁師たちの切実な祈りだ（2017年3月撮影）

楢葉町で

国道6号沿いにはボランティアが植えた桜の苗木が並び、それぞれの木に地元中学生たちが書いたメッセージが添えられていた。どれも30年後の故郷に寄せる熱い想いにあふれた「ことば」ばかり。子どもたちが大人になったとき、この祈りにも似た願いが実現していることを一緒に祈りたい（2014年6月撮影）

いわき市で

被災地初の仮設商店街「浜風商店街」（141ページ参照）の缶バッジ。復興支援のために訪れるボランティアや観光客などに人気がある。「元気 発信」の文字が光るバッジは、被災者と支援者をつなぐ大事なツールの一つだ（2016年8月撮影）

クローズアップ

震災語り部として400回講演。次々と楽しいイベントを考案し被災した人々を励ます

村上美保子さん

（福島県新地町）

紙芝居を使って震災体験を語る村上さん（2017年3月撮影、以下同）

町を襲った大津波で自宅と老舗旅館を失う

北は札幌から南は大分まで、求められれば全国どこへでも出向き、これまでに400回以上も自らの被災体験を語り続けてきた人がいます。震災前まで新地町の釣師浜漁港近くで100年以上続く旅館「朝日館」を営んでいた村上美保子さんです。村上さんは、震災語り部としてその名が知られているだけでなく、一般社団法人東北お遍路プロジェクトの理事も務めています。

新地町を襲った東日本大震災の大津波で、村上さんは自宅と旅館を失い、明治以来続いてきた海辺の老舗旅館は廃業を余儀なくされました。被災した村上さんは、避難所を経て仮設住宅暮らしを経験した後、町内の高台に自宅を再建。震災以後、全国から駆け付けた多くのボランティアなどの支援を受けたことから、「自分のできる恩返しは体験を伝えること」と考え、震災語り部として東奔西走する日々を送ってきました。

秋田県で生まれた村上さんは、小中学生時代を岩手県で過ごし、1972年、新地町の旅館に嫁いで「朝日館の女将《おかみ》」となります。村上さんが子どものころ通った小学校は岩手県岩泉町にありました。同町沿岸部は津波常襲地のひとつです。そのため、先生から明治や昭和の大津波の恐ろしさと教訓を繰り返し教えられて育ったといいます。すなわち、「大地震のあとは必ず津波が来る。だから、まずは自分だけでも急いで高台に逃げなさい。家族を心配して家に戻ってはいけない。家族全員が身を守れば、いつかどこかでまた会えるのだから」という教えでした。村上さんは、この三陸地方に伝えられてきた「津波てんでんこ」の教えが、大津波に襲われながら自分と夫が助かった大きな要因になったと考えています。

ただちに避難して一命をとりとめる

震災当日、村上さんは夫の哲夫さんとともに自宅にいました。立っていられないほどの大きな揺れを感じたとき、真っ先に子ども時代に教えられた津波の恐ろしさが頭に浮かび、「きっと津波が来る。すぐ逃げなきゃ」と考えたそうです。一方、新地町で生まれ育った哲夫さんは、近年この地に大津波の襲来がなかったこともあって避難をしぶったといいます。村上さんは、そんな哲夫さんを強引に説き伏せ、すぐに一緒に車に乗り込み、避難所に指定されていた農村環境改善センターに向かいました。

同センターの向かいにある高台の駐車場に車を停め、数分経過したときでした。突然、「津波だー！」という叫び声が聞こえました。急いで海岸方向に目を移すと、「真っ黒い水の壁」が押し寄せて来るのが見えました。「なぜか夢を見ているようで、まったく現実感がなかった」とか。やがて津波は海から約2km離れた新地町役場まで押し寄せて来ました。駐車場に停めてあった車が次々と流されるのを見て、「初めて恐怖感を覚えて腰が抜けて、その場にしゃがみ込んでがたがた震えていた」と村上さん。大津波の襲来が予想されたため、避難住民はセンターに隣接する役場に移って待機していました。幸い、津波は役場駐車場付近で止まり、庁舎3階に避難していた住民は辛くも一命をとりとめたのです。

アイデア満載の行動力で避難者たちを元気づける

震災後、村上夫妻は一時期の避難所暮らしを経て、小川公園内の応急仮設住宅に入居します。入居者の大半は、津波で家族や自宅を失って途方に暮れる高齢者でした。そこで、村上さんは自らを励ますとともに周囲の人々を少しでも元気づけようと、殺風景なプレハブ住居の窓の下にプランターをいくつか並べ、そこに朝顔の種をまきます。朝顔はすくすくと育ち、窓をすっかり覆うまでになり、きれいな花も咲きました。朝顔の花に彩られた村上家は、入居者たちから「朝日館」ならぬ「朝顔館」と呼ばれていたそうです。

当時、被災各地の仮設住宅では高齢者の孤独死が問題化していました。そのことが気になっていた村上さんは、「この仮設からは一人の孤独死も出したくない」との想いから、次々とユニークなプランを考案し、持ち前の行動力を発揮していきます。まず、自室に閉じこもりがちな高齢者を戸外に呼び出す手段として、近隣のおばあちゃんたちに「エコたわし編み隊」の結成を提案します。これは、寄贈された毛糸と編み棒を活用して「たわし」などの小物を編み、そ

の売上金でお茶会（おばあちゃんの女子会）をしたり、みんなで近くの日帰り温泉に行ったりしようという呼びかけでした。当初、おばあちゃんたちは意外な提案にとまどっていたものの、一人、二人と徐々に参加者が増えていきます。「久しぶりに編み棒を手にした」という高齢女性たちは、週1回、集会所に集まり、談笑しながら「昔取った杵柄《きねづか》」を存分に発揮し、イチゴやカメの形をした「たわし」などの見事な作品を次々と完成させていきました。

「OKB（小川仮設婆ちゃん）の店」で編み上げた小物を販売

次に村上さんは、これらの作品をどう売るかを考えます。実は村上さんは、震災前から「朝日館の女将のてんてこ舞日記」というブログを綴り、ネット上にアップしていました。このブログは、村上さんが「おっとっと」と記す哲夫さんとの軽妙なやりとりで笑わせる一方、26歳という若さで早逝した長女・菜穂子さんを語るくだりでは涙を誘うなど、全国に根強いファンを持っていました。村上さんは、この人気ブログを活用して、各地に散在する支援者などに完成した小物の購入と販売を呼びかけたのです。ブログの効果は大きく、さっそく購入と販売を申し出る人が相次いだそうです。

さらに、仮設住宅内で開催されたイベントに「エコたわし編み隊」の店を出して、隊のメンバー自身による販売もしました。その際、店名を「OKB（小川仮設婆ちゃん）の店」と命名。この「OKBの店」は「買い手より売り手のほうが多かった」という愉快なエピソードが今も語り継がれています。ともあれ、こうした地道な努力が実を結び、隊のメンバーたちはそろって日帰り温泉旅行に行くことができたのです。

加えて、「エコたわし編み隊」の発展形として、手芸グループ「うみみどり」も誕生しました。こちらは、編み物以外の活動もしたいという女性たちの要望に応えたもので、会津木綿などに刺繍《ししゅう》を施したポーチ（小物を入れる袋）や、「ちゃっぱ」（新地弁で「てぬぐい」のこと）でつくった帽子などを制作するグループです。

こうした村上さんの斬新な発想に基づく数々の行動は、震災ですべてを失い、落胆していた被災者たちが再び笑顔を取り戻すきっかけになったといわれています。「つらい時期だからこそ、みんなでわいわい楽しくやりたい」。これが、村上さんの揺ぎない信条です。

紙芝居を朗読しつつ体験と教訓を語る

震災前から村上さんは女将業の傍ら、町に伝わる昔話・民話の普及を目指す「新地語《かた》ってみっ会」で語り部を務めてきました。震災が起きた2011年には自ら筆を執り、町に伝承されてきた昔話30話をまとめた『新地の昔話』（新日本文芸協会）もつくりました。村上さんは、このたびの震災を振り返って次のように語ります。

「この町で津波の犠牲になったのは、ほとんどが主人と同様、『ここまで津波が来ることはないだろう』と考え、避難しないまま自宅周辺にとどまっていた人たちです。でも、新地に伝わる昔話の中には津波にまつわる話がいくつもあるんです。私は、それらの話を何度も語ってきたのに、津波の教訓を十分伝えきれていなかったことが悔しくてなりません。また、あとで知ったことですが、この町は貞観地震の大津波にも襲われていた。そうした事実をもっときちんと伝えていれば、これほど多くの犠牲者を出さなくてすんだはずです。ですから、『伝えることが最大の防災』と考えて、これまで自分の体験を語ってきました。たとえ津波ですべてを失ったとしても、自分の周囲に支えてくれる家族や友人がいれば、人はなんとか生き抜いていけるもの。だから、これまでの反省と支援してくれた人々への感謝の意味を込めて、『もう一度、みんなでがんばっぺ！』と言い続けているんです」

村上さんは、町を支援してくれている広島の民間団体などの協力を得ながら、昔話

1

2

3

4

5

6

7

8

1 津波に襲われて大破した「朝日館」（※）
2 町役場の入り口には朝日館に飾られていた絵が被災当時のまま展示されている。「額の隅に黒く見えるのは津波で運ばれてきた海の砂です」と村上さん
3 4 役場4階の展望ロビーに展示されている震災前の新地町のジオラマ（3）。村上さんが指差しているところで津波は止まった（4）
5 6「エコたわし編み隊」のメンバー（5）と「OKB（小川仮設婆ちゃん）の店」の看板（6（※）
7 8 村上さんの著書『命のつぎに大事なもの』（7）と『新地の昔話』（8）

※印のついた写真は村上美保子さん提供。詳細は村上さんのブログ「朝日館の女将のてんてこ舞日記」を参照してください。アドレス　http://asahikanok.exblog.jp/

や3・11の被災体験を題材にした紙芝居をつくり、それを朗読しながら自身の体験を伝えてきました。紙芝居を使うと、子どもはもちろん大人も、より興味を持って話を聞いてくれるからです。講演する舞台は、子どもたちのいる小中学校が中心。さらに全国の社会福祉協議会や婦人会、看護師や労働組合の集まり、企業の新入社員研修の場などに招かれることもあります。震災の翌年には福島県上海事務所の招きに応じて「福島県復興応援のつどい」でも講演するなど、その活動範囲は国内だけでなく海外にまで広がっています。

被災漁師の感動物語 「命のつぎに大切なもの」

村上さんは長い間、昔話を語ってきた経験を生かして、ときに静かに、ときに叫ぶように、情感豊かに紙芝居を朗読します。紙芝居の絵がもたらす視覚的効果と相まって、その声は聞く人の心に深く響きます。どの講演会場でも、子どもたちはもちろん、大人の聴衆もすすり泣く姿が見られるのはそのためです。「私は少女時代に聞いた話のおかげで命拾いしました。それと同じように、私の話が少しでも聞いてくれた子どもたちの心に残り、一人でも多くの命を救うことにつながれば嬉しい」と、村上さんは祈るような表情で話します。

講演の際に使う紙芝居のひとつに、被災した漁師たちの体験談を聞き取り、村上さん自らがストーリーを書いた「命のつぎに大切なもの」という作品があります。津波が襲来したとき、「命のつぎに大事な船」を沖に出して命がけで守り抜いた一人の漁師が、無事港に戻って周囲を見渡すと、家もろとも家族が流されていて、本当に命の次に大切なものは何かに初めて気づくという物語です。この紙芝居のラストは、主人公の漁師が語る次の印象的な言葉で終わっています。

「命のつぎに大事なものを、俺は間違った。忘れてしまいたいげんと、忘れねぇ。忘れてはなんねぇと思っている」

＊　＊　＊

震災から5年後の２０１６年3月、村上さんは講演回数が４００回を超えたこともあり、震災語り部としての活動にひと区切りをつけて、新たな取り組みに着手しました。各地の講演で月の半分近く家を留守にすることで、自分のことも家庭のこともできなかったという事情に加え、仮設住宅から移り住んだ防災集団移転団地の人間関係の希薄さがずっと気になっていたためです。

「仮設住宅のころはよかった。また仮設に戻りたい」。村上さんは、ＯＫＢのメンバーに会うたびに、こうした声を耳にしていました。仮設当時は、家と家の距離も近く、隣人同士のコミュニケーションも濃密でした。しかし、団地内には他の仮設住宅から引っ越してきた人もおり、さらに自宅を自力再建できた人と公営住宅に入居している人との間に溝もあって、家に引きこもりがちな人が多かったのです。

そこで現在、村上さんは仮設当時の活動を念頭に、手芸のワークショップ、流しそうめん、芋煮会、救命講習会、ガーデニング教室、体操教室などのイベントを次々と仕掛けて、人々が集まる機会を増やす取り組みをしています。ただ、90軒近くある団地で参加してくれるのは30～50人程度と、まだまだ少ないのが実情。それでも村上さんは被災地の将来を見据えながら、次のように力強く語ってくれました。

「今、『うみみどり』の若手メンバーが、若いといってもみんな50～60歳代なんですが、この活動を全面的にバックアップしてくれているのでたいへん心強い。この地での新たなコミュニティづくりはこれからが本番。今後もいろいろな楽しいイベントを企画して、参加者をどんどん増やしていきたいと考えています」

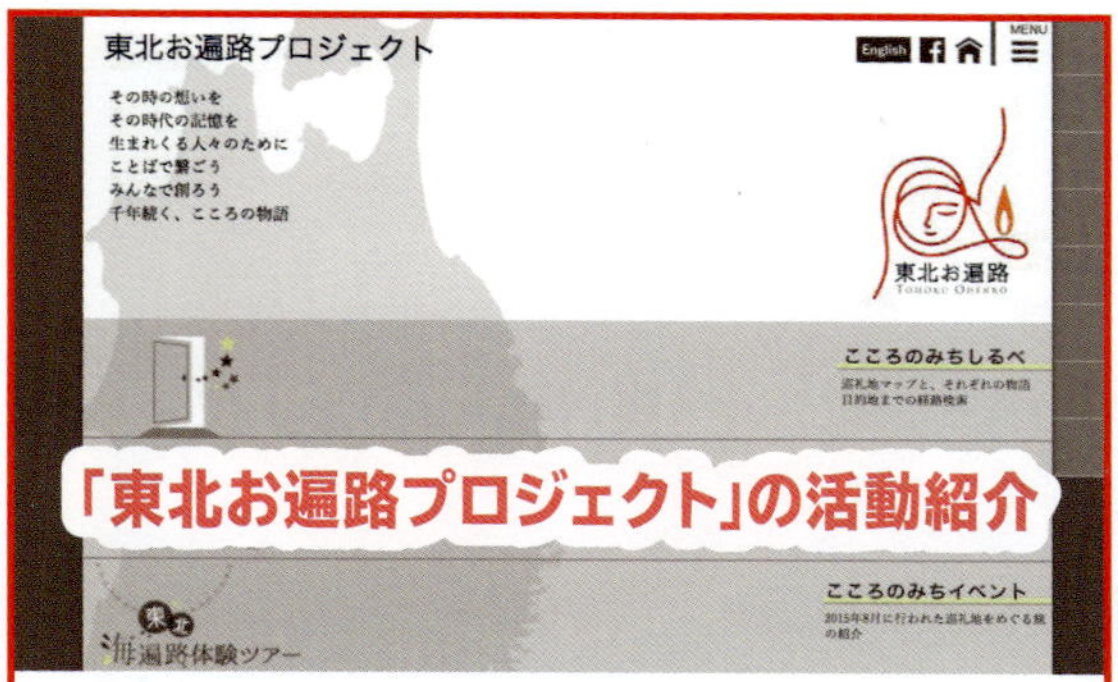

「東北お遍路プロジェクト」の活動紹介

東日本大震災で大きな被害を受けた青森、岩手、宮城、福島の東北４県に再び活気と笑顔を取り戻したい――。こうした意図で、発災から半年後の2011年９月、被災者自らが立ち上げた組織が「東北お遍路プロジェクト」です。2012年12月に一般社団法人化し、本格的な取り組みを始動しました。「一般社団法人東北お遍路プロジェクト」の理事長には新妻香織さんが、また共同代表には浦井雄治さんと新妻さんがそれぞれ就任し、さらに８人の理事と２人の監事を中心に活動を進めています。

事務所は宮城県仙台市にあり、月１回、定例会議を同市で開催。ここで今後の運営方針などが討議されます。プロジェクトの構成メンバーは50～70歳代が中心。その職種・経歴は、現役会社員をはじめ、企業・役所の定年退職者、経営者、NPO代表、元編集者、元旅館の女将など多彩です。会計、営業、編集、広告など、それぞれの得意分野を生かして活動を続けています。中高年層が中心なので、より若い人々の参画が望まれるところです。

主な事業内容は、①巡礼地の選定②東北お遍路の標柱設置③千年先まで震災の記憶を語り継ぐ物語の収集④東北お遍路を知ってもらうための取り組み（ガイドブックや巡礼地マップの制作・配布など）⑤巡礼地を盛り立てていくための各種イベントの開催（東北お遍路フォーラム、東北お遍路写真展、巡礼地ツアー、東北お遍路杯復興支援マラソン、コンサート）――など。さらに新規の事業として、「東北お遍路展」や「東北お遍路俳句コンテスト」などの開催も計画中です。

今後の展望としては、①巡礼地を100か所程度まで増やす②全国の石材店に呼びかけて東北お遍路の標柱設置を進める③巡礼地の住民と進めるバインダー方式のガイドブック（現在、20か所分完成）を３年で全巡礼地について完成させる④「マイお遍路ブック」コンテストを開催する⑤東北お遍路1,700kmウルトラマラソンを実施する⑥各巡礼地のネットワークづくりを進める⑦遍路みちを整備する（お立ち寄り処の設置、お接待文化の育成など）――ことなどを目標としています。

私たち一人ひとりが、できる範囲で「東北お遍路」の旅に出向くことが、これらの目標を着実に実現する助けとなるはずです。

エリア別
「東北お遍路」
巡礼地マップ
青森・岩手北部
1 蕪嶋神社 P16
種差海岸
鮫
八戸
八戸市
2 大蛇小学校の２つの津波の碑 P18
階上町
大蛇
青森
東北新幹線
八戸線
洋野町
3 津波慰霊碑 P22
陸中八木
4 ケルン・鎮魂の鐘と光 P24
久慈
久慈市
早坂高原の短角牛
5 大鳥居と楓の木 P26
陸中野田
野田村
三陸鉄道北リアス線
岩手
6 普代水門 P28
普代
普代村
北山崎
7 机浜番屋群 P30
田野畑村
田野畑
8 宝福寺 P32
島越
鵜の巣断崖
9 カルボナード島越駅（三陸鉄道） P34
龍泉洞
岩泉町
岩泉小本
10 小本小学校奇跡の130段の階段 P36

岩手南部
岩手
三陸鉄道北リアス線
宮古市
宮古
浄土ヶ浜
11 震災メモリアルパーク中の浜 P38
山田線（運休中）
山田町
三日町
12 御蔵山 P40
13 鵜住居メモリアルパーク P42
遠野
釜石市
釜石
洞泉
釜石線
14 私設こすもす公園（希望の壁画） P44
三陸鉄道南リアス線
吉浜
15 津波記念石 P46
大船渡市
三陸
16 津波を見ていた3本の大木（大ケヤキ・ポプラ・大スギ） P48
盛
陸前高田市
17 奇跡の一本松（復興祈念公園内） P50
大船渡線（BRT）

種山ヶ原

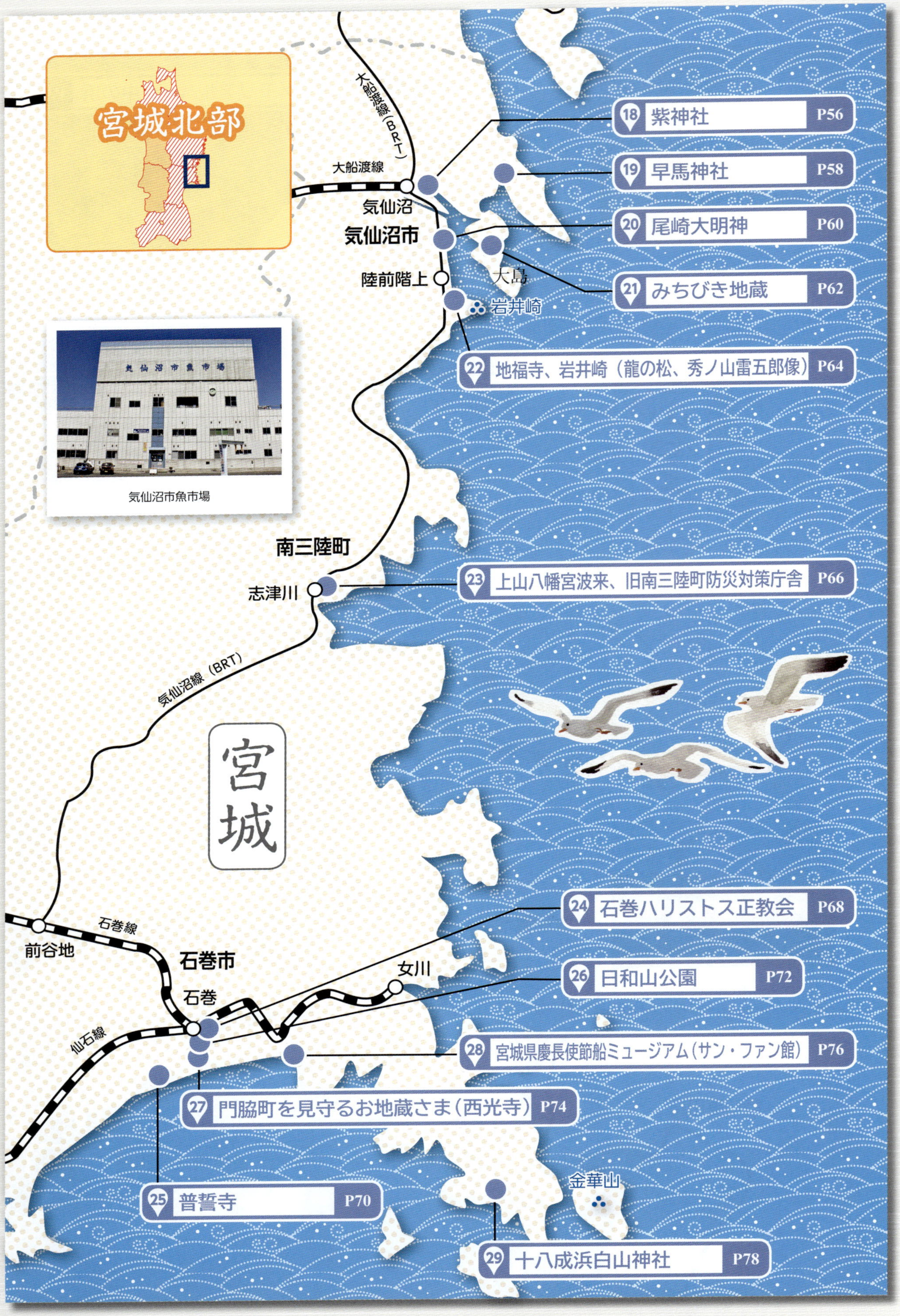
宮城北部
大船渡線（BRT）
大船渡線
気仙沼
気仙沼市
陸前階上
大島
岩井崎
気仙沼市魚市場
南三陸町
志津川
気仙沼線（BRT）
宮城
石巻線
前谷地
石巻市
石巻
女川
仙石線
金華山
18 紫神社 P56
19 早馬神社 P58
20 尾崎大明神 P60
21 みちびき地蔵 P62
22 地福寺、岩井崎（龍の松、秀ノ山雷五郎像） P64
23 上山八幡宮波来、旧南三陸町防災対策庁舎 P66
24 石巻ハリストス正教会 P68
26 日和山公園 P72
28 宮城県慶長使節船ミュージアム（サン・ファン館） P76
27 門脇町を見守るお地蔵さま（西光寺） P74
25 普誓寺 P70
29 十八成浜白山神社 P78

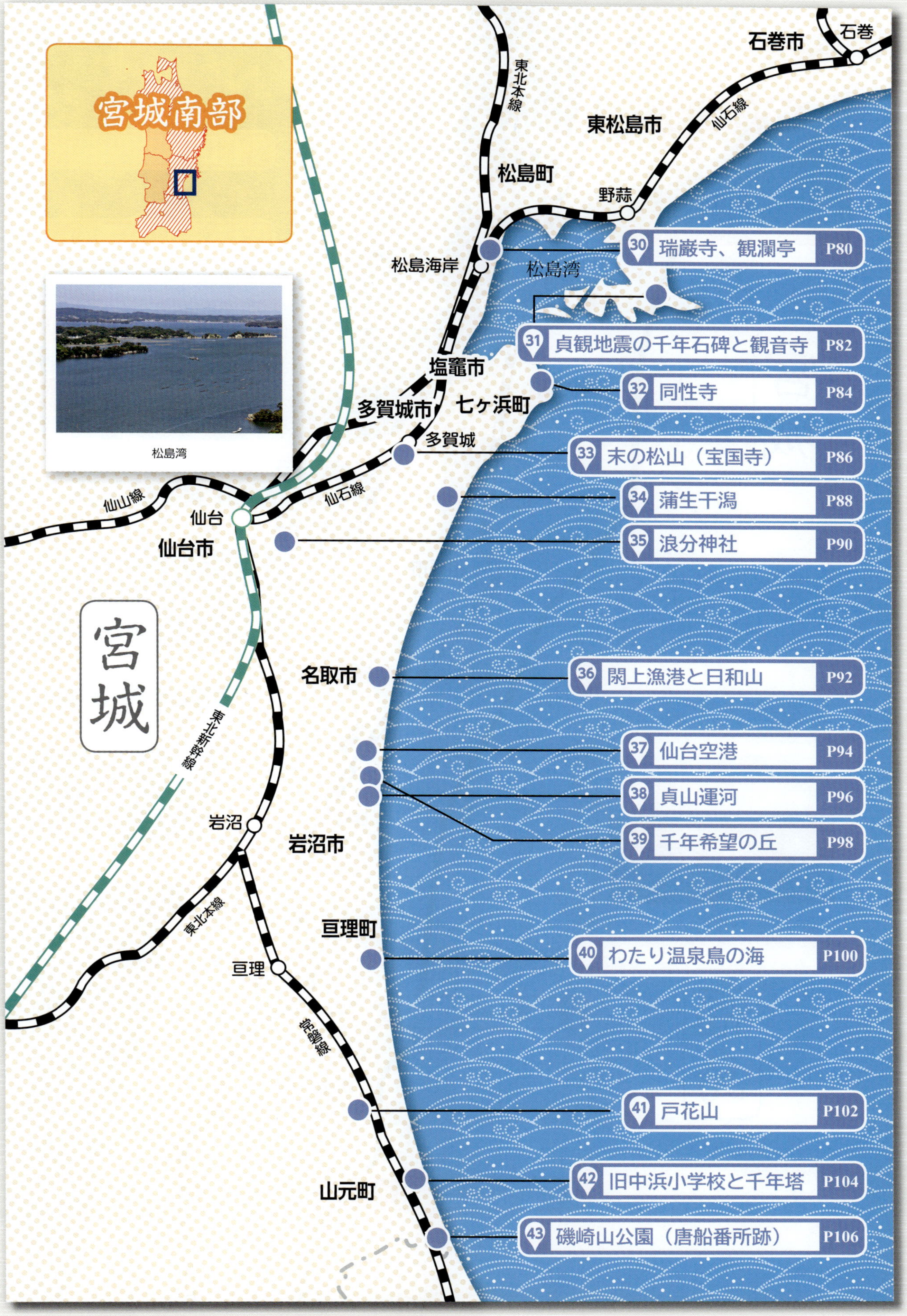
宮城南部
松島湾
宮城
石巻市
石巻
東北本線
東松島市
仙石線
松島町
野蒜
松島海岸
松島湾
30 瑞巌寺、観瀾亭 P80
31 貞観地震の千年石碑と観音寺 P82
塩竈市
32 同性寺 P84
多賀城市
七ヶ浜町
多賀城
33 末の松山（宝国寺） P86
仙山線
仙石線
34 蒲生干潟 P88
仙台
仙台市
35 浪分神社 P90
名取市
36 閖上漁港と日和山 P92
東北新幹線
37 仙台空港 P94
38 貞山運河 P96
39 千年希望の丘 P98
岩沼
岩沼市
東北本線
亘理町
40 わたり温泉鳥の海 P100
亘理
常磐線
41 戸花山 P102
42 旧中浜小学校と千年塔 P104
山元町
43 磯崎山公園（唐船番所跡） P106

福島北部
宮城
福島
44 龍昌寺 P114
45 安波津野神社 P116
46 大戸浜観音堂 P118
47 津神社 P120
48 松川浦 P122
49 長命寺 P124
50 稲荷神社（寄木神社） P126
51 山田神社 P128
52 御刀神社 P130
53 北萱浜神社 P132
54 相馬小高神社 P134
新地
新地町
相馬
相馬市
常磐線
鹿島
常磐道
原ノ町
南相馬市
小高
松川浦

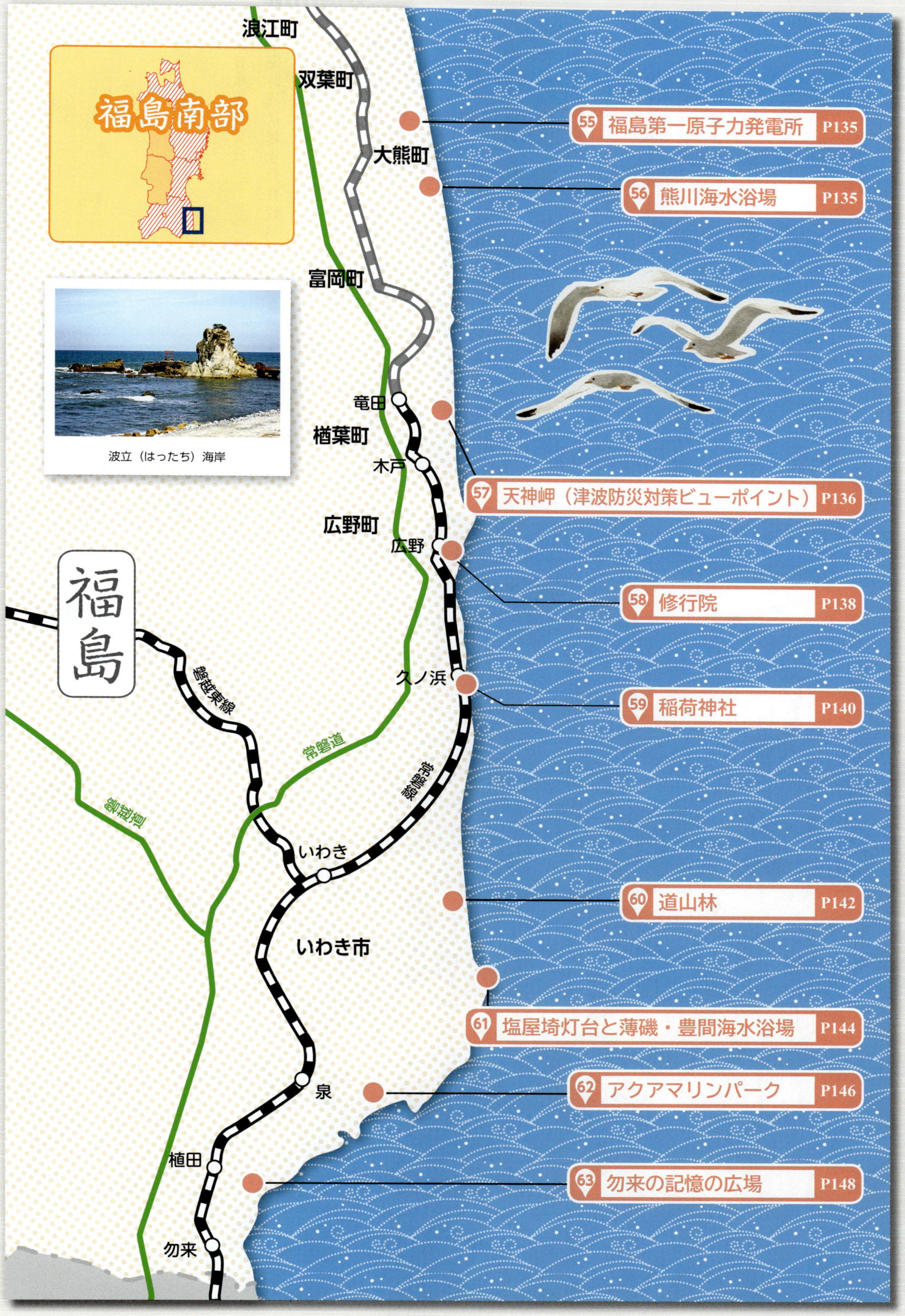
福島南部
福島
浪江町
双葉町
大熊町
富岡町
竜田
楢葉町
木戸
広野町
広野
久ノ浜
磐越東線
常磐道
常磐線
磐越道
いわき
いわき市
泉
植田
勿来
55 福島第一原子力発電所 P135
56 熊川海水浴場 P135
57 天神岬（津波防災対策ビューポイント） P136
58 修行院 P138
59 稲荷神社 P140
60 道山林 P142
61 塩屋埼灯台と薄磯・豊間海水浴場 P144
62 アクアマリンパーク P146
63 勿来の記憶の広場 P148

波立（はったち）海岸

エピローグ

東日本大震災は
平安時代に起きた貞観《じょうがん》地震の再来ともいわれています。
私たちは、その「千年に一度の大災害」の目撃者です。
もはや時計の針を巻き戻すことはできませんが、
震災の記憶と教訓を後世の人々に伝えることはできます。

「忘れたころ」に突然やってきて、
「まさか」が「現実」となるのが自然災害です。
世界有数の災害多発国で暮らすひとりとして、
「東北お遍路」の旅で見たこと、聞いたことを、
未来の世代のために千年先まで語り継いでいきましょう。

あの3月11日の出来事を忘れないこと。
被災者の想いを「わがこと」として寄り添い続けること。
それが、東北の復興を加速させる一助となります。
これからも「東北お遍路」の旅を続けていきましょう。
あなたのできることで
東北の被災地にひと粒でも多く希望の種をまくために――。

津波が襲った海岸に再び咲いたニッコウキスゲの花（青森県八戸市の種差海岸で。2016年6月撮影）

編集後記＆取材余話

東北の被災地へ

防潮堤を乗り越える大津波、福島第一原発の事故、そして避難を強いられる人々の群れ——。東日本大震災の直後、さまざまなメディアが報じる被災地の情報は、東北の地で途方もないことが起きていることを伝えるものでした。その衝撃は大きく、しばらく何も手につかず、呆然《ぼうぜん》と過ごす日々が続いたことを覚えています。

津波は防潮堤を破壊しつつ市街地を襲った（仙台市荒浜地区で2014年1月撮影）

しかし、現実は現実として受け入れるしかないと思い直し、とくに被害の大きかったところから被災地の取材をはじめました。当時は、あらゆるところで交通網が寸断されていて、移動には予想した以上の時間がかかりました。さらに、被災地周辺の宿は、かなりの数が津波で流失したことに加え、復旧・復興作業に当たる作業員やボランティアの長期予約で埋まっていたため、やむなく野宿や車中泊でしのいだこともあります。

「巡礼地めぐり」を開始

こうして被災各地の取材を続ける過程で、「東北お遍路プロジェクト」が「巡礼地めぐり」を提唱していることを知りました。以後、その壮大な構想に共鳴して本格的に巡礼地の取材をはじめました。当初は電車・バスを利用していたものの、被災地周辺は運休中のところや、仮に運行していても本数の少ないところが多く、効率を考えて途中から車での取材に切り替えました。

車を使った取材は、運転疲れはあるものの、移動効率がきわめてよく、宿が取れない場合は適当な場所で仮眠や車中泊ができるというメリットもありました。東京を出発するのはたいてい真夜中。高速道の深夜割引が使える上に、SA（サービスエリア）などで仮眠しながら被災地に向かえば宿泊費も節約できるためです。ほとんどの場合、深夜東京を発《た》ち、仮眠しつつ東北道を北上して一気に青森へ向かい、八戸に到着後は久慈→宮古→釜石→気仙沼→仙台→相馬と順に南下し、いわきを経て帰京、というコースをたどりました。ときには7日間の取材で全走行距離が2、000km近くに及んだこともあります。

JR常磐線の代行バス。同線が全線復旧するまでは今後も不通区間で運行される予定だ（南相馬市の原ノ町駅前で2015年4月撮影）

被災地で出会った人々

あるときは電車・バスで、またあるときは車で、青森から福島までの沿岸部を何度か往復し、震災から6年が経過した2017年3月、ようやくすべての巡礼地の取材が終わりました。震災直後の取材も加えると、東北の被災地を訪ねた回数は12回、日数は延べ55日間に及びました。

聞くと見るとは大違いで、実際に被災した現場に立ってみて、初めて3・11の実態にふれた気がします。たとえば、延々と更地が続く光景を見て、今回の津波の規模がいかに大きかったかを実感し、また建物などに表示された津波到達ラインを下から見上げたとき、このたびの津波がどれほど巨大だったかが初めてわかりました。とりわけ岩手県沿岸部の20mを超える巨大津波の現場に立ったときは、足がすくむような恐怖感に襲われたことをはっきり覚えています。

「一期一会」といいます。60余の巡礼地取材を終えた今、東北の被災各地でたまたま出会い、初対面にもかかわらず現地を案内していただくなど、たいへんお世話になった被災者のみなさんの顔が次々と頭に浮かびます。とくに印象に残っている方々を列挙すると——。

三陸鉄道北リアス線の車両。同線は震災直後、全線不通となったが、現在は運転が再開されている（久慈駅で2015年5月撮影）

◉1月の粉雪の舞う日、福島の山裾にある仮設住宅を訪ねたとき、浪江町から避難していたSさん（70代、男性）は、「そこじゃ寒いから中に入らないか」と家に招き入れてくれた。こたつで暖をとりながらSさんは、「2、3日もすれば家に帰れると思ってたんだが、こんなにも長くなっちゃって」と苦笑しつつ、浪江に残してきた自宅が「ネズミに食われてボロボロになった」ことなど、避難後の経緯を淡々と話してくれた。

雪が積もりはじめた仮設住宅（福島市で2014年1月撮影）

その最中、ふと窓外の雪に目を移したSさんは、「浪江はあったけえが、ここは寒い」とつぶやき、突然、後ろを向いて肩を小刻みにふるわせた。こらえてきた望郷の想いが一気にこみ上げてきたのだろう。しばし沈黙していたSさんは、またおだやかな笑顔を取り戻して振り向き、「これ、どう、甘いよ」と、しわだらけの細い手でミカンを渡してくれた。その味が今も忘れられない。

◉新妻香織さん（東北お遍路プロジェクト理事長、12〜14ページ参照）。インタビュー後、筆者が次の取材地「松川浦」までの道を尋ねると、「えっ、そこまで歩いて行くつもり？　かなり遠いわよ」とあきれはて、「いいわ、ちょうど今仕事が終わったとこだから、これから私が車で案内してあげる」と申し出てくれた。

その後、新妻さんは自ら車を運転して周辺の7つの巡礼地を臨場感たっぷりの解説付きで案内してくれた。そして夕方、「もう暗くて撮影できないわね。今日の宿はどこ？」と聞き、わざわざ相馬駅前の予約した宿まで送ってくれた。感謝！

◉新妻さんに車で案内してもらったのは暑い日だった。当時、被災地はどこもかさ上げ工事中で、道路も鉄道も土砂で隠れてしまい、地元の人でも道に迷う状態だったため、被災を免れた高台の家を見つけては場所を尋ねながら巡礼地を回った。ある家で神社の場所を聞くと、70歳前後の男性がていねいに道順を教えてくれ、「でも、ちょっとわかりにくいかな」と言い添えた。

教えてもらったとおりに車を走らせると、案の定、道がわからなくなった。そのとき、1台の軽自動車が後ろに見えた。先ほどの人が私たちを心配して追いかけてきてくれたのだ。車を降りた男性は駆け寄り、「ほら、あそこの道を曲がったところ」と改めて教えてくれた。さらに、「よかったらこれ飲んで。だいぶ汗かいたみたいだから」と手にした2本のドリンク剤を渡してくれ、名も告げずにそのまま去った。いつか記憶をたどってこの方を訪ね、お礼を言いたいと思っている。

◉新妻さん以外にも、初対面にもかかわらず、多くの被災者のみなさんに車で、あるいは徒歩で長時間、被災現場を案内していただいた。仙台市の佐藤豊さん（97ページ参照）、福島県新地町の村上美保子・哲夫さんご夫妻（151〜153ページ参照）、南相馬市の田村紀夫さん（131ページ参照）をはじめ、いわき市の猪狩弘之さんら、お世話になった多くのみなさんに深く感謝したい。

◉釜石駅周辺の宿はどこも満室だった。10軒近くの宿に断られたあと、たまたま小さな宿を見つけた。ここも満室の場合は公園での野宿も覚悟しつつ、夜の9時すぎ、「素泊まりでいいから、ひと晩だけ泊めてもらえないか」と、無理なお願いをしてみた。女将のOさんは、ちょっと困った顔をしつつも、「そうねー、いいわ、泊まるだけでいいなら」と承諾してくれた。

Oさんに発災当時の様子を聞くと、津波は宿の2階まで達し、高齢で寝たきりの母親を背負って懸命に逃げ、九死に一生を得たという。「あら、だいぶ汗かいたみたいね。着替えあるの？　ついでに洗ってあげるから、靴下でもパンツでも風呂場の洗濯機の中に入れといて」と、なかば命令口調で言う。少々迷ったが、その言葉に甘えることにして、シャツ、靴下、そしてパンツも洗濯機に入れた。

翌朝、風呂場を見に行くと、きれいに洗われた衣類がロープにつるしてあった。頭が下がった。フロントにいたOさんに礼を言いに行くと、「これ、サービス。食べてって！」と、トレイを差し出された。見ると、トーストと卵焼きがのっていた。うまかった。次の巡礼地に向かう元気が出た。

今もニュースで釜石のことが報じられるたびに、このときのOさんの笑顔が頭をよぎる。

心の傷が消えない人も

仙台市の沿岸部を取材しているとき、一部が壊れた防潮堤の上に立って、じっと海を見つめ続けている人がいました。40歳前後の女性で、5分以上もそのままの姿勢で微動だにしません。この一帯は膨大な数の犠牲者が出たところ。「もしや？」と思い、事情を聞いてみたくなったものの、とても声をかける勇気はありませんでした。

また、甚大な被害を受けた岩手県大槌町の旧役場近くでは、雑草の生い茂る更地の一角に持参した花とジュース、おもちゃを供えて、それを見つめたままじっと座り込んでいる初老の男性がいました。役場周辺を撮影しながら、どうにも気になって再びその人を見ると、ときどきハンカチで顔をぬぐっている様子。よほど「お孫さんでも？」と声をかけようと思ったものの、やはり声をかけられないまま、その場を去りました。取材中、酒ビンを手に、ふらふらとひたすら歩き続ける高齢男性に出会ったこともあります。震災がもたらした心の傷が癒えるのには、もうしばらく時間がかかりそうです。

津波に直撃されて町長や多くの職員が犠牲となった旧大槌町役場庁舎（2013年8月撮影）

阪神・淡路大震災と3・11

筆者は、阪神・淡路大震災の直後、西宮駅から神戸の須磨駅まで歩いて取材したことがあります。歩きやすい普段着で大きなバッグを持っていたためか、行く先々でよく被災者と間違われ、見知らぬ人からしばしば「たいへんでんなぁ」などと声をかけられました。ときには、給水車が来ている場所を教えられることや、おにぎりや湯気の立つ豚汁を無理やり渡されそうになったこともあります。関西の人々は、人と人との垣根が低いようです。

一方、東北の被災地では、被災者のみなさんとの会話が成立するまでには、もう少し時間がかかります。短時間の取材中に声をかけてくる被災者はごくまれで、あちこちを長い時間撮影しているときなどにかぎって少しずつ近づいてきて、「どなたか、お知り合いでも？」と声をかけられるケースがほとんどでした。ところが、ひと言でも会話を交わし、いったん知り合いになると、それまで無表情を装っていた人が急にやわらかい表情に変わり、むしろ饒舌《じょうぜつ》に語ってくれる場面がしばしばありました。その意味では、東西の文化の違いはあるにせよ、人としての本質には大差はないのかもしれません。

これからも東北へ

３・11から６年余が経過した今、東北の被災各地は復興への動きを加速しはじめています。２０１６年12月には、これまで不通だった常磐線の浜吉田駅（宮城県亘理町）―相馬駅（福島県相馬市）間の運行が再開されるなど、公共交通機関も徐々に復旧し、一部の不通区間を除いて巡礼地間の移動はだいぶ楽になりました。宿のほうも、津波被害を乗り越えて再オープンにこぎつけた旅館・ホテルが増え、さらに新たに営業を開始した宿泊施設も少なくなく、一時期の宿泊しにくい状況は改善されつつあります。以前に比べて移動や宿泊が便利になり、より気軽に東北の旅ができるようになっています。

津波に襲われた海辺にも人が集まりはじめた（気仙沼市岩井崎で2015年7月撮影）

一度でも「巡礼地めぐり」を経験すると、すぐにまた「東北お遍路」の旅に出たいという気持ちになるものです。被災地で出会った人々はその後どうしているか、現地の復興はその後も順調に進んでいるか、などが知りたくなるためです。筆者は現在も被災地で出会った多くのみなさんと手紙、電話、メールなどで連絡をとり合っています。ありがたいことに、なかには「近くまで来たら、ぜひわが家に泊まれ」などと、嬉《うれ》しいお誘いを受けることも少なくありません。

そうした方々との再会を楽しみにしながら、今後も時間の許す限り、東北の巡礼地めぐりを続けていこうと考えています。東北には青森のねぶた（ねぷた）、岩手の鹿踊り・鬼剣舞、宮城の仙台七夕まつり、福島の相馬野馬追など、被災地を活気づける有名な祭りが幾つもあります。今回の取材では時間の関係で見ることはできませんでしたが、次回は祭りの時期に合わせて東北に出向き、被災者のみなさんと一緒に踊り、掛け声をかけようとプランを練っているところです。

＊＊＊

最後に、この場をお借りして、震災後の困難な状況下にもかかわらず、快く取材に応じていただきました多くの被災者のみなさんに心より御礼申し上げます。ありがとうございました。

参考文献　＊順不同

書籍・雑誌

『平成28年版 防災白書』（内閣府）／『国史大系 第４巻 日本三代実録』（吉川弘文館）／『口語訳 古事記 完全版』三浦佑之（文藝春秋）／『三陸海岸大津波』吉村昭（文春文庫）／『人が死なない防災』片田敏孝（集英社新書）／『天災から日本史を読みなおす』磯田道史（中公新書）／『生き抜くための地震学』鎌田浩毅（ちくま新書）／『震災考』赤坂憲雄（藤原書店）／『東北学　忘れられた東北』赤坂憲雄（講談社学術文庫）／『日本の深層 縄文・蝦夷文化を探る』梅原猛（集英社文庫）／『甦る縄文の思想』梅原猛・中上健次（有学書林）／『瓦礫を活かす「森の防波堤」が命を守る』宮脇昭（学研新書）／『福島に生きる』玄侑宗久（双葉新書）／『東北の震災と想像力』鷲田清一・赤坂憲雄（講談社）／『貧乏との戦い四十年』和村幸得／『芭蕉 おくのほそ道』（岩波文庫）／『雪国の春』柳田国男（角川文庫）／『新版 遠野物語』柳田国男（角川ソフィア文庫）／『自然と日本人』宮本常一（未来社）／『街道をゆく3 陸奥のみち、肥薩のみちほか』『同26 嵯峨散歩、仙台・石巻』司馬遼太郎（朝日文芸文庫）／『震災日録 記憶を記録する』森まゆみ（岩波新書）／『はじめての福島学』開沼博（イースト・プレス）／『新編 宮沢賢治詩集』宮沢賢治（新潮文庫）／『よみがえれフー太郎の森』新妻香織（東京新聞出版局）／『楽園に帰ろう』新妻香織（河出書房新社）／『相馬藩世紀』（続群書類従完成会）／『命のつぎに大事なもの』村上美保子（きれい・ねっと）／『新地の昔話』（新日本文芸協会）／『巨大津波-語りつぐ-小さな町を呑みこんだ』やまもと民話の会（小学館）／『まるごと松川浦』（松川浦ガイドブック編集室）／『忘れないで！「3.11」被災地からの報告』金澤昭雄（東京法規出版）／『東北は負けない』星亮一（講談社＋α新書）／『仙台真田氏物語』堀米薫（くもん出版）／『3.11震災は日本を変えたのか』リチャード・J・サミュエルズ（英治出版）／『成吉思汗の秘密』高木彬光（光文社文庫）／『地震の日本史 大地は何を語るのか』寒川旭（中公新書）／『歴史から探る21世紀の巨大地震』寒川旭（朝日新書）／『詩の礫』和合亮一（徳間書店）／『牛と土 福島、3.11その後。』眞並恭介（集英社）／『東北発の震災論 周辺から広域システムを考える』山下祐介（ちくま新書）／『bside』（東京法規出版）／『歌枕「末の松山」と海底考古学』河野幸夫（「國文學」2007年12月臨時増刊号、學燈社）など。

新聞

読売新聞、朝日新聞、毎日新聞、日本経済新聞、産経新聞、北海道新聞、東奥日報、デーリー東北、岩手日報、河北新報、福島民報、福島民友新聞、東京新聞、神奈川新聞など。

その他

一般社団法人東北お遍路プロジェクトHP、総務省消防庁HP、国土交通省HP、復興庁HP、警察庁HP、内閣府HP、青森県・岩手県・宮城県・福島県および被災自治体の各HPなど。

3・11被災地の今を訪ねる

「東北お遍路」巡礼地めぐり

2017年7月28日　第一刷発行

発行者　菅 国典

発行所　株式会社 東京法規出版

〒113-0021 東京都文京区本駒込2-29-22

TEL 03-5977-0300 ／ FAX 03-5977-0311

印刷所　広研印刷株式会社

落丁・乱丁本はお取替えいたします。

ISBN　978-4-924763-48-7　C0026

STAFF

文・写真／金澤 昭雄
絵／おのでら えいこ
表紙デザイン／程塚 敏彦（next）
本文レイアウト／ティダヌファ
企画・編集協力／創造工房 三輪舎

金澤 昭雄（かなざわ・あきお）

1946年茨城県生まれ。幼少期を両親の出身地、福島県で過ごす。上京後、横浜国大卒。中学校教諭（理科）、業界紙記者、出版社編集長などを経て独立。本づくり工房「三輪舎」を開設し、書籍・雑誌などの原稿執筆と編集に携わる。本書関連分野では秩父札所全34寺、阪神・淡路大震災直後の神戸市・淡路島北淡町（現淡路市）などを取材。東日本大震災後は東北の被災各地を継続的に取材している。趣味は山野の小動物観察と史跡めぐり。著書・共著:『しぜんのいのち』『しぜんのいろ』（以上、冬樹社）、『動物の親子（邦題）』（台湾・親親自然雑誌社）、『幕末散歩 土方歳三と歩く』（酣燈社）、『忘れないで！「3.11」被災地からの報告』（東京法規出版）など。

おのでら えいこ

1955年東京都生まれ。女子美大洋画科卒。画家・イラストレーター。東武カルチュアスクール水彩画教室講師。幅広い描法を駆使し、雑誌、書籍をはじめコマーシャルアートなどで活躍中。独自のやさしさに満ちた幻想的な絵は幅広いファンを持つ。現在、神奈川県小田原市で夫と猫2匹と暮らす。趣味は読書（とくに民俗学関係の本）と古い神社めぐり。主な装画・挿画作品:『うつくしきもの枕草子』『千年の名文すらすら源氏物語』『からくり読み解き古事記』（以上、小学館）、『下町暮色』（はる書房）、『ママ、きっと会いにいくよ！』（PHP研究所）など。
オフィシャルサイト：https://www.onoderaeiko.com/